JN439995

이차전지 성장 이야기와 대기업 오래 다니기

헌정

나에게 가장 소중한 아내와

그리고 큰아들 지훈이와 작은아들 재건이에게 이 책을 바친다.

보잘것없는 글이지만 최선을 다해서 살아온 나의 발자취이며,

나의 가족이 함께 있어서 힘든 여정을 잘 견디며 오늘까지 있을 수 있었다.

그리고 내일을 꿈꾸고 있다.

이차전지 성장 이야기와 대기업 오래 다니기

초판 1쇄 인쇄 | 2021년 09월 24일

지은이 | 김석주

펴낸이 | 이재욱(필명:이승훈)

펴낸곳 | 해드림출판사

주 소 | 서울 영등포구 경인로82길 3-4(문래동1가 39)
센터플러스빌딩 1004호(07371)

전 화 | 02-2612-5552

팩 스 | 02-2688-5568

E-mail | jlee5059@hanmail.net

등록번호 제2013-000076

등록일자 2008년 9월 29일

ISBN 979-11-5634-475-9

해드림출판사

직장의 현실을 인지하여 현명하게 처세하는 데 도움이 되기를

이 책을 쓰기 시작하게 된 계기는 연말 인사에서 승진이 누락하게 된 것을 보고 분노가 치밀어서 내가 인정을 받도록 어떤 기록이 필요할 것 같다는 생각에서였으며, 그리고 그 누락이 몇 번 반복됨에 따라서 그 분노가 울분으로 바뀌게 되었다. 물론 나를 인정하는 인사담당이 나의 경험을 책으로 써서 후배들에게 읽혀도 좋을 것 같다는 격려도 있었다. 그리고 시간이 지나면서 이제는 울분의 표현이나 후배들의 코칭 보다는, 나를 돌아보는 계기가 되고 이와 더불어 남아 있는 내 인생을 계획하는 시간으로 삼고 싶다.

대기업은 매년 연말 조직을 재편성하고 인사를 단행한다. 지난번 연말 임원인사 발표를 보고 실망을 넘어서 분노가 일어났는데, 이번에 연말 인사를 보고 울분이 가슴 밑바닥에서 올라왔다. 죽 쒀서 개 준다더니 또 그렇게 되었구나. 열심히 일하고 성과를 만들어 내면 승진한다고 했는데, 잘못 알고 있었구나. 코칭의 기본 단계 중 하나가 "당신의 상사를 승진시켜라"라고 했는데, 다른 사람만 승진하고 말았구나. 내가 차려준 밥상을 다른 사람이 잘 받아먹고 말았구나. 내가 그 자리에 그대로 있었다면 내가 먹었을 밥상인데, 회사나 조직이 밥상을 잘 차린 사람을 찾으려는 노력도 하지 않지만, 위 사람들도 자기 밥그릇 찾아 먹느라 바쁘기만 하구나 하는 생각이 들었다.

인생에서 두 번째로 느낀 심각한 분노였고 첫 번째 울분이었다. 첫 번째 분노는 20여 년 전 하늘에 대한 분노였고, 그 이후에 내 인생에 많은 변화가 생겼다. 내 자식에게 생긴 일로 인하여 마음가짐이 달라졌고, 그 분노를 삼키면서 인생을 달라지게 만들기 위해 피를 토하듯이 살아왔고, 이제야 그에 대한 답으로 반은 해결이 되었고, 남은 반은 10여 년 후에 해결이 될 것으로 생각했다.

이번에는 회사와 조직 그리고 직장 상사에 대한 분노이다. 흔히들 밥상 차리는 사람 따로 있고, 밥 먹는 사람 따로 있다고 한다. 리더십 코칭에서 상사를 승진시키라는 속뜻은, 상사가 잘되면 본인을 이끌어 줄 것이니 상사가 잘되면 본인도 잘되지 않겠느냐 하는 말이다. 말이야 그럴듯하지만, 실제는 대부분 윗사람은 본인 살기에 바쁘다. 그리고 본인이 잘되고 나서야 본인이 마음에 드는 사람을 챙긴다. 나의 경우를 보니 나의 성과로 상사가 승진하여도 그것이 나의 승진으로 이어지지는 않았다. 대기업 직장생활 30여 년이 지난 지금에야 내가 무엇을 잘못 알고 있는지를 깨닫게 되었다.

회사에서 승진하려면 윗사람을 잘 만나야 하며, 은퇴하여 사업에 성공하려면 후배를 잘 두어야 한다고 들었다. 최근에 들었던 이야기인데 지금까지를 돌아보면 잘 맞는 것 같다. 업무로 인해서 윗사람의 인정은 받았지만, 나의 학연이나 나의 처세가 윗사람의 마음에 들지 못하였다. 실무에서는 업무 역량이 중요하지만, 임원에게는 적당히 포장하는 기술과 그리고 나름대로 역량이 중요하다. 그리고 될만한 곳에 가서 줄을 서서 기다리고 있어야 하는데, 무슨 해결사처럼 문제를 찾아서 해결하는 데 희열을 느꼈으니, 몸은 바쁘고 경험은 풍부하고 야전에서 실전 경험은 무척 많으나, 최고 의사 결정을 하는 top들을 모시는 참모 성향이 없어서 결국은 눈 안으로 들어가지 못한 것이다.

내가 역사적으로 존경하는 두 분이 있는데, 우리나라의 이순신 장군과 중국의 제갈공명이다. 나는 두 사람이 세 가지 공통점이 있다고 생각한다. 첫째는 두 분 다 매우 출중한 능력이 있었으며, 그리고 그 능력을 최대한으로 사용하였다. 둘째는, 두 분의 능력이나 역량으로 그 자리를 넘어서 왕이나 황제의 직위를 바라볼 수도 있었으나, 도를 넘지 않고 본인의 직분에 충실하였다. 셋째는, 두 분 다 죽을 자리를 알고 가장 적정한 시점에 죽음을 맞이하였다. 그런데 이러한 나의 정신이 나의 한계를 만들었다는 것을 이제야 깨닫게 되었다. 내가 나를 스스로 평생직장 생활인으로 한계를 지었고, 이러한 굴레 속에서 벗어나지 못했으니 성장에 대해서 스스로 발목을 잡았다.

인사 발표 후 몇 주가 지나서 예전에 같이 일하던 개발 동료가 생각이 나서 위로 겸 전화를 하였다. 그 친구도 전지에 상당 기간 종사하였고 다른 사업부 개발 담당으로 이동하여서 일해온 지 2년 되었으므로 임원이 될 것으로 많은 기대를 하였을 것이라는 생각이 들었다. 그랬더니 이번에 본인이 연구소에서 유명한 사람이 되었다고 했다. 임원이 되지 못한 것을 달래느니라 CEO가 전화하고 CPO가 전화하고 했더라는 것이다. 그런데 나는 이러한 일로 어디서 전화 한 통 받아본 적이 없다. 우리는 거리에서도 목소리 큰 사람이 이기는 경우를 종종 보는데, 회사 생활에서도 자기 목소리를 분명히 내는 전지의 엔지니어는 대접을 해주는 것 같고, 일반적으로 영업은 쉽게 대체가 되는 사람으로 인식을 하는 것 같다.

그러다 보니 나를 정리해 보는 시간을 가져야겠다는 생각이 들었으며, 이에 이 책을 쓰기 시작하였다. 나는 평생 영업직군에서 일을 해오고 있으나 영업이 아닌 사업을 해오고 있다고 생각하고 있다. 그리고 엔지니어보다는 사업가가 사업에 끼치는 영향이 훨씬 크다는 것을 증명해보고 싶다. 내가 가진 역량과 이룩한 성과는 회사를 오래 다니기에 충분하였지만, 적정한 평가를 받지 못하였던지, 아니면 나의 목소리가 내부에서 작거나 제대로 정치를 못 해서인지 승진으로 이어지지 않았다. 따라서 나의 경험과 교훈을 지금부터 적어가면서 나 자신을 돌아다보며, 혹시나 이 책을 읽는 사람이 있다면 직장의 현실을 인지하여 현명하게 처세하는 데 도움이 되기를 바란다.

2021년 가을 초입

차례

1부 대기업 생활의 시작

2부 전지의 입문과 사업 개척의 길

3부 품질과의 인연

4부 Global 사업가와 ESS 신사업 초석 다지기

5부 대기업에서 성공의 길

1부

대기업 생활의 시작

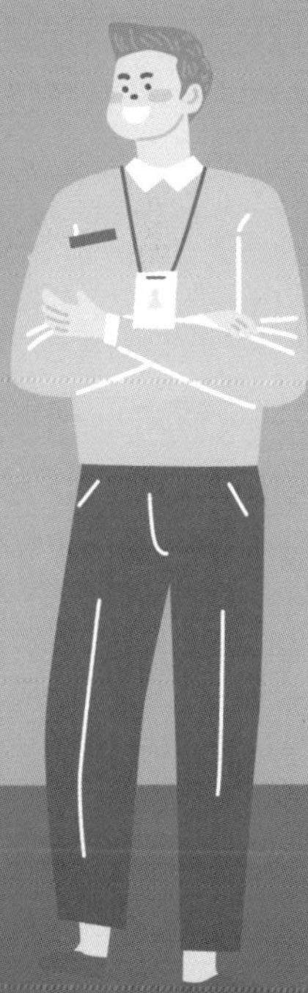

대기업 생활의 시작

처음부터 대기업에 취업할 생각은 없었다. 82년도에 대학교는 공학 계열로 진학을 하여 1학년에는 전부 교양과목을 수강했고, 2학년 때 전공을 전기공학으로 선택을 함에 따라 미래 진로에 대해서 다시 한번 고민하였는데, 2학기에 접어들면서 전공과목의 수강이 늘어남에 따라 자연스럽게 전공을 따라가는 미래를 꿈꾸었던 것 같다. 남학생들은 대개 2학년을 마치고 군대에 가거나 아니면 4학년 졸업 후 군대에 갔었는데, 대부분이 2학년을 마치고 휴학하고 군대를 지원하는 경향이었다. 나는 별다른 특기가 있었던 것은 아니지만 그나마 공부는 하는 편이라서 공부하는 방향으로 미래를 생각하였고, 이에 따라 KAIST로 진학하는 방향으로 막연히 꿈을 정하고 모든 책의 모서리 외관에 KAIST라고 써놓기도 했다.

나중에 생각해보면 KAIST를 갈만한 실력이 있거나 그 정도의 공부를 한 것 같지는 않지만, 그 당시에 KAIST에 가면 군대가 면제되기에 더욱 그 방향으로 가고자 하여 2학년을 마친 이후에 군대에 들어갈 생각은 전혀 하지 않고, 3학년에 들어와서도 평소와 같이 공부를 하고 중간고사 시험까지 보기 시작했다. 그 당시 기준으로 중간고사를 보면 해당 학기에 휴학할 수 없기에 지속 학교에 다닌다는 계획이었고, 군 복무 의무를 피하고자 한 것이 아니라 그 시간이 낭비라고 생각을 했고 KAIST에 들어가면 군 복무로 인정을 하고 동시에 배우는 것이기에 효율적이라고 생각했다. 일반적으로 군대는 의무 복무로 시간 때운다는 개념이었기에, 시간을 허비하는 것보다는 생산적인 것에 시간을 보내고자 하는 생각이 강했다.

하지만 경제적인 여건이 학업을 지속하도록 두지 못하였고, 결국은 중간고사 마지막 날에 휴학계를 제출하였다. 대학교는 일부 성적 장학금을 받고 또 한편으로는 군대를 공군 부사관으로 입대한 형의 도움을 받아서 학교에 다닐 수 있었는데, 형이 결혼하는 바람에 더 이상 도움을 받을 수가 없어서 휴학하게 되었고, 이에 따라 군대에 갈 수밖에 없는 상황이었다. 어찌 보면 대학교를 진학할 형편이 아니었는데 부모님의 가르치려는 의지가 강했고, 이제 와서 보면 이는 자식에 대한 사랑도 강했다는 생각이 든다. 형제애가 있어서 도움을 받아 일단 대학교에 발을 디딘 셈인데, 주어진 환경이 어렵기는 했어도 한편으로는 운이 있어서 다른 한편으로는 의지가 강해서 운명을 조금이라고 바꾸는 데 성공한 것이 아닌가 생각한다. 누구나 태어날 때 선택의 여지가 있었던 것이 아닌 것처럼, 나 또한 그러했던 것이기에.

1) 유전과 선택

어렸을 때를 돌아보면 내가 선택한 것은 아무것도 없었다. 인간은 모두 생로병사를 걸친다고 하는데, 어찌 보면 생로병사 어느 것 하나 내가 선택한 것은 없는 것 같다. 내가 현재의 가족에 태어나서 주변에 있는 초등학교에 다니고, 중학교에 다니고, 고등학교에 다니고. 시골에서 자란 탓에 넉넉하지 않은 가정환경으로 인하여, 초등학교 졸업할 때에는 중학교에 갈 수 있을까 걱정을 했다. 그 당시 우리 세대는 초등학교도 육성회비를 내면서 다녔고, 육성회비를 제 때에 납부하지 못하여 선생님께 매를 맞은 기억도 있다. 사정이 이렇다 보니 주변에 중학교에 진학하지 못한 친구들도 있었고, 옆집 친구도 처음에는 등록하지 않았다가 한달 후에 등록한 것으로 기억이 난다. 그래서 초등학교 졸업하면서 아버지에게 불안한 마음에 중학교 입학 등록을 했는지 물어보았던 기억이 남아 있다.

이렇게 하여 중학교를 졸업하고 고등학교에 다니기 시작하였는데, 다행이었던 것은 우리 집도 교육에 대한 기본적인 의지가 강했지만, 시골 학교라서 그 당시 주변에 학원 하나도 없었고 과외 한번 받아보지 못했지만, 학교 자체가 학업에 대한 의지가 강했던지 방학 때면 학교에서 특강 형식으로 영어와 수학 참고서 강의도 했던 기억이 난다. 그리하여 고등학교 시절에 꿈은 서울대 진학이었는데, 실력도 되지 않았지만, 공부도 그것에 맞게 하지도 않으면서 서울대가 가장 좋은 대학이라는 것은 누구나 알고 있기에, 가장 좋은 대학에 다니고 싶은 막연한 욕심이나 희망에 그렇게 생각했던 것 같다.

지금 와서 생각하면 나의 자의식이 성장해서 어떤 생각이나 선택을 한다기보다는, 주변 환경에 맞추어 내가 가지고 있는 option 중에서 하나를 선택하였던 것 같다. 그때 부모님이 공부하라고 재촉하지도 않았고 또 시골집에 변변한 공부방이 있는 것도 아니었는데, 머리가 조금 있는 덕분과 집안일을 도우라고 하지 않고 알아서 공부하게 두었던 덕분에 성적이 상위권에 있는 정도였겠지만, 도시의 아이들처럼 학원에 가거나 과외를 받는 것들이 없어서 소위 명문대라고 하는 것에는 근접할 상황은 아니었던 것이다. 인제 와서 자식을 키우는 처지에 처하고 보니, 대학이 인생에서 얼마나 중요한 위치를 차지하는지 여실히 알기 때문에 좋은 대학을 보내기 위한 최선의 노력을 다해오고 있으나, 과연 그 나이의 나처럼 지금의 나의 아이들이 그러한 자의식을 가지고 있을지는 의문이다.

다행인 것은 크게 벗어나지 않고 자녀들이 엄마의 노력을 따라주는 것에 고맙게 생각하고 있을 뿐이다. 내가 지금 와서 그 시절을 생각하면 정말 어리숙했다는 것을 알게 되지만, 그 당시는 고집도 있었고 또한 성질도 부렸던 시절이니, 이 시절로 돌아와서 아이들에게 지금이 얼마나 소중한 시절이고 지금 노력으로 평생을 편하게 지낼수 있으니 더 노력하라고 이야기를 하지만, 얼마나 현실성이 있게 느껴지고 인지하게 될지는 항상 미지수이기 때문이다.

인간은 어느 순간 한 위치에 갑자기 나타났다가 그 이후는 선택의 연속이고, 그리고는 갑자기 사라지는 존재인 것 같다. 갑자기 나타나는 것이 탄생이며 그때 본인의 선택은 하나도 없었던 것이다. 태어난 순간 부모 형제가 이미 정해지는 것이고, 그에 따라 경제적인 풍요를 포함한 사회적 지위도 이미 정해진 것이고, 신체적인 조건이나 유전적인 성향까지 이미 가지고 태어난 것이며, 그것을 우리는 운명이라고 부른다. 이제 갓 태어난 아이가 할 수 있는 것은 아무것도 없으며, 그저 본인이 행복한 가정에서 풍요롭게 사는 부모 아래에 태어났다면 운이 좋은 것이며, 그렇지 못하다면 운이 나쁜 것 뿐이지 누구를 탓할 것도 없는 것이다. 물론 나쁜 환경에 태어나거나 유전적 결핍이 가지고 태어났다면 당연히 하나님이던 신을 원망할 수는 있지만, 그렇다고 바뀌는 것은 전혀 없으며 그로 인한 본인 마음의 평화만 영향을 받고, 그로 인하여 주변 사람과의 관계에 나쁜 영향을 줄 뿐이다.

그리고 그 뒤의 여정에서 수많은 갈림길이 나오고, 거기서 가지 않은 길은 알 수 없기에 그냥 내 앞길에서 나온 길 중에서 하나씩 선택하면서 계속 앞으로 가는 것이고, 가다 보면 좋은 길도 있고 어떤 사람은 낭떠러지 같은 길을 만나기도 한다. 그런데 돌아서 가는 길이 간혹 있기는 하지만 너무 멀리 오면 이미 늦은 경우가 많으며, 선택의 길은 계속 생기므로 매 순간을 얼마나 최선을 다해 노력하느냐의 습관이 가장 중요하지 않나 싶다. 항상 좋은 운만 있으면 좋으련만 장담할 수 없는 것이며, 좋은 습관은 나를 가장 성공에 가깝게 이끌어주는 안내자의 역할을 한다고 보기 때문이다.

2) 대학교 전공의 선택

아는 만큼 보인다고 선택도 본인의 환경 아래에서 대부분 가지고 있는 option 중 하나를 택하는 것인데, 대부분 맹목적으로 또는 당연히 택하여 지나가는 것인지라 모든 것이 운명처럼 정해진 것처럼 보이기도 하지만, 그 직선적 운명도 매번 선택의 경로를 걸쳐가다 보면 나중에는 곡선으로 되어 있는 것이 인생인 것 같다. 맹모삼천을 보면 교육에 있어서 가장 전형적인 성공 case로 보인다. 주변의 환경에 영향을 받아 맹목적인 길을 가게 되지만, 맹자 어머니는 깨어있는 사람인지라 이사를 함으로써 환경을 바꾸어 선택의 option을 바꾼 것이며, 그로 인하여 맹자는 다른 선택을 하고 결국은 운명을 바꾼 것이다. 이에 나를 포함한 지금의 대부분 부모는 자식들이 더 나은 선택의 조건들을 가질 수 있도록 교육을 더 시키고 또한 더 나은 대학에 진학하게 만들려고 노력하지만, 자의식이 없는 자녀들은 이를 따르지 않고 반항을 하면서 젊은 시절을 보내고 나서 나이가 들어서 후회를 하는 경우가 많다.

시골 가정에 태어나 시골 초등학교를 나오고 중학교를 나오고 고등학교를 나와서, 대학교를 선택할 때에는 막연하게 희망하는 서울대를 진학할 성적은 아니어서 처음에는 재수하려는 생각을 가지고 있었다. 하지만 재수를 하려면 학원이 있는 광주나 서울로 가야 하는데, 광주에 친척이 있는 것도 아니고 또한 서울에 형제가 있기는 하였으나 나를 데리고 있을 여유가 있는 것도 아니라서 대학을 진학하는 것으로 마음을 바꾸었고, 이는 나 또한 재수를 하여 서울대에 반드시 가야겠다는 의지를 가지고 있지 않았기 때문이기도 하였다. 그리하여 광주에 있는, 그래도 지방대에서는 이름이 있다고 하여 지원하여 가게 되었는데, 지금에 와서 생각하면 이때까지 나 스스로 의지가 강하게 있었던 것은 아니라 주변 환경에 그리고 부모님의 공부를 시키고자 하는 의지가 있어서 그에 따라갔던 것 같다.

물론 시골에서 같이 자란 친구 중에서도 서울로 이사를 한 친구가 몇몇 있었던 것으로 기억을 하고, 고등학교를 대도시로 여겨진 광주로 진학한 친구들도 있었다. 또한, 재수를 광주나 서울에서 한 친구들도 있고, 물론 그들도 주변 환경과 부모의 권유에 따라 그렇게 하지 않았나 생각이 들며, 이러한 선택들이 시간이 지나면서 비슷하게 출발을 한 친구들도 있지만, 결과적으로 매우 다른 길을 가게 만든 것 같다. 그때는 인지하지 못하였지만 50대 후반에 들어와서 인생을 돌아다 보니, 매번 지나가던 갈림길을 가다 보니 어느 사이 우리는 각자 다른 길을 가고 있는 것이다.

나는 내가 잘 알지도 못하고 좋아하지도 않았지만, 취직을 하여야 한다는 생각에 전자공학과를 선택한 것이고, 시골 학교에서 공부 환경이 열악하였고 학력고사 점수도 높지도 않았지만, 국가 입시 제도의 덕을 보아서 학교생활에 다른 사람보다는 조금 더 충실한 덕분에 내신 점수가 나은 편이어서 시골 살림에 도움이 되게 장학금을 받아서 입학하였고, 그래서 공부를 계속할 수 있었던 것이다. 물론 그 당시에 운동을 잘하는 친구들도 있었고, 태권도나 싸움을 잘하는 친구들도 있어서 그 친구들은 학교에서 항상 스타였지만, 거기에 비하면 공부 조금 하는 두드러지지 않은 많은 친구가 있었던 것이다. 그리고 그 이후에도 잘하고 좋아하는 것에 대해서는 평생에 걸쳐서 바뀌어 왔고, 그의 근간에는 습관이 자리 잡고 있는 것이다.

내가 그렇게 싫어하는 체육이었지만, 지금은 운동을 꾸준히 평생을 해오면서 운동하던 친구들보다도 더 건강하고 균형있는 몸매를 유지하고 있는 것이며, 고등학교 때 영어를 매우 잘한 친구는 결국에 서울대에 진학하고 변호사를 하고 있지만, 전공이 중국어가 되어서 중국 업무를 하고 있는 반면에, 나는 지금도 영어로 전세계를 돌아다니면서 사업을 하고 있으니 영어 면에서도 내가 더 많이 사용하고 있다. 그 상황에서 본인이 선택하는 갈림길이 많지 않지만, 정말 열심히 노력하다 보면 더 많은 갈림길을 만나게 되는 것 같다

1980년대 초에 우리나라 경제개발로 인하여 산업이 부흥하는 시절이었고, 그 당시에 최신 학문처럼 여겨지고 또 취업이 쉬울 것이라는 이유로 전자공학을 선택하였지만, 대학 들어와서 1, 2학년 전공 기초를 수업할 때에 나는 실험이나 그 당시 있었던 제도(drawing) 과목을 상당히 싫어했다. 그러고 보면 그 당시 내가 무엇을 좋아했는지 딱히 기억이 나지 않는다. 수학 과목은 그나마 좋아하였고, 영어는 중요 과목이어서 해야 한다고 해서 따라하기는 했었고, 예체능의 미술, 음악, 체육은 정말 전부 싫어하였다. 전부 소질도 없었고, 특히 체육은 몸도 왜소하고 운동 신경도 없어서 아주 싫어하였다. 초등학교 저학년 시절에는 달리기도 제법 하여 1, 2등도 했던 것 같은데, 고학년에 들어오면서 키도 작고 뚱뚱해져서인지 달리기도 못 하게 되고, 그리고 신체 발육이 늦음에 따라 줄을 설 때도 고등학교 때 키순으로 섰기 때문에 거의 마지막 그룹의 번호였다. 그나마 대학교 1, 2학년 때 뒤늦게 키가 더 성장하여 지금의 수준이 되었지만, 대학교 초년 시절만 생각하여도 내가 좋아하거나 잘한 것은 없었던 것으로 기억을 한다. 단지 공부만 조금 하는 성실한 학생이었는데, 실은 친구들과 노는 것은 그래도 가장 좋아하지 않았나 싶다.

그래도 대학교 졸업하면 취직 걱정을 크게 하지 않는 세대여서 다행이었던 것 같은데, 지금의 청소년은 앞날에 대한 불안감에 매우 힘들어하고 꿈을 꾸기 어려운 세대인 것 같다. 대기업 원서를 낼 때까지 대학 4년 교육이 대부분이고, 물론 지금은 1~2년의 해외 연수를 다녀온 사람들이 많이 늘었지만, 그렇지 못한 경우에는 대학 4학년으로 차별화를 한다는 것은 정말 어려운 일이다. 대학 4년간 얼마나 자의식을 가지고 본인의 장점을 개발했을까? 본인이 무엇을 잘하고 무엇을 좋아하는지 알기는 하는 것일까? 고등학교를 이어 대학교 4년을 다녔다면 나이 23~24살 정도인데 무엇을 얼마나 알까? 한두 번의 파트타임이나 인턴 경험과 그리고 영어나 외국어를 조금 더 하는 것의 차이, 그리고 자기를 표현하는 언어의 정교함과 필요로 하는 job에 대한 정보력. 이러한 것들이 실제 현업에 투입하여 얼마나 유효할까?

나를 생각하면 지금도 내가 무엇을 좋아하는지 그리고 무엇을 하고 싶어 하는지 잘 모를 때가 많이 있다. 물론 전혀 없는 것은 아닐 것이다. 경제적으로 더 부유하게 살고, 그리고 자녀를 더 교육을 잘 시키고 싶고, 그리고 살아 있는 동안에는 일을 오랫동안 하는 것이 낫겠다는 생각을 하고 있다. 그렇지만 내가 정말 일을 오랫동안 하고 싶은 것인지 자문을 해보면, 어찌 보면 경제적인 이유가 제일 크기도 하고 또 내가 여행가고 운동하는 일반적인 여가 시간을 좋아하는 것 이외에, 인생에서 내가 정말로 남기거나 의미 있다고 생각하는 일에 대해서는 어쩌면 손을 대지 못하고 있는지도 모르겠다. 가끔 어려운 사람을 돕는 일이나 아프리카의 개척을 도와 빈곤에 있는 사람들을 구제하는 일이 의미 있게 느껴지지만, 현재의 경제적 수준으로는 거기까지 가기에는 너무 멀게만 느껴진다.

하지만 다행인 것이 하나 있었는데, 어렸을 때 어려운 환경 때문인지 헝그리 정신이 은연중에 몸에 밴 것 같고, 이에 따라 어떤 환경에서든지 열심히 노력하려는 성실성이 무의식으로 자리를 잡고 있다는 것이다. 그리고 이러한 정신으로 매번의 선택에서 최선을 다해서 사려는 습관으로 자리를 잡고, 이 습관이 현재의 나를 만든 것이 아닌가 싶다. 다만 아쉬운 것은 주변의 환경에서 인생이나 진로에 대해서 나를 코치해줄 만한 사람들이 별로 없었고, 그리고 나 스스로 고집이 세고 닫혀있는 시야로 인하여 고생을 더 하지 않았나 싶다. 좁은 세계에서 살다가 병아리가 껍질을 부수고 다른 세상으로 나가듯이, 다른 환경으로 들어감에 따라 나의 upgrade가 하나씩 만들어진 것 같다.

이렇게 선택한 전공이 내 평생의 그림자가 된다는 것을 그때는 알지 못하였다. 물론 대학교 전공에 맞추지 않고 직업을 선택하는 경우가 훨씬 많기에 무슨 상관이 그리 많겠냐고 할 수 있겠지만, 나도 전자공학에 맞추어 engineer 길을 간 것이 아니기에 전공과는 무관하게 보이지만, 지금 와서 보면 그 바탕으로 평생을 살아온 것처럼 느껴진다. 전자공학 공부를 한 덕분에 현재하고 있는 이차전지 산업에서 훨씬 이해도가 높고 또한 통찰력도 더 쉽게 가지게 되었다고 믿으니, 전공을 살려서 취업한 것은 아니지만 전자공학 전공의 덕으로 나를 차별화를 시킬 수 있었다고 본다. 그리고 engineer가 아닌 business를 선택하여 sales engineer의 장점을 가지게 된 것은, 군대를 선택하면서 인생의 변곡점이 발생한 것이다.

3) 첫 번째 전환기 – 카투사 생활

지난날을 돌이켜보면 가장 큰 변화는 카투사 입대에서부터 시작되었다고 보이나, 어찌 보면 머나먼 인생길에서 자연스럽게 운명처럼 이어진 길이 아니었나 싶기도 하다. 그 이전에는 engineer의 길을 가야 한다고 생각을 하고 있었고, 대학 졸업 후에도 가능하면 연구소 같은데 취업하여 평생 일하는 것을 자연스럽게 생각하는 주변 환경이었다. 학업을 지속할 생각이었으나, 3학년에 들어와서 형이 결혼하게 되면서 학비 지원을 더 이상 받지 못하게 되자 입대를 선택하게 되었다. 학비 때문에 직업 군인도 생각해보기도 하였지만 심각하게 고려한 것도 아니고, 남자답게 해병대를 가야 하는 것이 아닌지 하는 생각도 친구 따라 잠깐 하기도 하였으나, 궁극적으로 내가 선택한 것은 군대에 있으면서도 공부를 할 수 있으면 좋겠다고 하여 카투사에 지원한 것이다.

그런데 운이 좋았다고 생각한다. 왜냐하면, 그 당시는 카투사는 시험을 보고 선발하였는데, 과목이 영어와 국사 등을 보았던 것 같으며, 내가 영어 점수가 그렇게 좋지도 않았을 텐데, 거주 지역을 고려하여 지원자 배정을 하므로 성적이 그리 뛰어나지 않은 것 같았지만, 지방에서 지원하여서 좋은 점수는 아니지만 운 좋게 합격한 것으로 여겨진다. 대학 진학 시에 내가 하고 싶은 것과는 상관없이 주변 환경에 따라 선택을 한 것인데, 군대 갈 때는 나의 길은 공부해야 한다는 것으로 생각하고 내가 처음으로 자발적인 내 길을 선택한 것 같다. 이로 인하여 나의 얄팍한 engineering 지식이 global 감각과 맞아떨어지면서 나름대로 나의 강점 영역을 만들어내는 출발점이 되었던 것인데, 그때까지만 하여도 이로 인하여 인생의 항로가 어떻게 바뀔지 전혀 모르고 선택한 것이다. 인제 와서 깨닫게 된 것은, 인생에서 모든 선택은 앞뒤로 서로 연결이 되어 있으며, 어제의 선택으로 오늘이 있게 되고 오늘의 선택으로 내일이 달라진다는 것이다.

지방에서 학교를 계속 다니느라 대학 2학년까지 외국인을 만나는 경험이 전무 하였는데, 카투사에 입대하면서 미국인들과 같이 생활하고 일하면서 처음으로 많은 새로운 것을 경험하게 되었다. 잠도 침대에서 자면서 매일 양식을 먹고, 같이 영어로 이야기하면서 서로 다투기도 하면서 생활하였는데, 지금 생각해보면 더 다행이었던 것은 수송 중대라서 대부분 막사 생활은 카투사와 하면서 매일 조금씩 미국인들과 부딪혔으니, 그 당시 많은 카투사가 갖는 미군에 대한 미움이나 반목이 크게 생기지 않았고 이로 인하여 외국인에 대한 거부감이 생기지 않았다. 그리고 공부를 할 수 있는 환경이라 영어 공부를 일과 이후에는 지속적으로 하였으며, 선임 병장이 되었을 때 소대 인원을 미국인까지 포함하여 책임지고 소대 업무를 운영하면서 본격적인 외국인과도 collaboration 하게 되었다.

이러한 과정에서 처음으로 내가 외국인들을 lead 하면서 내가 잘 guide하고 솔선수범하면 외국인이라 하더라도 잘 따라와 주는구나 하는 성공 체험을 하게 되었다. 선임 병장이 솔선하여 내가 가장 부지런하게 일을 하니, 미국인을 포함하여 부대원들과도 잘 화합을 하였고, 소대 운영이 잘 되니 나중에는 미국인 선임 하사로부터 책임에 대한 delegation도 받아서 내 서명으로 업무가 처리되는 정도에까지 이르렀고, 또한 소대는 수송 업무에 무사고로 잘 운영이 되면서 내 임기를 잘 마무리하게 되었다. 이러한 경험이 나에게 세계 무대에 관한 관심을 불러일으켰고, 그 당시의 대우 김우중 회장이 주창하는 '세계는 넓고 할 일은 많다.'라는 말에 대해 내가 체험적으로 공감을 하게 되었으며, 이로 인하여 나의 관심은 engineering에서 해외 시장으로 전환이 되어 진로가 바뀌었으니, 결국은 내 운명이 바뀌었다고 본다.

군 복무를 카투사로 선택하면서 군대를 시간을 때우는 피동적이 아니라 새로운 것을 얻음으로써 긍정적이고 적극적인 선택이 되었다. 첫 번째로 얻은 것은 미군과의 생활로 외국인과 신뢰와 교류를 하는 방법을 몸으로 체득하게 되었다. 여행도 아니고 어학연수도 아닌 실제로 일을 함께하면서 갈등도 일어나고 단합도 만드는 단체 생활의 경험으로, 외국인에 대한 두려움이나 장벽도 자연스럽게 없어졌다. 그리고 평생 영업을 하면서 어떻게 보면 외국인들과 오랜 기간 friendship과 partnership을 유지하는 DNA를 만들게 되었다. 영업이라면 사람들과 어울리면서 형님 동생 하면서 외향적으로 leading을 해야 하는데, 이러한 성향이 부족한 나에게 외국인과의 우정으로 사업을 영위하면서 해외 영업으로 살아남을 수 있는 특기를 선사한 것이다.

두 번째로 얻은 것은 물론 영어 어학이다. 그렇다고 영어를 매우 잘하게 된 것은 아니었지만, 평생 영어를 사용하고 공부하는 습관을 형성하게 된 것이다. 그 이전에 영어 공부라고 하면 학교 교과서와 성문 기초 영문법 그리고 성문 핵심 영어 정도의 문법책을 공부한 정도이고, 어학에 특별히 재능이 있었던 것은 아니어서 기초적인 수준이었다. 카투사에 들어가서 영어 공부에 더 집중하게 되었고, 군 부내 내에 미군 도서관이 있는 관계로 영어책을 미국 국민학교 수준부터 책을 빌려서 읽기 시작하였고, 실제로 부딪치면서 실생활의 업무로 사용하는 영어로 인하여 영어의 본질인 소통에 집중하여 모르는 것에 대한 창피함이나 두려움을 자연스럽게 극복하였다. 그 이후로는 어학을 항상 손에서 놓지 않으려고 하였고, 대학 3학년에 복학한 이후에 다시 시작하는 공부에도 변화를 가져왔다. 먼저 영문학과와 일문학과에 영어 회화와 일본어 회화를 수강하러 다녔는데, 기본적으로 전공필수를 제외하고는 언어 공부에 집중하였고, 어문대학이 거리가 멀어서 자전거를 사서 강의장에 다닐 정도로 열심히 노력하였다.

세 번째로 얻게 된 것은 운전 경험이었다. 지금으로 보면 무슨 대단한 것은 아니었지만, 카투사 중에서도 수송병으로 트레일러를 운전하였는데, 바퀴가 22개인 차량으로 그 당시에 우리나라에서 가장 큰 차였던 것으로 기억을 한다. 이를 위하여 군대의 운전학교에서 3개월 합숙을 하면서 운전을 집중적으로 배움에 따라 안전운전에 대한 습관과 운전 skill이 몸에 배게 되었다. 시골에서 자라서 차를 운전할 기회도 없었고, 사회생활을 시작하여 차를 살 상황도 아닌 나에게는, 오랫동안 운전하지 않은 상태에서 나중에 차를 소유하게 되었을 때 별도 연수를 받을 필요도 없었으며, 전문 기관의 훈련으로 몸에 밴 습관으로 위험한 상황에 부닥치는 경우를 줄여 주었다고 생각한다.

네 번째로 얻게 된 것은 leadership의 기틀이라고 생각한다. 그 이전까지 공부나 조금 하는 정도의 성실한 학생이었고 앞에 나설 기회도 없었으며, 학교 다닐 때 그 흔한 반장 한번 한 적이 없었는데, 카투사 수송병이라는 특수한 부대 성격 때문에 선임 병장이 되어 소대를 책임지고 운영하게 되었다. 그 당시 일반적으로 선임 병장의 경우 카투사만 관리하고 미군은 따로 활동하여 별로 간섭을 하지 않았는데, 나는 솔선수범하여 가장 일을 오래하고 적극적으로 하면서 미군들에게 신뢰도 생기기 시작하였다. 이에 미군 선임하사가 소대 운영에 대해서 나에게 전권을 맡김에 따라서 나의 서명으로 미군까지 관리할 수 있게 되었으며, 이의 경험으로 솔선수범하여 앞장서서 모범을 보이므로 아래 사람들이 따라오는 leadership의 기초를 익히게 된 것 같다.

운동의 습관

몸에 밴 운동 습관의 시작은 카투사 생활에서 받은 다른 선물 중의 하나이다. 80년대 군대는 집단생활로 개인 시간이 별로 없었고, 고참이 되어서 개인 시간에 여유가 생겨도 부대 내에서의 환경이 여가 시간을 즐길만한 것도 별로 없었고 또한 자기 계발을 할 여건도 아니었지만, 카투사는 근무 시간 이외에 신참이라고 하여도 개인 시간이 주어졌던 것이다. 물론 가끔씩 집합을 당하여 기합받을 때도 있었지만, 개별 방에 2~3인이 생활하는 막사에 개인 책상까지 있어서 근무 시간 이외는 대체로 자유 시간이 주어졌다. 또한, 부내 내에 미군 편의 시설들을 같이 사용할 수가 있어서 시골에서 자라난 나에게는 음식뿐만 아니라 여러 가지 환경에서 신세계였다.

자대 배치를 받고 군 생활에 적응이 되고 난 후부터는 운동을 시작하였다. 그때까지만 하여도 운동을 좋아한 것은 아니었지만, 미군들이 운동과 스포츠를 열심히 하는 것을 주변에서 보게 되고 또한 몸의 근육이 많은 미국인 체형을 보면서 무의식중에 운동으로 끌려 들어간 것이 아닌가 싶다. 또한, 친한 동기 중 한 명이 대학 시절에 유도 서클 회장까지 하면서 운동을 해온 친구라서 같이 운동을 다니기 시작하였고, 미군 camp에서 생활하면서 생애 처음으로 기구를 사용하는 헬스장을 사용하게 되었다. 그리고 camp 내 체육관에 라켓볼 코트가 있어서 라켓볼을 배우면서 치기도 했는데, 양식을 먹으면서 체력이 붙기 시작하였는지 미군과도 게임을 종종 하기도 했었다. 또한, 대학 시절에 가입하여 조금 배우다 중단한 tennis를 본격적으로 치기 시작하였다. 대학 시절에 테니스 클럽에 가입하여 처음으로 테니스를 배우면서 반년 정도 하였는데, 친구를 따라 봉사 클럽에 가입함에 따라 테니스 클럽을 소홀히 하면서 그만두게 되었는데, 카투사 시절부터 본격적으로 테니스를 치기 시작하여 지금까지 평생 스포츠로 즐기는 취미가 되었다.

이리하여 운동에 조금씩 취미를 붙이기 시작하였고, 회사 생활을 하는 것처럼 일과시간이 있었기에 저녁에 자유 시간이 있을 때마다 헬스장을 다니기 시작하였다. 그리고 고참이 되어가면서 시간이 더 자유롭게 됨에 따라 단축 마라톤도 시작하였다. 평택의 Camp Humphreys에서 근무하였는데, camp를 한 바퀴 돌면 약 10Km 정도 되었던 것 같다. 입대 시에는 체력이 별로였으나, 병장이 되어 마지막 체력 측정에서는 2 마일인지 3 마일인지 기억이 나지 않지만, 이 달리기에서는 일등을 하였는데, 이등하고의 차이가 100m 정도 떨어질 정도로 월등하였다. 그리고 제대할 무렵에는 단축 마라톤을 하겠다는 계획을 세웠으며, 매주 camp를 한 바퀴 돌 때마다 기록하였는데, 70회 정도 돌았던 것 같다.

이렇게 운동은 습관화가 되었으며, 제대하고 복학을 하고 대학교 운동장을 돌기도 하는 등 나름대로 운동하는 습관을 유지하기 위해 노력하다가 합기도 도장에 등록하였다. 공부에 적응하기도 바쁘기는 하였지만 운동은 지속하고자 하였으며, 거의 매일 저녁 운동하러 가곤 해서 나중에는 검은 띠까지 획득하였다. 처음 하는 격투 운동이라 조금 과하기는 하였고, 나중에 등 x-ray에 보니 뼛조각이 이탈한 것이 보여 이때 낙법을 하면서 깨진 것이 아닌가 하는 생각이 들었는데, 직장을 서울로 잡고 이사한 이후에도 합기도는 결혼하기 이전까지는 지속해서 했었다.

결혼한 후에 아내와 같이 직장에 출근하였는데, 나는 AM 5:30에 아내보다 30분 먼저 일어나서 줄넘기하고 샤워하고 출근할 정도로 운동은 지속적으로 유지하였다. 큰애가 태어나고 나서도, 그리고 미국에서 둘째가 태어난 후에도 아침마다 줄넘기하는 것 때문에 아내와 마찰이 일어나기도 하였다. 어린아이를 보면서 아침 식사를 준비하는 아내를 대신하여 애를 보았어야 했는데, 운동 습관으로 아침마다 줄넘기를 천 개 하느니 2천 개 하느니 하면서 애 보는 것을 하지 않았기 때문이다. 어찌 보면 이것은 습관의 무서움이나 집착이 아닌가 하는 생각이 이제야 든다. 내 개인의 습관 때문에 가족을 챙겨야 하는 당연함이 우선순위에서 밀리게 된 것이고, 이로 인하여 지금까지도 아내에게서 내가 이기주의적이고 가정을 챙기지 않는다는 책망을 받고 있는 것이다. 지금 젊은 세대를 보면 개인이나 회사보다는 가정을 먼저 챙기는 것을 보게 되는데, 처음에는 이해가 되지 않은 것이었으나 지금 와서 보면 당연하게 여겨진다. 운동하는 습관도 중요하지만, 그 목적이나 우선순위를 고려하지 않은 맹목적인 습관이 아니었나 싶으며, 운동하지 않으면 몸이 갑갑하고 컨디션이 저조해진다고 생각하여 어디서든지 하려고 했는데, 최근에 코로나로 인하여 처음으로 장기 출장으로 한 달 반을 시카고 집을 base로 미국 내에서 잠깐씩 출장을 다녔는데, 가족과 같이 있음에 따라 한 달 반을 거의 운동을 하지 않음에도 불구하고 별다른 것이 없는 것을 보니, 모든 것은 마음먹기에 달린 것 같다.

2008년 미국에서 혼자 귀임할 때 사는 집을 마포에 정했는데, 이때 기준도 헬스장이 가까이에 있는 장소를 우선으로 선택을 하였던 것이다. 아침 6시에 open 하는 헬스장을 회사 가까운 곳에서 찾다 보니, 마포 오피스텔의 지하에 헬스장이 있어서 아침마다 문을 열자마자 들어가서 운동을 하고, 그리고 위로 올라와 집에서 샤워하고 간단히 아침을 먹고 출근을 하였다.

그러다가 운동 패턴이 아주 바뀌는 사건이 일어났다. 2013년 경 어느 날 미국 출장을 가는 날 아침 평소와 같이 운동하러 헬스장에 가서 줄넘기하다가 허리 통증이 심해서 일어날 수가 없었다. 그날은 운동을 포기하고 출장은 가야 하기에 택시에 몸을 실어 인천공항으로 가서, 내 마일리지로 upgrade를 하여 의자에 의지하면서 걷고 자리에 앉았는데 더 이상 움직일 수도 없었다. 비행기 탑승 내내 누워서 있다가 Washington에 도착하였는데, 동반 출장을 하던 팀원이 허리 통증에는 안짱다리로 걸으면 도움이 된다고 하였다. 그리하여 다음날 hotel의 러닝머신에서 천천히 안짱다리로 걷기 시작하였고, 몸을 푸는 운동만 하는 정도였다. 그리고 한국으로 돌아와서 한의원에서 침을 맞는 등 여러 가지 치료도 병행하였지만 별다른 효과는 보지 못하였다.

그 뒤부터 허리 통증이 다리까지 내려와 5분을 걷기도 힘들 때가 많이 있었다. 여기저기서 간헐적으로 치료를 받으면서 그때부터는 허벅지를 강화하는 운동만 하는 것으로 전환을 하였다. 러닝머신 달리기 대신에 실내 자전거 spinning으로 바꾸고, 허벅지 근육 운동을 기구를 이용해 지속적으로 하면서, PT까지 받으면서 스쿼트와 데드리프트를 하였는데, 그런데 이 두 운동은 별로 도움이 되지 않고 오히려 나의 경우에는 허리 통증을 키우기만 하였다. 그러다가 카이로 소개를 받아서 근육을 풀고, 나에게 맞는 하체 강화 운동을 본격적으로 하면서 허리 통증은 많이 개선되어서 지금은 몇 시간씩 산책도 하고 러닝머신에서 달리기도 하게 되었지만, 기본은 유산소 운동보다는 하체 운동 위주로만 하고 있다.

지금은 운동은 생활 일부가 되어 있다. 특히 해외 출장을 가면 항상 fitness center가 있는 hotel에 숙박하면서, 아무리 힘들어도 아침에 헬스장에 간다. 아침에 땀을 흘리면서 운동을 하고 나면, 샤워하고 아침 식사를 하고 난 뒤에는 언제든지 현지 시각으로 적응을 하게 되기 때문이다. 지금은 건강을 위한 운동을 한다기보다는, 생활 일부가 된 운동을 하고 있는 것이다.

4) 대기업 D전자 취업

대기업 D전자를 입사함으로써 현재 내 인생의 전체적인 frame이 형성되었다고 해도 과언이 아닌데, 애초에 D전자에 들어갈 생각이나 계획은 전혀 없었다. 군대 제대 후에 복학하여서는 전공 공부는 필수만 하고 남은 수업은 어학 공부에 치중하였으며, 군대 입대하기 전과는 조금 다르게 여러 학생이나 교수님들과의 관계 확대에 조금은 더 관심을 가지고 노력을 하였다. 복학생들이 주도하여 학과의 분위기도 조성하려고 하였고, 소위 말하는 어른 노릇을 하려는 행동들을 보였는데, 물론 그 전보다 좀 더 성숙해지기는 하였지만, 지금에 와서 생각해보면 여전히 어린 생각이 많았던 것 같다.

그렇게 생활을 하면서 취업에 대해서는 고민을 크게 하지 않았는데, 80년대 말의 경제 상황이 지금에 비하면 여전히 성장하고 또한 대기업들이 공채로 많은 신입 사원을 채용하는 시절이었으며, 특히 공과 대학 졸업생은 취업에 큰 문제 없이 대부분 잘하던 시절이었다. 그리고 그 당시에 학교에서 웬만히 공부한다 싶으면 대기업 L전자에 취업을 무난히 하였고, 졸업생의 구성이 반 정도가 복학생이고 나머지 반은 졸업하면서 군대에 가든지 아니면 연구소나 대학원에 진학하여 병역을 해결하였다. 당시 D전자보다는 L전자의 인지도가 높아서 나도 L전자에 가지 않을까 막연한 생각을 하였는데, 문제는 경제적인 것에서 왔다.

3년 휴학을 하여서 시골집에서 복학하면서 학비를 충당할 약간의 비용은 있었지만, 4학년이 되면서 더 힘들어졌다. 그때 마침 D전자에서 장학금 제도로 추천을 요청하여 교수님께서 의향을 물어보자마자 생각할 필요도 없이 선택한 것이다. 전자공학과와 기계공학과에 각각 한 명씩 일 년간 학비와 용돈을 주는 장학생을 선발하는 것이며, 의무로 회사에서 2년을 근무하면 되는 것이었다. 학과에서 한 명이라 복학생 기준으로 성적순으로 내려온 것이며, 어쨌든 성적 장학금을 타기 위해 공부를 해 온 덕으로 학점이 우수하여 나에게 기회가 온 것이며, 이 기회를 선택함으로써 내 인생의 방향이 하나로 정해져서 오늘에 이르게 된 것이다.

D전자에 입사하여 부서 선택 시 처음부터 해외 영업에 지원하였으며, 이는 카투사 시절의 경험으로 외국인과의 사업으로 관심이 바뀌었기 때문이었고, 그 당시만 하더라도 공대 졸업생이 이렇게 본사에서 해외 영업을 하는 경우가 드물었는데, 나는 두려움이 없이 선택하였고 지금 돌아보아도 그때는 무서운 것을 모르는 젊은 시절이었던 것 같다. 그리고 그때부터 일과 공부를 병행하는 습관이 형성되어 지금에까지 이른 것 같다.

4학년 초에 D전자로 입사가 결정되어서 다양한 활동에 대해서 더 관심이 있었고, 대학 졸업할 때쯤에는 이리저리 공부도 질린다고 생각을 하였는데, 정작 공부를 해야 한다고 느낀 것은 입사하고 난 후였다. 장학금을 받은 덕에 D전자에 입사하였고, 세계는 넓고 할 일은 많다는 생각에 해외 영업을 지원하여 회사에 들어가니 서울대니 연고대니 하는 명문대 출신의 동료들로 둘러싸

이게 되었고, 사회생활에 좋은 학력이 중요함을 차츰 깨닫게 되었다. 이때부터는 회사 업무에 필요한 공부를 해야 한다고 생각을 하여서, 업무에 필요한 무역 영어니 무역 실무 등에 관한 책을 보고 혼자 자습을 시작하였다. 또한, 내가 굳이 좋아하여 선택한 직장도 아니니 2년 의무 기간이 끝나면 다른 일을 해야 할지도 모르겠다는 막연한 생각에, 공무원 취업 준비 책이니 부동산 자격증 책 등을 사다가 놓기도 했는데, 정작 이러한 공부는 하지 않고 사업을 하겠다며 사업하는 친구나 선배들을 따라서 어울리기에 더 열중하였다.

지금 와서 돌아보면 초년기 직장 사회생활에서 참으로 어리숙한 것이 많았던 것 같다. 카투사 및 늦게 배운 영어 몇 마디였지만 영어 공부는 꾸준히 해오던지라 잘하는 수준은 아니나 그런대로 버틸 만했던 것 같은데, 신용장 등을 포함하여 무역 실무는 처음 대하는 것이라 배우면서 시작을 하였고, 전자공학 전공이 그나마 품질이나 부품을 이해하는 데 조금은 도움이 되었던 것 같다. 하지만 이렇다 할 특기가 있는 것도 아니고 또한, 미래에 대한 장기적인 계획은커녕 10년 후 또는 5년 후에 대한 것도 아무 생각이 없었던 것 같다. 마냥 돈을 벌어야겠다는 생각에, 그리고 당시에는 외국계 회사의 연봉이 높아서 2년 의무 복무가 끝나면서 외국인 회사로 이직하려고 이력서를 수십 군데 내면서 직무 전환하려는 헛된 노력을 하였다.

처음 해외 영업 배치를 받아서 공대생이라는 명분으로 인하여 당시 D전자가 처음으로 프랑스에 준공하여 생산을 막 시작하는 전자레인지 공장에, 현지 생산을 위한 조립용 부품을 공급하는 업무를 맡고, 또한 러시아에서 이와 유사하게 부품을 받아서 현지에서 제작하겠다고 하는 고객사가 있어서 이러한 project에 공급하여 매출하는 영업 업무를 하였다. 그러다가 유럽의 다른 지역에 전자레인지를 판매하는 업무로 확대를 하였는데, 외부에서 나를 바라보는 가치는 지방대 전자공학 출신으로 전자회사에서 해외 영업의 몇 년 경력을 가지고 있는 것이 전부였다. 그런데 나는 연봉이 높다는 외국계 은행이나 consulting 회사의 문을 두드리고 있었으니 헛된 시도였으며, Motorola 국내 영업 경력직 채용 공고에 응시하여 마지막 관문인 최종 면접까지 갔으나, 국내 영업의 경험이 없다는 이유로 탈락을 하게 되었다.

지금도 해외 영업에 종사하고 있으며, 물론 국내 영업을 한 적도 있지만 관리자로서 한 것이며, 지난 33년간 업무 영역이 실제로 구매나 supply chain도 하기도 했지만, 근무 부서 record로 본다면 실제로 그런 부서에서 근무하지 않았기에, 꼬리표는 항상 해외 영업으로 붙어있지 않을까 싶다. 그리고 한번 선택한 산업과 업무 분야는 무섭도록 평생을 따라 다니기에, 이것을 바꾼다는 것은 실제 운명을 바꾸는 것과 동일하다고 본다.

다행인 것은 영어 공부는 손에 놓지 않고 간헐적으로 하고 있었는데, 회사 생활 5년 정도 지나자 D그룹의 Michigan MBA program이 생겼다. 따라서 이의 준비를 해오면서 지원을 하였으나 현업 부서에서 추천을 받지 못했다. 하지만 포기하지 않고 지속해서 준비했고, 2년 후 2차 기수를 선발할 때 현업 부서장의 승인은 받았는데 임원이 해주지 않았다. 그래서 지원서 마감하는 날 결국 임원이 출장 가는 공항까지 따라가서 서명을 받아서 제출하였었다.

공부에 습관을 유지하니 기회가 온 것으로 생각을 한다. D그룹의 Michigan MBA는 회사에서 학비와 생활비를 지원해 줄 뿐 아니라, 급여도 기본은 지급하므로 정말 좋은 program이었다. 만일 그때 포기하였다면 현재 내가 있지 않는다고 할 정도로, Michigan MBA는 나의 인생의 도약기를 만들어 주었다. D그룹이 그룹사에서 40명을 선발하여 공부시키는 과정으로 각사의 유능한 인재들을 만나서 같이 공부하면서 교류를 할 수 있었고, 또한 Ann Arbor에서 외국인들과 같이 2년 차 과정을 fully 하게 됨으로써 정식 MBA로 학위도 받으면서, 또 하나의 꼬리표가 붙어서 인생의 전환기를 맞게 된다.

D전자에서 얻은 것들

D전자 경력 통하여 engineering background를 활용하여 해외영업으로 전환을 했으며, Michigan MBA라는 학위와 영어 능력을 취득하였고, 이를 기반으로 기술영업의 특화된 부분을 찾아서 전지 영업을 시작하는 발판이 되었지만, 무엇보다도 지금의 아내를 만나서 인생에 많은 변화를 만들었으며, 지금도 그 변화

는 지속되고 있는 것 같다.

한마디로 말하면 아내는 나의 격을 올려주었다고 하겠다. 1989년 나는 서울에서 근무하였고 아내는 광주에서 근무하면서 업무를 통해 연락하다가 교제하기 시작하였고, 나는 빨리 같이 있으려는 생각으로 학생 시절의 자취 생활처럼 시작하는 생각을 하였으나, 아내는 시간을 가지고 정식적으로 보금자리를 만들어 시작하기를 원해서 3년 정도 장거리 교제를 하다가, 결혼을 위해 아내가 서울로 부서 이동하면서 부천에서 아파트 전세부터 시작하였다. 아내의 종용으로 부천에 아파트 청약에 넣어서 대기 당첨이 되었다가 분양을 받아서 처음으로 우리 집을 가지게 되었으며, 2016년 가족이 한국으로 이사 올 때 나는 가지고 있는 마포집으로 들어가자고 하였으나, 아내가 이촌동을 고집하여 다른 아파트들을 정리하고서 현재 집으로 이사를 오게 된 것으로, 한국에서의 재산 증식은 다분히 아내의 선택으로 이루어진 것이다.

하지만 무엇보다도 아내는 현재 상황에서 최선의 결과를 도출하기 위해 부단히 노력하는 편이라서, 큰아들도 힘든 공부에 대해서 때로는 불평도 많고 엄마와 많이 부딪히기도 하였지만, 결국에는 엄마의 의지에 따라주어 현재 앞길을 잘 준비해가고 있으며, 나 또한 부족하거나 어리석은 부분, 나만의 고집이라든지 이러한 것에 대해서 조금 누그러뜨리고 조금은 더 지혜롭게 된 것도 아내의 덕분이다. 내가 조금 더 현명하거나 융통성이 있었다면 가정에서도 회사에서도 더 잘했을 텐데, 인제 와서 돌아보면 좀 아쉬운 부분이다. 어쨌든 아내의 기대와 지원으로 33년의 회사 생활을 잘 해오고 있으며, 나태하지 않고 조금 더 나은 오늘과 내일을 만들기 위해 부단히 같이 노력해오고 있다.

결혼하게 되는 배우자는 흔히들 본인의 반쪽이라고들 말하는데, 결혼으로 인하여 인생이 완전히 바뀌게 된다는 것을 그때는 전혀 인지하지 못하고 지난 것 같다. 인생은 환경과 선택의 복합인 것 같다는 생각이 드는데, 내가 D전자에 취업하지 않고 L전자에 취업하였다면 당연히 현재의 아내를 만나지 못했을 것이다. D전자에 취업한 친구들의 경우도 보면 공대 출신들이라 대부분 공장에서 engineer로 직업을 선택하며, 이로 인하여 공장에서 근무를 시작하여 평생을 공장에서 일하다가 퇴직하였다. 나는 해외 영업을 선택하여서 본사인 서울에서 근무를 시작하였고, 또한 업무 관계로 인하여 아내를 만나게 되었고 근무를 본사에서 하므로 처음부터 수도권에서 자리를 잡기 시작하였다. 일반적으로 주변 환경에서 선택하는데 광주에서 서울로 이동하면서 환경이 바뀌면서 인생의 track이 바뀌기 시작하였고, 또한 아내를 만나면서 완전히 길이 변하게 되었다.

아내는 흑백이 분명하여 대충하는 것을 절대 용납하지 않았고, 또한 항상 현실을 직시하면서 그 안에서 최선의 선택과 극도의 노력을 하였다. 이로 인하여 때로는 대충 넘어가면서 쉽게 살려고 하는 나태한 남편에게는 버거울 때가 있었지만, 어정쩡한 것과의 타협하지 않는 철저한 성격 때문에 끝까지 포기하지 않고 추진하는 습관이 몸에 뱄는지도 모르겠다. 일반적으로 회사에 다니면서 공부를 겸하기는 쉽지가 않으며, 특히 아이가 태어났을 때는 더더욱 자기계발 같은 개인 시간은 생각하기가 어렵다. 하지만 나의 경우에는 아내의 눈치를 보지 않고 TOFEL을 꾸준히 공부하는 등, 처음부터 유학의 꿈을 가지고 있었던 것은 아닌데 공부를 지속하면서 기회를 얻게 된 것이고, 그 기회를 포기하지 않고 끝까지 노력하여 현실로 만든 것이다.

경제적인 것 또한 마찬가지였던 것 같다. 아내의 몸에 밴 근검 생활과 어떻게 해서든지 궁핍에서 벗어나야겠다는 나의 의지가 결합하고, 그렇게 열심히 살다 보니 운이 좋아서 차츰 경제적인 자립도 마련하고, 또한 이러한 습관이 유지되어서 경제적인 여유까지 구축하게 된 것 같다. 물론 아쉬운 것도 많이 있기는 하다. 모으는 것에만 집중하다 보니 정작 아내에게 가지고 싶은 것을 제때 사주지 못하고, 또한 가족과 여행을 하면서도 마음은 쫓기듯이 무엇인가 편안하지 않은 것이 남아 있었던 것이다. 회사에서도 실무자로 일할 때와 팀장으로 일할 때 그리고 임원으로서 관리하게 되면 보는 눈이나 leadership의 행동이 달라져야 하듯이, 집안에서도 경제적 형편이 달라지면서 지출이나 소비의 형태에 변화가 와야 하는데, 회사에서 진급하여서도 실무자 일하듯이, 경제적 여유가 생겼어도 예전의 어려울 때 습관이 남아 있어서 불편을 초래하기도 했던 것이다.

사람이 죽을 때가 되면 변한다는 말도 있기는 한데, 인생을 돌이켜 보면 누에가 고추를 벗어나 나방이 되듯이 시대와 환경의 변화에 따라 지속적으로 바뀌어야 하는 것 같다. 어쩌면 그러한 변화를 leading 하는 사람이라면 더더욱 바람직한 인생을 사는 것이 아닐까 싶다. 기본적으로 평생 바뀌지 않아야 할 인성이나 특성은 당연히 유지하되, 나이가 들어가고 시간이 가면서 건강한 습관은 유지하면서, 깨어있는 생각으로 본인의 습성을 새롭게 탈바꿈하여 지속적으로 거듭나야, 그에 걸맞은 인생의 격이 상승하는 것이 아닌가 싶다.

성실함으로 인하여 평생 후회는 하지 않고 살 것으로 기대했는데, 중년이 지나가면서 후회되는 일들이 더 늘어나는 것 같다. 참을 인(忍)자 몇 개면 사람도 살린다고 하였고 내가 정말 인내력이 강하다고 생각을 하였는데, 지금 와서 보니 나의 아집에 좁은 안목으로 살아온 세월도 길었던 것 같고, 아내의 잔소리를 수용하지 못하는 수준의 인내였으니 부족함이 매우 컸다. 이제야 정말 인내라고 하는 것도 나 자신의 감정을 다스리는 자제력이나 가족을 우선시하고 말을 들어주는 기본적인 자세에 대해서 눈을 뜨기 시작하는 것 같으니, 늦었다고 하면 늦었겠지만 죽기 전에 깨닫게 되는 것도 아내의 덕분이 아닌가 싶다.

아내와의 여정으로 인하여 경제적인 자립뿐만 아니라 인생에서도 완숙함을 가지게 된 것 같은데, 폭넓은 안목으로 이러한 변화를 가진 출발점은 Michigan MBA에서 태동한 것 같다.

5) 두 번째 전환기 – Michigan MBA

이전의 인생은 계획되지 않은 환경에서 선택하였다면, Michigan MBA는 꾸준히 영어 공부를 하면서 준비된 선택이었다고 여겨진다. 이 학위가 없었다면 지방 대학 출신으로 직장생활도 평사원으로 평생을 영위하면서 겨우 살아가지 않았을까 하는 생각이 든다. 물론 미국 MBA를 나왔다고 내 출신 대학이 지워지지는 않으며, 미국도 그렇지만 우리나라도 대학원보다는 졸업한 대학으로 대부분 평가를 한다. 그렇기에 기존의 D전자는 지방에 큰 생산 근거지를 두고 있음에도 그 지역 대학 출신의 임원이 소수에 불과하였고, 우리 회사에서는 같은 대학 동문의 임원을 본 적이 없으며 그나마 L전자에서 임원을 하다 퇴임한 선배를 한 분 보았을 뿐이었다. 만일에 한국에서 대학원을 나왔다고 하여도 별로 달라질 것이 없었을 것 같으며, 그래도 미국에서 top ranking에 들어가는 MBA를 나옴으로써 출신에 대해서 조금은 cover를 하였던 것 같다.

D그룹의 Michigan MBA는 그룹 계열사에서 인정을 받고 있는 능력 있는 직원을 2년에 한 번 40명 선발하여 회사 비용으로 공부를 시킨 것이었는데, 나는 첫 번째 기수에는 들어가지 못했지만, 가까스로 두 번째 기수에 운 좋게 들어갔던 것이고, 이것마저도 외환위기와 D그룹의 몰락으로 3기로 끝나고 말았으니, 그 가운데서 혜택을 받은 나는 운이 좋았다고 느낀다. 또한, 2기에는 Executive MBA를 Boston에서 진행하였는데 한국에서는 같은

연수원에서 교육을 받음에 따라, 그룹사의 경영진과 교분을 갖게 되는 기회가 되었으며, 이로 인하여 경영자의 시야를 간접적으로나마 눈을 뜨게 된 것 같다. 그리고 MBA 교육 종료 후에 회사로 돌아가서도 같은 회사에서 근무하시는 executive도 있어서 나름대로 networking이라는 것에 신경을 쓰게 된 계기가 되었다고 본다.

공부한다는 것은 물론 학위도 중요하기는 하지만, 무엇보다도 본인 생각의 틀을 키우고 시야를 넓게 만들어 주는 것 같다. 이것은 배우는 과목에서 그러한 것도 있겠지만, 같이 공부하는 동료들도 아무래도 역량도 더 뛰어나고 나름대로 전문가이거나 고수인 점이 있어서 직간접으로 배우고 영향을 받기 때문이 아닌가 싶다. 그리고 미국 MBA가 좋은 점의 하나는 여러 case study를 하는 것으로 실제 사례를 가지고 배우며 또한 토론하고, 그룹으로 study를 하거나 발표하는 경우가 많아서 global business를 여러 면에서 하는 것과 같은 효과가 있었다고 본다.

정말 공부를 많이 하였다. 내가 원해서 하는 공부였으므로 열심히 하였고, 나의 평생 공부하는 습관은 여기서 완성이 된 것 같다. 한가지 것이라도 건져 가자는 생각에 영어 과목은 집중하여 영어 speaking & writing도 쉬지 않고 청강하였는데, 이때 쌓인 영어 실력으로 지금까지 사는 것 같다. 2년 차 현지 과정 시작하자 marketing이니 toast mater니 club도 두 개 정도 참여를 하였고, 수업에도 참여를 많이 하여서 질문도 하곤 했는데, 내가 현재

강의나 수업을 들으면 궁금한 것에 대해 두려움 없이 많은 질문을 하는 것은 이때 생긴 습관이다. 그러나 많은 유학생이 하는 골프는 아예 손대지도 않았다. 시간이 많이 소모되었기에 나는 내가 하고픈 것을 하기에도 시간이 부족하였기 때문이다.

그리고 현지 생활로 가족에도 변화가 왔다. 일학년 과정은 한국에서 하고 2학년은 미국에서 하는데, 2학년 시작하고 혼자 있다가 Thanks Giving Day에 아내와 아이를 불러서 미국 가족 기숙사에서 생활하였다. 혼자 학생 기숙사에서 동료와 생활하다가, 가족이 와서 같이 사는 것도 좋은 경험으로 생각해서, 자동차도 교회 분에게 lease를 하고, 기숙사도 가족 아파트로 옮기는 등 학기 중에 이사하여 준비했다. 처음으로 시작하는 해외 생활이었지만, 그 이후에 우리 회사에서 미국 주재원 생활을 하고, 그리고 가족이 Chicago에서 정착하는 등, 어쩌면 그때가 가족의 미국 생활의 시초이면서 그때는 알지 못했지만, 미래의 생활을 예고했는지도 모른다. 왜냐하면, 사람들의 환경은 지속적으로 연장선으로 가는 경우가 많으며, 예를 들어 독일 주재원으로 나간 회사원들은 임기가 끝나고 독일에서 영구 거주하는 경우도 많이 있으므로, 한번 생활한 환경 속에서 익숙한 곳에 대한 선택을 인간은 자연스럽게 하는 것 같다.

MBA를 졸업한 이후에 consulting 경력으로 가는 사람들이 많이 있지만, 우리의 경우는 기존에 회사에 몸을 담고 있었기에 관심 항목이 조금 달랐고, 또한 대학 졸업 후 몇 년 만에 MBA에 들어온 것이 아니라 10여 년에서 20년까지 실제 현업에서 일하다가 들어온 경우이므로, 실제 현업의 경험과 경력이 같이 공부하는 나에게는 간접적인 도움을 주었다. 그리고 나는 영업이기에 마케팅을 주로 들으면서 처음부터 영어 공부에 집중하면서, 영어 writing & presentation 수강하면서 공부에 열중하였다. 적어도 영어 하나라도 남겨서 가자는 생각으로 했는데, 이것 또한 나에게 많은 도움이 되어서, 나중에 고객에 letter를 보내거나 고객들에게 수많은 presentation을 하는 global business를 하는데 기초가 되었다.

하지만 정작 이러한 역량과 경험은 D전자에서 제대로 사용하지 못하고, 우리 회사로 이직하여서 전지사업을 하면서 빛을 보기 시작하였다. D그룹의 차세대 leader로 성장하겠다는 계획이었으나, Michigan에서 공부하는 도중에 우리나라에서 IMF 금융위기가 발생하였고, 학위를 마치고 한국으로 돌아온 직후에는 회사가 빅딜이라는 소용돌이에 휩싸여서 업무가 마비되었다. 이런 생활이 일 년이 지남에 따라 이렇게 하다가는 폐인이 되겠다는 위기감으로 이직을 결심하게 되었고, D전자를 퇴직하면서 MBA 교육 비용으로 퇴직금을 정산하는 바람에 빈주먹으로 새로운 길을 시작하게 되었다.

세상은 불공평하지만 공평한 것이 하나 있다면 누구나 24시간을 가지고 있다는 것이다. 그리고 그 24시간을 어떻게 보내는지에 따라 인생이 달라지는 것이다. 대통령이라면 국정 업무를 보는 시간이 많으며, 요리사라면 대부분 시간을 요리하고 있을 것이다. 그리고 발전을 하든지 배우든지 누구나 이 24시간 내 이루어야 한다. 그래서 나는 생활 속의 공부를 실천해오고 있다. 먼저 시작한 것이, 장거리 비행기를 많이 타므로 기내에서 외국 영화를 자막 없이 영어로 듣는 것을 15년 전에 시작하여 지금까지도 그렇게 하고 있으며, 몇 년 전부터 자가용으로 출퇴근을 하면서는 방송은 EBS에 주파수를 맞추어 듣고 있다. AM 5:30에는 중국어가 나오기 시작하고, 그리고 AM 5:50부터는 오전에 영어가 나오기 때문에, 운전하면서 듣고 가는 것이다. 하루에 한 단어라도 새롭게 배우거나 remind가 된다면 충분하지 않을까?

젊은 직장인의 고뇌

32년이 지난 이야기지만 직장생활 첫해를 보내고 나서 연말정산을 할 때 보니, 일 년 세전 수입이 670만 원 정도였던 것으로 기억한다. 대학교 4학년 때 D전자에서 장학금을 받을 때 매월 받은 생활비가 10만 원이었던 것을 생각하면 그 연수입도 충분하게 느껴졌지만, 그 한 해뿐이었던 것 같다. 그 이후에는 월급이 항상 부족했었고, 그리고 결혼한 이후에는 더욱더 부족하게만 느껴왔고, 그리고 임원이 되고 나서 몇 년 조금 편해진 것 같았는데, 지금은 여러 가지 사정으로 인하여 심리적으로 복잡하고 경제적으로도 풍요롭다는 생각이 들지 않는 것 같다.

우리는 직장생활을 하고 싶어서 하는 것일까? 사회적 통념에 따라서 열심히 학교에 다녀서 졸업하고, 그리고 치열하게 경쟁을 하여서 회사에 입사한다. 예체능의 특별한 재능이 있는 것도 아니고 또한 물려받을 사업이 있는 것도 아니니, 딱히 할 수 있는 다른 일이 있는 것도 아니다. 그렇다고 놀고먹을 수 있는 상황도 아니다. 졸업할 때쯤이면 부모님은 연로하시거나 은퇴의 나이에 가까이 다가오는 것이어서, 적어도 내가 먹을 것은 내가 벌어야 하는 처지인 것이다. 이러한 처지였기 때문에 나의 경우에도 대학교 전공은 취직이 잘되는 학과라는 명목으로 전자공학을 선택한 것인데, 이는 나의 취미나 특기와는 관련이 없는 듯하다. 물론 고등학교 시절에 다른 과목보다는 수학을 좋아하기는 했고, 전자공학을 하다 보니 수학이 많이 필요하기는 하였다. 그런데 그것이 다였던 것 같다. 그 이외는 대학교에서 실습이나 실험도 싫어하여서 별로 취미도 느끼지 못하였고, 학비를 벌기 위해 좋은 학점을 받아야 하니 열심히 외워서 좋은 학점을 받은 것이었다. 그리고는 그 이후에는 그때 선택의 연장선으로 인생이 결정되는 듯한 느낌이 든다.

지금의 후배 사원들과 이야기를 할 때도 비슷한 느낌을 받는다. 5년 후 10년 후 멀리 30년 후에 관한 생각은 거의 없으며, 지금 매일 routine 하게 흘러가는 업무 속에서 하루하루를 보내고, 그리고 열심히 하다 보면 뭔가 되겠지 하는 막연한 생각을 하고 있거나, 아니면 미래에 관한 생각을 지워버리고 최선을 다해서 살아가지만 뚜렷한 목표는 없이 생활한다. 물론 가까이에 순간

순간의 목표는 가지고 있는 것 같기는 하다. 결혼해야 해서 대출을 받고 재정적 계획도 세우고, 휴가 계획도 세우고 내년에는 어디로 휴가 갈까 생각도 하고, 자기 계발 계획도 세우기는 하지만 절실하게 처절하게 실행하는 사람은 드문 것 같다. 그리고 복권에 당첨이 되면 언제든지 직장을 그만둘 생각을 하지만, 그러한 복권은 영 당첨이 되지를 않는다.

나 역시 그러한 막연한 기대를 하고 일 년에 복권을 몇 번 사기는 하지만, 평생 그러한 일은 생기지 않을 것 같다. 하지만 내가 살아보니 일에 대해 생각도 시간이 지나면서 바뀌는 것 같다. 젊어서는 복권 당첨되면 은퇴할 생각을 하였지만, 40대 중순이 넘어가니 복권에 당첨되어도 일은 필요한 것 같다는 생각이 들어서 직장생활을 계속한다고 바뀌더니, 지금은 잘 모르겠다. 그러한 일이 생기더라도 무엇인가 일을 할 것이며, 그 일은 내가 재미를 느끼고 또한 보람을 느끼는 어떤 것이 아닐까 생각을 한다.

그렇다면 지금 하고 있는 일은 생계 수단이기 때문에 하는 것일까? 몇 년 전에 후배 사원이 회사 임원들을 보면 뼈를 회사에 묻어야 할 수 있을 것 같다는 이야기를 해서 웃은 적이 있었고, 또 이 이야기를 그룹사 사장님과 저녁을 먹으면서 하였더니, 뼈를 묻고 싶어도 회사에서 받아주지 않는다고 말씀하셔서 또 한 번 웃었던 기억이 있다. 그리고 몇 해 전에는 육성 면담을 하면서 직원에게 일이 재미있느냐고 물었더니, 재미있어서 일하는 사람이 어디 있겠냐고 해서 씁쓸했던 기억이 있다. 그래서 그렇게 답을 하였다, 공부를 재미있다고 하는 사람이 얼마나 있겠느냐고. 그런데 재미있어서 하는 1%도 안 되는 그런 미친 학생들이 성공하는 것이라고. 아무리 직업을 통한 자아실현이라는 이야기를 해도, 급여를 주지 않는데 회사에 나올 사람이 몇이나 있겠는가? 하지만 생계 수단 이외에 무엇인가를 추구하여 재미있게 일을 하는 사람들이 오랫동안 일을 하면서 계속 성장 하고 있는 것이 아닐까 생각한다.

직장생활의 큰 축이 생계 수단이므로 당연히 급여가 높은 직장을 선택하려고 한다. 당연히 나도 그러한 노력을 특히 젊은 시절에 더 했었다. 직장생활 2~3년이 지나자 그 당시 외국인 회사가 연봉이 높다고 하여 외국인 회사에 이력서를 수십 군데 제출하였다. 그리고 M사에서 국내 영업사원을 채용한다고 해서 응시를 하였고, 한 명 채용하는데 마지막 두 명으로 선발이 되어 최종 면접까지 하였는데, 나의 경험이 해외 영업뿐이라서 국내 영업 경험이 없다고 결국 채용이 되지 못하였다. 하지만 결과적으로는 나에게 득이 되었다. 지금은 M사가 유명무실해져서 그렇게 생각하기보다는, 직장생활을 시작한 이후에도 외국인 회사 응시를 위해 지속적으로 영어 공부는 꾸준히 했었고, 결국은 D그룹의 Michigan MBA에 지원할 수 있는 준비가 된 셈이었다. 그래서 무엇이든지 열심히 노력하는 과정이 중요하고, 이렇게 하다 보면 그 당시 원하는 것을 얻지 못한다고 하더라도 다른 무엇인가를 얻게 되는 것이 아닌가 싶다.

D전자를 떠나게 될 때도 비슷한 경험이 있다. 회사 파업으로 일 년 이상 일이 멈추게 되어서 다른 대안을 찾아야 했고, 그래서 다른 직장을 알아보고 지원을 하기 시작하였다. 그리고 최종적으로 두 군데서 최종 선택을 받았는데, 한 군데는 외국인 반도체 회사로 국내 영업을 하는 것이어서 내 개인적으로는 정말 이 일을 해보고 싶었다. 왜냐하면, 그 당시에도 반도체는 유망한 산업이었고, 내 전공이 전자공학이어서 나에게도 맞다고 생각을 하였다. 하지만 별로 알려지지 않은 작은 회사라는 것이 마음에 걸렸고, 이에 우리 회사를 선택하였는데, 이는 신규 사업이라는 것에 engineering sales가 가능할 것으로 여겼기 때문이었다.

물론 신규 사업이어서 정상 궤도에 오를 때까지 10여 년을 고생을 정말 많이 하였지만, 그때의 선택은 잘하였다고 생각한다. 그리고 우리 회사에 입사하여 6개월 정도 되었을 때 외국 전지 회사에서 Head Hunter를 통하여 이직 제의가 들어왔지만, 거절하였다. 이유는 내가 전지라는 산업으로 들어온 지도 얼마 되지도 않아서 잘 모르기도 하고, 또한 이제 이직하여 새로 적응도 하여야 하므로 필요하면 다음에 또 기회가 있지 않겠느냐고 생각하였기 때문이었지만, 이것 또한 잘한 선택이었던 것 같다. 우리는 다른 무엇인가 하고 싶은 것들이 있을 때도 있지만, 내가 지금에 와서 생각해보면 하고 싶은 것을 하는 것보다는, 잘하는 것을 하는 것이 더 나은 것이 아닌가 하는 생각이 든다.

수입이 많은 것을 희망하기에 많은 직장인이 재테크에 관해서 관심이 매우 높다. 나 역시 재산 증식을 위해 노력을 해왔는데, 어쩌면 많은 부분이 본인의 운과 연계된 것이 아닌가 싶다. 내가 나의 운을 돌아보면 저축이나 주식 같은 현금성 투자는 별로 효과를 보지 못한 것 같다. 들어간 노력이나 투자에 비교해서 결과가 좋기보다는 손해를 많이 보지 않았거나 손해가 별로 없는 정도이고, 돈을 벌었다는 기억은 별로 없기 때문이다. 그런데 아파트나 오피스텔은 그래도 어느 정도 수익을 창출하였으니, 운이 여기에 있는 것이 아닌가 싶다.

물론 시기를 놓친 적도 있었다. 2005년경 미국 주재원 시절에 한국 부동산 가격이 많이 내려가서 목동에 아파트를 사려고 하였는데, 결국은 자금이 부족하여서 기다려야 했는데 6개월 후 자금을 마련하여 구매하려고 하였을 때는 가격이 오르면서 목동 진입이 불가하여 결국은 마포에 사야 했다. 물론 수익이 작다뿐이지 손해 본 것은 아니지만, 목동에 샀다면 큰돈을 벌 기회였는데 놓친 것이다. 그런데 결국은 이것도 운이 이렇게 되기 때문에 그런 것이 아닌가 싶다.

인생이라는 것이 어떻게 사느냐는 본인의 선택이지만, 어떤 결과를 얻느냐는 결국 하늘의 선택이 아닌가 하는 생각이 든다. 그럼에도 불구하고 성문종합영어에서 본 문장이 평생 머릿속에서 떠나지를 않은데, 내가 젊었을 때 나를 인도해주는 사람이 있었다면 내가 더 나은 삶을 살았을 것이라는 말이다. 그렇기에 평생을 책을 가까이 해오면서 지혜를 얻고자 하였는데 지금 돌아보면 그 지혜가 몸에 배지 못했고, 실제로 중요한 것은 사람이며 한 사람이라도 사람의 마음을 얻는다면 마음의 풍요나 경제적 풍요를 그만큼 더 만들 것이나, 이는 오로지 진심만으로 이루어질 수 있는 것이다.

그리고 모든 것은 서로 연결되듯이 비슷하거나 동일한 본질을 가지고 있으니, 직장에서의 사업 방식도 가정에 사용될 수도 있다. 가정의 화목이 마음의 평화를 주어서 왜곡되지 않는 진실한 것을 볼 수 있는 눈을 주는데, 이는 항상 깨어있는 정신으로 있다면 더 많이 보고 느낄 수 있기 때문이다. 자신의 틀에서 벗어나 겸손하고 겸허한 영혼의 자유를 유지하면 되지만, 사람은 연약한 존재라 수시로 갈대처럼 흔들리니 본인을 잘 이해하고 수시로 돌아보며 좋은 습관으로 생활한다면, 궁극적으로 더 나은 길로 간다고 믿는다.

지금의 선택은 직선이지만, 직선이 계속 연결이 되면서 곡선이 되고 이렇듯 인생도 바뀌는 것 같다. 처음 선택한 직장과 직군이 평생 가는 길의 기준이 되어 버리고, 그리고 Michigan MBA를 통하여 jump를 하는 기회를 얻게 되고, 전공과 결합하여 sales engineer의 특기를 갖추게 되어서 우리 회사로 전지 산업으로 이직에 성공하였지만, 처음에 바라던 외국계 회사의 finance job으로의 전환 노력은 시간 허비만 된 셈이다. 외부에서 보는 시각은 본인이 해온 업무 그리고 지금 하고 있는 업무의 연장선에서 그 사람을 활용할 생각을 하는 것이지, 그 사람의 잠재 능력까지 파악하여 활용을 고려할 만한 상황은 전혀 없으니, 항상 현실을 바탕으로 선택을 하여야 한다. 나 또한 이러한 연장선에서 새로운 직장으로 우리 회사로 이직을 하게 된 것이다.

● 다른 직장으로 이직에 성공하기 위해서

나는 33년간의 직장생활에서 한 번을 이직하였고, 앞으로 이직하든지 아니면 직접 사업을 하던지 한 번 정도의 전환이 남아 있을 것으로 생각을 한다. 전지사업에서 일하는 지난 22년간 셀 수 없는 많은 경력 입사자를 보아 왔고, 나도 직접 많은 경력 인원을 채용하기도 하였다. 처음 사업 시작 시 10여 명의 영업 인원이 지금은 OOO여 명이 넘은 영업 인원으로 증가하였지만, 평균 근속연수는 4~5년이 되지 않을까 생각이 들며, 수도 없는 사람들이 신사업이라는 이유로 또는 사업의 장래가 밝다는 이유로 왔다가, 대부분 사람은 중도하차하고 다른 회사로 또는 공부한다는 이유로 대부분 사람이 떠났다. 이유야 어떻든 그 사람들은 이직할 직장을 잘 선택하지 못하였다고 생각하고, 어떻게 하여야 이직에 성공하는 확률을 높일까 되짚어 본다.

무엇보다도 이직해야 할 이유가 분명하여야 하고, 또한 이직하여서 남은 직장생활은 새로운 회사에서 마친다고 하는 마음 자세여야 하지 않을까 생각한다. 전지가 신사업으로 지속 성장하다 보니 경력자가 태부족하여 별로 관련이 없는 분야에서도 매우 많은 인원을 채용하여왔다. 그리하다 보니 실제 경력사원이라고 하더라도 본인들의 전지 업무 경험을 활용하는 것이 아니라, 이미 회사에서 일한 경험이 있어서 신입 사원보다는 빠르게 적응한다는 장점으로 채용을 하였고, 워낙 많은 관련 없는 인원을 채용하여 다시 퇴직하는 비율이 높다 보니 기업의 문화가 제대로 정착이 되지 않아서, 최근에는 가급적 경력사원을 채용하는 비중을 줄이려 하고 있다.

경력 채용이라고 하지만 실제로 전지 경험으로 채용되는 경우가 드물어서, 실제 중요한 것은 경험이나 역량이 아니라 업무 태도가 더 크게 작용을 한다. 나는 사업 초기에 바닥부터 시작하여서 쉽게 말하면 일은 닥치는 대로 하였다. 그래서 지금도 업무 R&R(Role & Responsibility)에 대한 나의 정의는, "내가 하면 내일이고 네가 하면 네 일이며, 아무도 하지 않으면 윗사람의 일이다."라고 생각하며, 사업 초기에는 영업, promotion, 마케팅, program management를 직접 하였다. 그리고 N사 사업 시작 시 협력사 개발 및 선정, 구매가 합의 및 결정, 그리고 품질 문제에 대해서도 story line을 내가 작성하여 고객사에 직접 presentation을 하였다. 그렇게 시작하면서 조직이 커짐에 따라 업무가 자연스럽게 유관 부서로 넘어가게 되었는데, 지금도 사업을 하면서 업무 영역에 구애를 받지 않고 다른 부문의 업무에 많이 관여하면서 때로는 leading을 해가고 있다. 이에 따라 전지 영업이 다른 사업보다 하는 영역이 지금까지도 조금 넓은데, 많은 경력사원이 기존에 다른 회사에서의 영업 R&R에 익숙해진 상태에서 당사로 오면서, 제일 먼저 하는 대부분의 이야기가 "이것을 영업에서 합니까?" 였고, 이러한 애매한 R&R과 산적한 문제들로 인하여 견디지 못하거나 쉬운 길을 택하여 떠나는 것을 보고 있다.

경력은 매우 특정한 직군에 한정하여 채용하므로, 동일 산업의 동일 직군을 우선으로 고려하여 결정하게 된다. 내가 D전자의 해외 영업에서 우리 회사의 해외 영업으로 이동은 경력으로 자연스러운 것이었고, 또한 내 전공이 전자공학에 미국 MBA가 있어서 실제로 engineering sales에 미국 영업에 적합하였던 것이다. 그리고 이차전지 경험 22년은 소형전지 19년과 ESS 전지 3년인데, 아마도 이러한 특정 사업 부분에 대한 경험도 반영이 될 것이다. 물론 지금은 다르겠지만 10여 전 이전에 미국 전지회사에서 외부 헤드헌터를 통하여 제안이 들어와서 면접에 임한 경우가 있었는데, 최종적으로 이루어지지 않은 것은 그 회사는 전지에서 자동차 사업으로 진입을 위해서 인원을 채용하고 있었는데, 내가 전지의 경험은 많으나 자동차 산업에서 종사한 바가 없어서, 차라리 나에게 ESS 사업을 하겠느냐고 물어보았는데 처음에 내가 거절을 하였던 것이다.

지금은 평생직장도 아니라 이직은 자연스럽게 받아들이고, 또한 경력직을 많이 보게 되므로 이상할 것도 없다. 하지만 이직하는 사람으로서는 새로운 환경에서의 적응은 항상 힘이 든다. 나도 우리 회사로 이동을 하여 적응하는데 최소 3년 이상이 걸린 것 같다. 물론 직장 문화가 우리 회사가 화학회사여서 훨씬 보수적이었던 부분도 있다. 아마도 나는 우리 회사의 전지가 아닌 전체에서 경력 1호였는지도 모르겠다. 어쨌든 전지에서는 경력 1호로 입사를 하였고, 또한 전지 해외 주재원도 1호가 되었다. 강조하고 싶은 것은 이직의 기회가 많다고 하더라도 평생 이직하면서 살 수는 없으므로, 이직할 때는 단순히 연봉만 계산해서는 안 된다고 보며, 연봉 외에 무엇인가 본인을 끌어당기는 것이 있어야 한다고 본다. 그리고 다음에 또 이직한다고 하더라도 이직하는 당시에는 새로운 회사에서 남은 평생을 일한다는 자세로 옮기는 것이 좋을 것 같다고 생각한다.

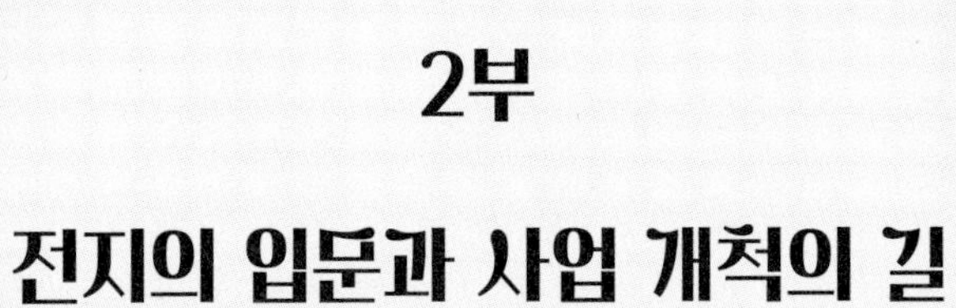

2부

전지의 입문과 사업 개척의 길

전지의 입문과 사업 개척의 길

1999년 10월에 이차전지로 이직하였을 때 우리 회사의 전지 영업팀은 국내 영업 한팀과 해외 영업 한 개 팀이 있었으며, 영업 인원이라고 해 봐야 고작 10명이 안 되었으며, 해외에는 물론 주재원뿐만 아니라 현채인 한 명도 없었다. 경력사원으로 입사하자마자 혼자 미국 시장 전체를 맡게 되었고, 나와 같이 입사한 K 차장도 혼자 유럽 시장 전체를 맡았으며, 당시 미국과 유럽의 매출은 전무하였다. 그리고 대만의 packer GLW에 장기 공급 계약을 체결하여 2000년에 처음 공급을 시작하는 해였던 것이다. 그러한 상황인지라 미국에 고객이 하나도 없었을 뿐만 아니라 당사가 전지사업을 시작하였다는 것도 시장에서 인지하지 못하였고, 그 당시는 notebook에 대부분 니켈수소 전지를 사용하였고 핸드폰에서는 리튬이온전지가 채용되기 시작하였던 시기였다.

미국 시장을 맡고 나서 처음에 한 일은 전지와 관련이 있거나 이차전지를 구매할 만한 packer나 잠재 고객사를 찾는 일이었다. 한 달여 동안 이러한 업체를 찾아서 당사의 이차전지 사업 시작을 설명하고 제품을 소개하는 일이었다. 이렇게 찾은 200여 개의 업체에 e-mail을 보냈지만, 한두 군데에서 자기 회사를 소개하면서 자기 제품을 소개하는 답장을 받은 것 이외에 당사에 관심을 표명하는 제대로 된 답변은 하나도 받지 못하였다. 그리하여 이때부터 미국 전역을 돌아다니는 대장정을 시작하였다. Rent car를 하여 동부 아래 끝자락의 Florida부터 서부 가장 위에 있는 Washington State까지, 그 당시는 smart phone이 없는 관계로 미국 여행 service 업체인 AAA의 지도와 MapQuest에서 인쇄한 지도를 가지고 미국에 소재한 전지 packer를 찾아다니기 시작하였다.

이때 혼자 돌아다니면서 방문한 고객은 매출로는 거의 이어지지 않았지만, 나의 영업 경험에는 많은 도움이 되었다. 매달 미국을 방문하면서 한 달에 1~2주 미국에서 고객을 찾아서 돌아다니고, 매번 처음 보는 고객에게 당사를 소개하였고, 그리고 그러한 사람들과 식사도 하면서 사업적 경험과 매너를 몸에 익히기 시작하였던 것이다. 우리 회사로 이직하기 이전에도 해외 영업의 업무를 하여 일 년에 한두 번 미주나 유럽 시장을 방문하였는데, 여기서 근무한 11년간 쌓은 항공사의 mileage는 20여만 mile 밖에 되지 않았던 것으로 기억한다. 그리고 우리 회사에서 전지사업을 하면서 해외 출장이 너무 잦아서 출장을 arrange 하는 계열사 B여행에서 그룹에서 가장 많이 출장을 다니는 사람이라는 평가를 받았으며, 우리 회사에서 22여 년간 근무한 이후 현재 마일리지는 순수 대한항공 탑승만 이백오십만 마일이 넘었고 아시아나도 백만 마일이 넘었으니, 다른 항공사 탑승을 합한다면 탑승 마일리지만으로는 세계에서도 상위권에 들지 않을까 하는 생각이 든다.

미국 전역의 발로 뛰는 시장 개척으로 전지와 관련된 인원을 많이 만나게 되었으며, 비록 한국에서는 이차전지를 처음 시작하지만, 이차전지 사업은 납축전지를 필두로 100여 년 이상이 된 사업이었으며, 본격적인 휴대용 이차전지는 니켈카드뮴전지가 리튬이온전지 출시 20여 년 이전에 시작하여 주로 전동공구에 사용되고 있었으며, IT 제품인 notebook과 핸드폰의 출시로 니켈수소 이차전지가 태동하여 성장하고 있었다. 하지만 니켈카드뮴전지는 memory effect가 있어서 수명 성능이 나빠서 IT용으로는 부적합하였고, 니켈수소만 하더라도 전지 용량이 적고 전압이 1.2V로 낮아서 상당히 많은 부피를 차지하여 휴대용으로 불편함이 컸다. 이러한 틈새를 파고든 것이 리튬이온 이차전지로, 1990년대에 일본에서 개발하여 한국에 90년대 중반에 소개가 되었고, 우리 회사도 당시 회장님께서 유럽 출장 중에 sample을 가져와서 연구소에 지시하여 사업개발을 시작하였다고 들었으며, 1999년에 처음 양산 line을 구축하였던 것이다. 당사도 사업 초기라 물론 개발 인원도 몇십 명 정도로 작고 경험도 별로 없던 때이므로, 해외에서 이차전지 사업을 여러 chemistry에 걸쳐서 해오던 사람들과 만남과 협의 그리고 협상은 나를 이차전지 전문가로 단련을 시켜주었다.

그 이후에 당사가 IT global 회사에 승인을 받고 공급을 시작함으로써 사업의 기반이 구축되었고 지속적인 성장을 이루었지만, 사업 초기에는 품질이 요구사항을 만족하지 못하는 많은 등급품이 생산되었고, 이러한 제품들은 초기에 인연을 맺은 packer들이 대부분 처리를 해주었다. 그리고 거기서 근무한 사람 중에는 Global 회사로 이동하거나 다른 회사로 이동하여서 인연이 지속되기도 하였고, 이차전지의 경우 초기에 산업의 규모가 작아 관련된 인원이 많지 않았던 관계로 대부분 사람이 20여 년이 지난 지금에도 현장에서 일하고 있다. 나는 해외에서 만나는 사람들이 많아서 명함으로 관리가 되지 않으며, 따라서 현재 사업을 유지하는 주요 고객사의 top들의 명함만 보관하고, 만나는 대부분 사람은 Excel file로 관리를 해오고 있는데, 수천 명의 전지 관련된 인원들이 내 file에 있는 것이다. 그리고 그 사람들과의 인연은 여기저기서 연속이 되면서 사업과 연결이 되기도 하고, 그리고 적어도 내가 사업을 하는데 경험을 쌓고 사업하는 방법이 몸에 배도록 도움을 준 것이다.

전지 산업에 입문한 후 2000년에 나는 사업부장에게 e-mail을 보내면서, 전지 산업을 보니 3가지가 필요한 것 같다고 하면서,

전략, 통찰력, 신념을 언급하였다. 사업의 환경이 급변하고 또한 application이 매우 다양하고 고객이 많아서 선택과 집중이 필요하므로 전략이 필요하며, 제품 개발과 생산의 cycle에 시간이 걸리므로 한번 결정한 것에 관해서 잘 못 될 경우 그 지나간 시간으로 인하여 파급이 매우 크므로 선택한 전략이 맞아야 할 것 같아서 통찰력이 필요하고, 그리고 업의 특성상 어려움이 매우 많으나 결과적으로 성장하고 되는 사업이므로 된다는 신념이 필요하다고 언급하였다.

지금 생각해 보아도 똑같이 전지사업에는 이 세 가지가 필요하다고 믿는다. 그리고 무엇보다도 중요한 것이 신념이라고 생각한다. 대부분 collective intelligence로 의사 결정을 하기 때문에 보편적으로 타당한 전략을 선택하고, 사업을 오래 하다 보면 몸에서 감각이 생겨서 어느 순간에 통찰력이 생기는데, 경영자가 owner처럼 마음을 먹고 투자하고 인력을 양성하기가 쉽지 않은 것 같다. 대리인인 경영자는 본인의 생명이 일 년 단위로 연장이 되기 때문에 멀리 볼 수가 없는 것이며, 그해 잘 넘기면 다음 해가 보장되므로 한 해, 한 해만 바라보고 사는 것이며, 이에 따라 장기적인 투자를 하지 못하는 것이다. 그러다 보니 똑같은 문제와 실수를 되풀이하니, 인생도 동일한 듯싶다. 습관을 바꾸지 못하면 인생이 바뀌지 않듯이, 회사도 일하는 방식을 바꾸지 않는다면 항상 유사한 문제를 반복하면서 고통을 겪으면서도 진정한 변화를 만들지 못한다.

1) 첫 notebook OEM H사 진입과 휴대전화기 M사 사업

2000년 청주 공장에 원통형 월 백만 cell 생산하는 line 한 개에 2.0Ah cell을 생산하고 각형 월 7~80만 개 생산하는 line 2개에 103448 & 863448을 생산하는 아주 작은 규모로 신사업을 본격적으로 시작하였으며, Li-ion 시장도 잘 알지 못하였지만 시장 규모도 그렇게 크지가 않았다. 휴대전화기는 전지가 본격적으로 니켈수소에서 리튬이온으로 전환하는 시기였으며, notebook은 이제야 리튬이온으로 전환이 일어나기 시작하였지만, 일본 업체인 Sanyo, Panasonic, Sony, NEC, Hitachi 등이 시장을 석권하고 있었으며, 미국의 Polystor가 각형으로 niche market에 있고 Moli가 원통형으로 들어와 있는 정도였는데, 무엇보다도 우리 회사에서 battery를 한다는 것이 industry에 알려지지도 않았지만, 우리 그룹 brand도 가전에 위상은 조금 있었지만, 지금처럼 high end로 인식이 되고 있지 않아서 별로 도움이 되지도 못했다.

초기에는 이차 전지를 사용하는 packer들을 찾아서 미국 전역의 대장정을 시작하였다. Florida에서 전지를 생산하는 Energizer, 동부의 Emerging Power, 서부 Washington 주의 Micropower, San Diego의 House of Battery, Nebraska의 Centurion, Chicago 지역의 National Power, 등 미국 전역의 100여 개 이상 전지를 사용하는 업체를 찾아서 rent car로 이동하면서 고객들에게 presentation을 하였는데, 이때는 PowerPoint로 장표를 만들어 slide로 복사를 하여 OHP로 띄우면서 설명을 하는 시절이었다. 이 많은 업체를 3~4년 동안 방문하면서 당사 전지를 소개하면서 영업을 하였고, 또한 나중에 OEM 진입 이후에도 재방문하는 업체들도 있었지만, 이 중에서 당사 전지를 구매한 고객이 10여개 이하로 고객이 된 숫자도 작았지만, 구매 물량도 많지 않아서 매출에 영향은 미미하였다.

초기부터 고객 방문을 위해 미국과 유럽을 수시로 다니게 되었으며 이로 인하여 항공 mileage가 매달 올라가게 되었고, 원하는 것은 아니지만 한 번의 여행에서 지구를 한 바퀴 도는 경우가 생기기도 하였다. 사업 초기에 유럽 출장을 갔다가 미국 packer인 TDI를 방문한다고 유럽에서 출발하여 Chicago에 아침에 도착하고, hotel에서 한시간 자고 shower를 하고 TDI meeting을 간 적도 있다. 또, 2014년경에는 추석에 New York으로 갔다가 N사에서 사업본부장을 독일로 부르는 바람에 New York에서 독일 Frankfurt로 갔다가 거기서 기차로 Manz 장비 업체로 가서 N사 meeting을 하고, 한국으로 돌아오면서 또다시 지구를 한 바퀴 돌게 되었다.

본격적인 매출은 역시 OEM 고객을 통하여 만들어지기 시작하였다. 다행히 계열사인 우리 전자가 당시 H사에 notebook을 ODM으로 납품을 하고 있었으며, 이에 H사의 사람과 연락처를 소개를 받아 당사 원통형 18650 2.2Ah cell 승인을 진행하였고, 2000년도 중반에 cell 승인이 완료되었다. H사는 cell 승인은 spec이 단순하고 test requirement가 많지 않아서 cell 성능에 이상이 없으면 3개월 정도이면 cell 승인이 되었고, 그 뒤에는 pack program을 정하여 packer에서 pack 승인을 받아야 납품이 가능하였다. 그 당시 H사가 사용하는 packer 중 하나가 M사 ESG였으며, 당사는 이 packer를 통하여 납품을 시작하도록 H사가 지정을 하였다.

이에 M사 ESG에서 수주 및 PO를 받아서 원통형 전지를 공급하느라 우리 회사로 이직하여 처음 맞이하는 2000년 여름 휴가는 반납하고 출근하였다. 휴가를 희생하면서 원통형 10만 개 cell을 M사 ESG 말레이시아 Penang 공장으로 선적을 하였고, 이 숫자는 사업을 시작한 지 얼마 안 되어 가장 큰 물량이었지만, 3개월 이후에 제품을 전부 return 받으라는 claim을 받았다. M사 ESG에서 사용하려고 보니, cell 간 전압이 전부 상이한 저전압 불량이 다량으로 발생하여 사용하지 못하겠다는 것이었다. 그런데 화학 사업에 익숙한 당사는 한번 공급한 제품에 대해서는 반품을 받지 못하니 고객에게 선별하여 사용하라고 하였다. 문제를 확인하기 위하여 당사 품질 인원이 출장을 가서 검사해보니, 당사 실무자도 cell 간 전압이 천차만별하다는 것이고, 옆에 있던 Panasonic cell은 일 년이 지났는데도 전압이 전부 일정하다는 것을 확인하였지만, 사업부장이 승인하지 않으니 고객과 사업이 교착에 빠지게 되었다.

이러한 와중에 향후 사업 협의를 위하여 10월에 미국 Atlanta로 가서 M사 ESG와 meeting을 하였는데, 당시 구매관이던 Jan

이 M사와 사업을 할 거면 반품을 받고, 그렇지 않으면 돌아가라고 하였다. 이에 선택의 여지가 없어서 동반 출장을 하였던 연구소장께서 사업부장에게 상황을 전달하였고, 이에 결국은 반품을 받기로 하고 추가적인 사업을 협의하였다. 당시 출장 중에 얼마나 스트레스를 받았던지 결국은 감기몸살에 목소리까지 잠기게 되어 고객 미팅 시 목소리가 나오지 않아 제대로 말도 하지 못하였으니, 이렇게 하면서 전지사업에 본격적으로 입문을 하게 되었다.

2000년도에 휴대전화기의 강자는 M사였으며, battery pack은 M사 자회사인 ESG에서 맡아서 하고 있었다. H사 용도 notebook 원통형 cell을 공급하면서 당사는 ESG를 통해 M사 핸드폰용 battery 사업에 access가 되었으며, 또한 당시 당사 consultant인 Sathya가 M사 출신이라서 M사 휴대전화기용 battery cell 승인을 시작하였다. M사는 전지 생산을 위해 lab을 가지고 test도 하였던 만큼 전지에 대해 매우 해박한 지식을 가진 전문가가 많이 있었다. Cell 승인 담당자인 George는 인도 사람으로 전지사업의 초기 member로 많은 경험이 있었으며, M사에서 전지 model 별 spec을 bible처럼 만들었는데 당사의 전지 초기 spec은 M사 spec을 인용하여 작성하기 시작하였다. 품질의 대가인 Yogesh 또한 인도 사람으로 전지 품질만 그 당시 20여 년 이상 했으므로 지금은 40여 년 해오고 있으며, 이 사람이 만든 품질 document를 당사 내부 규정을 작성하는 데 많이 활용하고 또한 품질 system이나 고객 audit 준비의 bible처럼 사용하였다. 그 당시는 사업 초기라 모든 것이 서툴렀고, M사의 도움을 받아가며 cell을 개발하고 test를 하여 여러 번 fail을 겪고 또한 배워가면서 승인을 받아가기 시작하였다.

사업 초기에 시장 진입을 위해서는 전략 설정이 매우 중요하고, 그리고 이의 실행을 위한 인재 구축도 더더욱 중요하다. Li-ion application에서 그 당시 가장 먼저 시작하고 또한 많이 사용하였던 것이 휴대전화기이고, 당시 휴대전화기의 일등 업체는 M사였다. 그러한 연유로 M사 출신을 시장 개척 consultant로 Sathya를 2000년 계약을 하여, 내가 그분과 partner로 시장 개척을 시작하여 고객 진입을 M사를 필두로 N사, 그리고 notebook의 H사와 D사를 진입하였고 그 뒤에 consulting 계약을 매년 연장하면서 7년 정도 같이 일했으며, 미국 시장 진입에서 Sathya와 내가 combi로 맞추어 team play로 단계적으로 개척하여 성공한 것이 당사 사업의 기틀을 만들었다.

M사 출신인 Sathya도 인도인이지만, M사 승인 및 진입에 gate 역할을 하는 George와 Yogesh 역시 인도인이어서 같은 민족으로 유대감이 많은 도움을 주었다. Cell 승인 과정에서 수많은 fail이 발생하였지만, George는 개선 sample을 제시할 때마다 승인을 지속하였다. 승인 지속도 중요하였지만, test 항목이 여러 개 있는데 승인용 sample version 1을 제출하고 test 진행 중에 한 항목이 fail을 하면 개선하여 version 2를 제출하게 되는데, 당사의 개선 사항을 설명하고 cell 승인자의 도움을 받으면 test의 모

든 항목을 다시 하지 않고 일부 항목을 지난번 version1 test 결과로 대체하는 운영의 묘를 발휘하게 되는데, 이것이 일정 단축에 또한 매우 중대한 영향을 주었다. 따라서 cell 승인권자와의 친밀 관계가 매우 중요하며, 이에 따라 그 당시는 매번 룸살롱에서 술 접대를 하는 것이 거의 관례화가 되었다.

지금에야 이러한 접대를 언제 했는지 기억도 잘 나지 않을 정도이지만, 그때는 한국의 접대 문화가 경쟁력의 하나로 생각이 될 정도였다. 또한, cell 승인만 중요한 것이 아니라 audit도 매우 중요하였다. 공장 audit를 fail 하면 납품을 시작할 수가 없었으며, 또한 점수가 낮아도 model 추가나 사업 확대가 차단되므로 audit 승인에 전력하였는데, 당사가 사업 초기인지라 품질 system이 잘 정비가 되지 않아서 Yogesh의 도움을 많이 받아야 했다. Audit는 사업 시작할 때만 받는 것이 아니라 매년 받아야 했으며, 미숙한 부분이 많아 1차 audit는 marginal 한 점수를 받아서 2차 audit까지 받아야 했으며, 이러므로 접대와 인간적 유대관계로 많은 부분을 풀어야만 했다. 이렇게 같이 사업 개척을 시작한 Sathya와 그 이후로 평생 친분을 유지해오고 있으며, Yogesh 또한 같은 industry에 종사하는 관계로 지속해서 연락을 해오고 있다.

Cell 승인과 품질 audit의 단계를 지난 이후에는 가격의 관문이 남아 있었다. 당시 M사에서는 전량 일본 제품 사용하고 있었고, 당사 제품이 승인을 받아가기 시작하면서 품질이나 spec은 일본 제품과 유사하거나 약간 떨어지지만, 가격 benefit로 물량을 확보하기 시작하였고, 2004년도가 되자 M사에서 일본을 제치고 일등 vendor에까지 오르게 되어 당사 각형 사업에 주축이 되었다. 당시 M사 ESG의 구매 manager는 Micheal이었는데(다른 미국인과는 다르게 Michael 대신에 Micheal이라는 spelling을 사용한 특이한 이름을 가지고 있는 백인이었음), 당사 제품의 초기 진입 가격이 낮아 merit를 크게 느꼈으나, 시간이 지나면서 가격 인하율이 낮아지자 불만을 품기 시작하였으며, 중국산을 계속 승인해 오더니 급기야는 2004년도가 지나면서 중국산 제품 비중이 늘어나더니, 나중에는 당사의 2003년 원통형 PO de-commit와 맞물리면서 당사는 결국은 2006년경에 M사에서 퇴출이 되었다. 당사는 M사 ESG에 H사 용도 원통형과 M사 용도 각형을 공급하고 있었는데, ESG 입장에서는 각형에 대해서는 중국산의 대체품이 있었으나 원통형의 경우 그때까지만 하여도 중국이 진입하지 못하여 국내 S사 밖에 다른 대안이 없었다.

2003년에는 당사는 원통형 한 line만 있었으며, H사 용도 수요 이외에도 H사 공급 reference를 이용한 대만 packer의 수요도 있었고, 또한 N사에 납품을 시작하면서 생산 capa가 tight 하게 되었다. ESG와는 수개월의 협상으로 그때까지 당사가 받은 수주 중에 가장 큰 금액으로 원통형 한 개 PO로 수천만 불을 받았으나, PO를 받았을 즈음에는 N사 등 수요로 인하여 판매처가 늘어남에 따라 수익성이 가장 안 좋은 ESG PO를 decommit 하게 된 것이다. 내가 LA로 주재원 부임하여 가장 공을 들인 사업이기도 하였는데 본사에서 직속 상사가 이런 결정을 내림에 따라, M사 사업은 위기에 처하게 되고 결국 구매 Director Jan이 본인이 있는 동안에 다시는 발을 못 딛게 하겠다는 말을 하였다고 전해 듣고 공급처에서 탈락하게 된 것이다. 물론 이때의 결과로 M사 재진입의 숙명을 내가 다시 안게 되지만, 처음 진입한 H사는 지금까지 당사 소형사업의 주요 고객의 하나로 유지가 되고 있다.

2) N사의 진입과 pack 역량 습득

H사 용도 cell 공급을 시작하는 것을 reference로 하여 N사를 contact 하기 시작하였는데, 당시 N사는 일본업체 Panasonic, Sanyo 그리고 Sony가 공급하고 있었고 N사가 품질에 민감하여 신규 업체의 진입을 반기지 않았다. 꾸준히 N사를 방문하면서 고객이 원통형 고용량에 대해 needs가 있다는 것을 알게 되었고, 그 당시 일본업체가 원통형 2.2Ah를 공급하고 있었기에 당사 2.4Ah의 개발을 설명하면서 기회를 타진하였다. 당시 N사는 Notebook을 연간 백오십만대 정도 판매하는 가장 작은 업체였으므로 원통형 1개 line을 가지고 있는 당사의 capa로는 가장 적격인 고객이었다. 또한, 당사 사업 초기에 원통형은 전부 cell로 판매하고 있었고, N사에 공급하게 되면 당시 당사로서는 휴대전화기용 1 cell을 사용한 pack 사업을 하고 있던 터라 multi cell용

pack을 처음 하게 되는 기회이기도 하였다.

몇 차례의 방문과 설득으로 진입 기회를 지속적으로 노렸지만 별로 진전이 없다가, N사의 당사 방문으로 급격한 전환이 이루어지게 되었다. 2001년 N사의 Engineering Director인 George C와 engineer John이 한국을 방문하였는데, 먼저 경쟁사인 S사를 방문하였는데 그 대응이 시원치 않았었다고 하며, 이어서 다음날 당사를 방문하였는데 정말 성심성의껏 대응을 하였다. 이에 George C의 마음을 open 하였으며, 경험이 없는 당사가 쉽게 starting을 하고 risk를 줄이기 위해 N사에서 기생산하는 model 중 수량이 많은 model을 선정하여, 당사가 개발하여 공급하는 기회를 얻은 것이다. 지금 생각하면 매우 드문 제안인데, N사는 running model에 추가 supplier를 등록하는 일이 없기 때문이다. 신규 제품 개발에 모든 역량을 집중하므로, 한번 신제품이 출시된 이후에는 개발팀은 항상 신규 제품 개발만 하기 때문이며, 그렇게 기존 model에 추가로 진입을 하게 된 것은 key man인 George C의 결정과 도움이 결정적인 역할을 한 것이다.

그때까지 당사는 multi cell용 pack을 개발한 적이 없었으므로 경험이 전혀 없었으며, 이에 고객의 도움으로 개발을 시작하였다. George C는 N사 사업 초기에 Steve Jobs와 같이 제품을 개발한 초기 member였으며, 독일에서 미국에 이민 온 2세대였고, Director였음에도 detail에 매우 강한 사람이었다. 처음에 N사가 가지고 있는 회로도 및 BOM 등 기술자료와 sample을 당사에 제공하였고, 당사는 이를 참고하여 reverse engineering으로 설계를 시작하였다. 한번은 초기 개발 진행 중에 대만 packer에서 audit 및 engineering 협의를 진행하는 도중에, 당사 발표 중에 의문이 있는 것이 있어서 바로 본인이 현장으로 들어가서 계측기로 측정하는 것을 목격하면서, 매우 세심한 사람이라는 것을 알게 되었다. 또한, 지금도 기억을 하는 것은 George C는 오페라를 좋아하였는데, 은퇴할 때 물어보니 무엇이 가장 좋으냐고 하였더니, 본인이 battery 업무를 하면서 발 뻗고 편히 잔적이 없는데, 이제는 편안히 New York으로 오페라를 보러 가게 된다고 좋아하였고 결국은 은퇴한 이후에 New York으로 이사를 했다고 들었다

사업 초기라 당사에 조직이 완비된 것이 아니었기에, 사업부장이 PM이라는 제도를 처음 도입하면서 나를 N사 PM으로 지정하여 N사 사업에 대해서는 개발/생산 및 손익까지 포함하여 전부 책임지고 맡아서 하라고 하였다. 이에 구매 기능까지 N사 사업에 대해서는 내가 책임을 지고 진행하였고, 국내에서 회로 소재 사업을 시작한 중소업체인 X업체를 보호회로 공급 업체로 지정하였고, pack 조립은 대만의 GLW를 선정하였다. 고객에게서 기술적인 guide를 받아서 시작하기는 하였지만 처음 하는 것이라 진행이 더디었고, 이에 George C가 진척이 늦다고 complaint 하는 e-mail을 사업부장에게 보냈다. 2002년 초 토요일에 큰아이 생일 party를 하고 있었는데 갑자기 사업부장께서 전화하여서,

부천에서 party를 하다 말고 중간에 대전으로 불려갔고, 엄청나게 질책을 받고서야 집으로 돌아왔던 기억이 지금도 생생하다.

간신히 승인이 완료되어 2002년 중반부터 납품을 시작하였고, 수익성을 맞추기 위해서는 협력사의 도움이 필요하였다. 보호회로는 한국 업체인지라 가격 합의가 그런대로 쉽게 되었으며, 그 당시 X업체에 나는 N사 사업을 하면서 돈을 많이 벌게 할 수 있는지는 모르겠지만, N사 사업에서 배제되지는 않게 하겠다고 약속을 하였다. 그리고 수년간 진행하면서 2차 협력사를 추가하여 가격 인하를 하여야 한다는 내부의 목소리가 있었지만, 끝까지 내가 한 약속은 지킬 수 있었다. 하지만 대만 협력사와의 가격 합의는 쉽지가 않았다. 이미 협력사로 지정이 되어 N사에 승인이 되어 있었고 중간에 바꿀 수가 없는 상황이었으므로, 이 상황을 이용하여 GLW는 가격을 인하하지 않겠다고 버티는 바람에, 내가 결국은 대만 출장을 가서 밤을 새워가며 술을 마시면서 겨우 설득을 하여 수익성 사업으로 만들 수 있었다.

일본업체가 지난 수년간 N사에서 공급을 분담하여 맡아오고 있었는데, 당사가 진입하여 1년 만에 제일 share가 큰 업체로 성장을 하게 되었다. 물론 이는 가격에 대한 장점도 있었지만, N사의 구매관인 Ray의 도움이 가장 컸다. 그 친구와의 co-work으로 1년 만에 가장 빠르게 성장을 하였고, 또 1차 recall 이후에도 그 친구의 도움으로 1년 이내에 다시 1등 vendor 위치를 회복하였지만, 2차 recall로 인하여 결국 그 친구는 곤란에 처하여 N사 본사에서 다른 지역으로 밀려나 나중에 회사를 그만두게 되는 처지가 되어서, 그 친구에게는 두고두고 미안하게 되었다.

3) Notebook 전지사업의 확대

H사에 원통형 pack을 본격적으로 공급하면서 당사 원통형 사업의 안정적 기반이 구축되었지만, 시작은 순탄하지만은 않았다. 2000년 H사 용도 cell을 M사 ESG에 공급 시작하였고 이어서 H사 packer인 Simplo와 Dynapack으로 packers를 통한 cell 공급은 점차 늘어났지만, packer들의 횡포에 시달리게 되었다. Packer들은 H사 용도 pack program에 cell을 multi로 2~3개를 승인받아 등록하였고, 가격과 공급 물량에 따라 cell 구매를 결정함에 따라 당사는 항상 가격 압박을 받아 왔다. Cell maker와 Packers 사이에는 전략적 관계가 형성되어 있었고, 당사의 partner는 GLW를 선택했는데 운이 나쁘게도 이 회사는 별로 역량이 없어서 수주하지 못하여서 나중에 당사의 N사 pack 협력사로 일하게 되었으며, 그마저도 나중에 끊기자 수년 후에 결국 시장에서 몰락하고 말았다. 이 반면에 경쟁사인 S사는 초기에 Simplo와 전략적인 관계를 구축하였는데, 이 회사는 owner가 술도 마시지 않고 일에 몰두하는 사람이어서인지 사업 역량이 뛰어나 대만에서 가장 큰 packer가 되었다. 이에 당사는 packer에게 물량을 공급할 때 항상 불리한 위치에 처하게 되었다.

Packer들의 중간 횡포에서 벗어나 매출 증가와 End 고객과의 직접 공급을 위하여 pack으로 공급하는 것을 선호하게 되었고, N사 원통형 pack 사업으로 engineering 역량도 구축함에 따라 다음 target으로 물량이 가장 큰 H사를 선정하였다. 2003.3월 미국 주재원으로 LA 지역으로 부임한지 일주일도 되지 않아 이삿짐도 도착하지 않은 시기였는데, 사업부장과 영업 임원이 H사 pack 수주를 한다고 미국 출장을 온다고 하였다. 그때 당사는 처음으로 H사 pack RFQ를 받았는데, 이의 확인차 LA를 경유하여 Houston으로 H사를 방문하기로 하였으며, 나와 Sathya도 LA에서 동반하여 출장하였다. 오전에 Houston에 도착하여 당일 meeting하고 저녁 비행기로 LA로 돌아가는 것이고, 그분들은 밤 비행기로 LA에서 한국으로 돌아가는 일정이었다.

Houston에 도착하여 H사 구매관인 Nick과 meeting을 하였는데, 당사가 받은 RFQ의 pack project는 packer에 이미 award를 하였다는 말을 들었다. 이에 사업부장은 화를 내면서 나보고 pack project 수주하라고 하면서, 본인은 영업 임원과 귀국하여 버렸다. 나는 이미 당일 LA 돌아가는 비행기로 ticketing이 완료된 상태였고 숙박할 준비도 전혀 하지 않고 온 상태에서, 갑자기 hotel 숙박으로 변경하고 비행기도 변경하면서 비행기 penalty만으로 $900을 지급하였는데, 그보다 더 큰 부담은 pack project를 수주하여야 한다는 것이다. 이것에 대해서는 H사 구매를 붙잡고 매달릴 수밖에 없었으며, 다행히 Sathya가 Nick을 잘 달래어 차기 pack project는 당사에 준다는 구두 약속을 하였다.

Sathya를 통하여 Nick과 밀접한 관계를 구축하였고, 그 이후에는 pack project를 하나씩 수주하기 시작하였다. H사에서는 e-bidding을 하기도 하였는데, 일단은 일등을 한다는 전략으로 과감히 가격으로 선두 자리를 놓치지 않으면서 수주를 하였고, 당연히 이렇게 할 경우 심각한 적자가 되었다. 하지만 구매관과 밀접한 관계로 이미 e-bidding으로 정해진 가격에 대해서도 재협상하여 올리기도 하고, 다른 project에서 가격을 조정하기도 하여 수익의 balance를 유지하면서 점차 물량을 증량하였으며, 안정적인 위치 확보를 위해 장기 공급 계약을 추진하였다. 지금은 전지의 중요성이 크게 각인이 되어 CPO나 CEO까지 의사 결정으로 올라가지만, 사업 초기에는 반도체나 LCD 대비하여 사업 규모나 영향이 적어서 구매관이나 구매 manager 또는 director 선에서 결정되는 경우가 많았으며, 그때 H사에서는 Nick이 전지 구매에 대해서는 전권을 쥐고 결정하던 때였다. 그리하여 Nick과 code를 맞추는 것이 중요하였고, 모든 supplier들이 Nick의 마음에 들려고 줄을 서던 시절이었는데, 다행히 Sathya가 이러한 역할을 잘 해주었다.

Nick은 차기 project를 약속대로 당사에 pack program으로 award를 주었으며, 그 이후에도 Nick과의 밀월 관계를 유지하면서 pack program을 하나둘씩 지속적으로 확대하였으며, 나중에는 장기 공급 계약을 체결하는 것으로 발전을 시켜 notebook 사업의 발판을 만들어 갔다. 물론 이를 위하여 Nick과의 밀착 관계 유지를 하면서 개인적인 care도 해주어야 했지만, 이것은 당사에 돌아오는 성과에 비하면 아주 사소한 것이었고, 이러한 밀착 관계로 인하여 H사에서 recall을 3번 하면서도 1등 supplier 지위를 유지할 수 있었다.

한번은 Nick과 장기공급계약 draft를 협의하여 전체적으로 합의를 한 상태에서, 최종 서명은 Hong Kong에서 하기로 하였다. 그런데 Hong Kong에 특별히 H사 사무실이나 supplier가 있어서 그런 것은 아니었고, Nick이 개인적으로 유희를 즐기기 좋은 장소였기 때문이었으며, 그때는 접대도 경쟁력의 하나였던 것이다. 그리하여 Hong Kong에 도착하여 헬기로 전역 관광도 시켜주고, 계약서 서명은 저녁 먹으러 나가기 전에 hotel lobby에서 끝내고 party를 같이 간 것이다. 그 친구는 자주 가는 Russia club이 있었는데, 매번 코스 형식으로 Russia 식당과 술집 등을 들르는 접대 문화가 형성되었지만, 당사 사업은 지속 성장을 하는 때였으므로 손해 볼 상황은 아니었다. 다만 나는 미국에서 Hong Kong까지 출장을 다니면서 고객 대응을 해야 했으므로 몸이 피곤했었고, 또한 내가 그러한 접대나 유희를 좋아하지도 않았으므로 심리적인 고충이 있었다. 어쨌든 권불 10년이라고 이러한 막강한 개인적 구매 power도 10년을 채 넘지는 않았지만, 당사는 그동안 지속적으로 H사 management와도 관계를 구축하여 결국은 top level의 bonding으로 상향하여 회사 차원에서

partnership을 만들었으며, 이로 인하여 H사 사업은 성장과 더불어 원통형 사업의 안정을 가져왔다.

2003년 H사에 원통형 pack 진입으로 원통형 사업은 안정 궤도에 들어갔지만, 지속적인 성장을 위해서는 notebook 시장에서 1/2위를 다투는 D사의 진입이 필요하였다. 하지만 기술 차별화의 N사와 밀착 관계의 H사 진입에 대비하여 D사 진입이 더 어려웠는데, 이는 D사가 기술적으로 난도가 더 높기도 하였지만, 구매관인 Keith가 supply chain을 꽉 틀어잡고 있으면서 틈을 주지 않기도 했기 때문이다.

이의 타개를 위해서 2005년 주재원을 D사가 소재하고 있는 Austin으로 파견하여 D사 keyman과 daily communication을 시작하였고, D사가 사용하는 packer를 통하여 한두 program에 cell 승인을 받아서 packer를 통하여 cell을 납품하기 시작하였다. 이러한 과정에서 D사 program manager인 Youssef와의 인맥을 consultant인 Sathya가 만들어 냈다. Youssef는 중동 출신으로 그 친구 집으로도 가끔 방문하여 밀착 관계를 구축하였으며, 그 친구가 D사에 납품하는 packer인 Simplo의 program manage를 함으로써 당사 cell 사용에 대한 영향력을 행사하여 주었다. Youssef의 도움을 받아서 D사에서의 share가 상당히 증가하게 되었으며, 또한 D사에도 직접 pack을 수주를 받게 됨에 따라 notebook 강자인 global 1 & 2위 업체에 pack을 공급함에 따라 당사 notebook 전지의 원통형 사업이 크게 성장하게 되었다. 이를 발판으로 아시아 지역의 notebook OEM 업체에 pack 사업도 수주를 하게 되었으며, 이렇게 하면서 당사는 원통형 cell과 pack 사업에서 global leader로의 지위를 달성하게 되었다. 또한, 이는 향후 당사가 전동공구와 EV 등 신규 용도로 원통형 사업으로 확대하는데 밑거름이 되었다.

D사에 공급은 기술적인 면에서도 진척을 가져왔는데, Li-ion 전지에서 처음으로 4.35V를 채택한 것이다. Li-ion 전지 기술 초기에는 4.1V 충전을 하였는데, 90년대 말에 Sony가 4.2V 충전 chemistry를 개발하여 일반화가 되어 industry 표준이었다. 그런데 당사가 용량 증가를 위해 지속 노력하고, 이의 차원에서 처음으로 NMC를 사용하면서 voltage를 4.35V까지 높였으며, 이를 처음에 각형에 도입하고자 하였는데 어느 핸드폰 업체도 채택하지 않았다. 휴대전화기 업체에서는 휴대전화기 system이 4.2V에 맞추어 모든 부품이 설계되어 있어서 4.35V로 변경 시 다른 부품을 전부 신규 개발을 하여야 한다고 하면서 채택이 불가능하다고 하였다. 그런데 Notebook은 Li-ion 전지를 3개 또는 4개로 직렬 연결하므로 전압에 대한 flexibility가 있었으며, D 사에 당사 신규 개발 제품을 소개하자 신기술로 받아들이며 4.35V를 채용하게 됨에 따라 원통형으로 industry 최초 4.35V를 출시하게 된 것이다. 이로써 D사도 제품에서 차별화를 만들었고, 당사 또한 고전압 전지에 대해 선구자적인 위치를 만들었으며, 이를 기회로 향후에 다양한 전압에 관한 연구와 개발을 진행할 수 있게 되

었으니, D사는 당사의 기술 진보에 앞길을 열어준 셈이 되었다.

결국은 사업에서 모든 것은 사람을 통해서 이루어지므로, 의사 결정자를 찾아내어 이 사람의 도움을 받아서 사업을 수주하고 또한 문제를 해결하는 작업을 해나가야 하며, 먼저 실무선에서 관계가 형성되고 사업이 성장이 되면 자연스럽게 executive level로 관계가 upgrade 되면서 top level의 bonding과 신뢰가 형성되고, 이로 인하여 사업은 군건해지고 안정화가 이루어진다.

이렇게 시작한 D사 사업이 지속적으로 성장하여 당사 원통형 market share에서 1/2위를 하게 되었으며, 이로 인하여 D사의 Vice Chairman과도 top level에서 정기적 meeting을 하게 되었다. 이리하여 2016년에 D사의 Austin에서 PGA를 sponsor 하는데, 핵심 고객 또는 협력사 60여 사 정도만 초청하는 행사에 당사도 초대를 받는 전략적 partner로 성장을 하였다. 동 행사는 하루는 고객 또는 협력사와 같이 golf를 치고 저녁을 먹으며, 다음날은 아침에 D사 사업 설명회를 하고 PGA golf 경기를 구경하는 것이었다. 전지 업체 두 군데가 초청을 받아 당사도 매년 초대를 받았으며, 나도 참석을 2년간 하였는데 golf는 하지 않고 저녁 행사와 D사 사업 설명회만 참석하였다.

행사 첫해의 저녁 행사에 cocktail party에 Michael D가 나왔는데, 전설적인 인물이라 나는 개인적으로 사람들의 반응을 매우 흥미롭게 지켜보았다. 재미있는 것은 대부분 사람이 Michael에게 가까이 가서 이야기하는 것에 대해서 어려워하였다. 하지만 나는 이러한 두려움이 없어서 Michael에게 다가가서 우리 회사 battery에서 왔다고 이야기를 하면서, 몇 가지 질문을 하면서 이야기를 나누었지만 특별한 insight를 받지는 못하였다. D사와의 사업은 이러한 top level에서의 행사와 bonding을 가져오면서, 나에게도 global 회사와의 communication protocol에 대한 경험을 안겨다 주었다.

● 성공 체험과 reference

사람의 몸에 밴 습관이 운명을 형성하듯이, 회사에서도 성공하는 사람들이 계속 성공 story를 만들어 가는 경우가 많다. 그리고 사업을 하고자 하는 사람들이나 기업은 많이 있으나, 기존에 거래를 해보지 않은 기업과는 특히 서로 다른 나라에 있는 기업 간의 신뢰는 하루아침에 만들어지지는 않는다. 같은 동년배끼리 새로 알게 되어 친분을 가지게 될 때도, 서로 알고 있는 공통 친구의 평가가 초기 관계 구축에 매우 중요한 역할을 하듯이, 기업에서도 한 고객과 성공을 한 경우에 그 사업에 대한 reference를 구축하게 된다.

1990년대 우리 그룹이 global 회사로 가전 및 통신과 화학 등 여러 분야에서 사업을 매우 규모 있게 진행하고 있었지만, 이차전지는 신규 사업으로 새로 시작할 때 그룹 계열사인 우리 전자 이외에는 초기에 다른 고객이 없었다. 그리고 고객들은 이차

전지와 다른 산업과는 전혀 다른 사업으로 인지해서인지 우리 회사가 이차전지를 시작하였다는 것에 대해서는 별다른 credit를 주지도 않았으며, 우리 전자에서 사용한다는 것도 별다른 reference가 되지 못하였다.

다행히 우리 전자에서 H사 notebook ODM 공급을 하는 관계로 H사와 contact point를 build 하여 초기 cell 승인을 받고 원통형 최초 납품을 하기 시작하였고, 이 reference로 N사에서 cell에 대해서 인정을 받고 pack에 대해서 배워서 pack으로 처음 납품을 시작하였으며, 다시 N사의 pack reference로 H사에 다시 pack을 수주받아 본격적인 notebook pack 사업을 시작하고, 이를 바탕으로 D사에 공급 시작하여 원통형 사업의 기반을 구축하고, 이어서 다른 용도 등으로 확대하게 되었다.

휴대전화기 이차전지도 유사하게 시작하였다. H사의 packer로 M사 ESG에 원통형을 납품하고 또한 M사 출신 consultant를 활용하여 M사에 각형 공급이 본격적으로 전개가 되었으며, 이를 바탕으로 Ericsson에 공급하고 결국은 Nokia에 진입함으로써 휴대전화기 이차전지 사업이 정상화가 되었다.

또한, N사에 파우치를 공급함에 따라 대면적 파우치를 시작하게 되었으며, 특히 N사로 부터 생산 line 투자가 없었다면 현재의 EV 사업까지는 진행하였다고 하더라도 훨씬 지연되었을 것이다. 소형 파우치로 휴대전화기에 Ericsson에 소량 물량을 공급하고 있었는데, 시장은 바야흐로 notebook에서도 대면적 파우치가 채용되는 추세가 시작되었고, 당시 N사는 100% 파우치를 notebook에도 사용하고 있었다. N사와의 협상으로 당사에 대면적 line을 투자하게 되었으며, 이때 투자한 line이 당사가 처음으로 100*100 이상의 size를 생산할 수 있는 대면적 line을 구축하게 되었는데, 당시 우리 회사는 전지사업이 파우치로 바뀐다고 투자를 해야 한다는 설득을 경영층에 하지 못하고 있었는데, N사의 당사에 line 투자로 이 문제가 해결되면서 파우치 사업이 본격적으로 확대가 된 것이다.

성공은 실제의 기록이며, 한 고객에 성공하면 reference가 구축되고 그것을 기반으로 다른 고객으로 확대를 쉽게 할 수 있다. 따라서 초기 견실한 reference 구축이 매우 중요하며, 당사가 ESS 사업을 확대함에서도 동일하게 진행하고 있다.

4) 파우치 사업의 발판

N사 사업에서 2차의 recall로 인하여 수익성에서는 애초에 하지 않은 것보다 못한 적자를 남기고 원통형 사업에서 탈락을 하였지만, 당사 이차전지 사업의 기반 구축에 결정적인 공헌을 하는 유산을 남겼다. N사 원통형 사업으로 처음으로 당사가 multi-cell pack 기술을 습득하고, 단시간에는 N사 pack 사업의 reference로 H사에 notebook pack 사업을 진입하여 일등 vendor가 되었으며, 추가로 D사 pack 사업뿐만 아니라 대만

notebook packer에도 진입하게 되었으므로, N사 사업은 당사의 multi-cell pack 사업의 시초가 되었을 뿐만 아니라 이를 발전시켜서 전력 구동과 결국은 자동차 pack 사업까지 확장할 수 있는 기초가 되었다.

이뿐만 아니라 당사가 파우치 사업으로 전환하는 결정적 계기를 만들어 주게 된 것임을 그때는 알지 못했다. N사는 원통형의 거듭된 recall로 인하여 품질에 대한 불안감을 가지게 되었고, 당사는 고객을 유지하기 위하여 파우치의 안전성을 강조하면서 향후 기술의 대세는 파우치이므로 전지를 전환한다고 설득을 하기 시작하였다. 원통형의 폭발이 가져다주는 위험성에 비하여 파우치는 cell에 문제가 생겨도 파우치가 찢어지면서 적어도 폭발은 생기지 않는다고 홍보를 하였는데, 이것이 불안감에 젖어있는 N사에 먹혀들었는지 그 이후로 이 고객은 전지를 notebook 용을 포함하여 전부 파우치로 변환하는 작업을 시작하였다. 하지만 이는 당사 파우치 사업에 바로 기회로 다가오지는 않았고 오히려 중국 maker의 N사 교두보를 만들어 준 계기가 되었다.

초기에 N사 원통형 notebook pack을 공급하면서 Engineer John의 요청으로 각형 단 cell의 pack을 공급하였는데, 당사가 인지하지도 못한 상태에서 N사에서 신제품 개발하여 출시하는 Pod에 자연스럽게 진입을 한 것이다. 초기 Pod는 전지가 각형이었는데, 원통형 recall 이후에 N사가 metal can의 안전성에 대한 우려와 파우치의 얇은 특성으로 인하여 Pod의 차세대 제품에 파우치 전지를 채용하여, 당사도 소형 파우치로 공급하면서 사업의 명맥을 유지하고 있었다.

Pod 1세대 제품을 출시할 때에는 단순한 MP3 player로 인지를 하였으며 디자인이 예쁘다는 수준의 평가였으나, 나중에 인지한 바에 의하면 software Tune의 출시가 시장에 파격적인 변화를 가져오고, 결국은 이로 인하여 N사는 hardware 회사에서 software 회사로 전환을 이룰 수가 있었다. 초기 곡당 99 cent로 download를 받을 수 있게 Tune과 연계를 하였으며, 시간이 갈수록 Tune이 더 발전하더니, 결국에는 OS를 개발하여 Phone을 출시하게 되었으며, 이어서 Pad를 출시하였다. 나중에 듣는 바에 의하면 hardware 면에서는 Pad를 먼저 개발을 하였으나, 시장에서의 acceptance를 고려하여 Phone을 먼저 출시하였다고 들었다. Phone을 처음 출시하였을 때만 하여도 volume의 성장을 추구하지 않는다고 들었으며, 핸드폰 시장에서 1%의 share만 차지하여도 된다고 하였는데, easy to use의 smart phone의 대세와 맞물리면서 제품의 완성도에서 절대 타협을 하지 않는 완벽성으로 시장을 제패하게 된 것이다. 또한, 2008년경 app을 시장에 공개한 것이 매우 파격적이었으며, 이로 인하여 시장에서 급성장한 것이다. 다른 회사들은 자사의 이름으로 app을 승인하고 출시를 할 때, N사는 모든 사람에게 app의 판매로 발생하는 profit을 share 하면서 open 함으로써 game의 rule을 바꿔버린 것이다. N사의 Tune 출시와 app open market을 보면서 나중에 체계적인 혁신의 중요함을 나 자신도 깨닫게 되었고, 시장과 고객을 읽고 그러한 것을 예견하여 출시한 Steve의 선견지명에 탄복하게 되었다. 더불어 Pod, Phone, Pad의 순차적인 출시도 매우 전략적인 결정으로, 순서가 바뀌었다면 전혀 다른 결과가 나와서 지금과 같은 성공을 가져왔을 것으로 생각이 되지 않는다.

2009년만 해도 이차전지는 IT industry의 고객사에 공급하고 있었으며, 지금과 같이 전동공구나 EV에 진입하기 이전이었던 때라 주요 고객은 휴대전화기 maker와 notebook maker에 이제 갓 출시한 Pad라는 신규 기기가 있었다. 당사는 여전히 원통형, 소형 각형, 소형 파우치 전지를 생산하고 있었으며, N사의 선두로 notebook maker가 파우치 전지를 채택하기 시작하였다. 더군다나 당사는 휴대전화기 전지사업의 M사에서 원통형 PO decommit를 한 이후로 탈락이 되어서 고객이라고는 우리 전자와 Ericsson뿐이었는데, 그나마 Ericsson은 소형 파우치를 전량 사용하고 있어서 각형 사업은 큰 부진을 면치 못하고 있었다. 이때 시장은 얇고 넓은 전지에 대한 요구가 늘어나기 시작하였고, 당사는 시장에서 notebook의 대형 파우치밖에 성장의 기회가 없었는데, 확보된 고객이 없어서 투자도 발의하지 못하는 처지에 있었다.

사업의 전반적인 부진으로 투자의 타당성도 없었고 또한 확보된 business도 없었던 터라 돌파구가 필요하였다. 그 당시 N사는 휴대전화기 뿐만 아니라 notebook에서도 전량 폴리머 전지를 사용하며 급성장을 해오고 있었으며, 중국 maker ATL이 대부분 물량을 공급하고 있었다. 그때는 Pod와 Phone 초기 model에 당사는 소형 파우치를 소량 공급하고 있었지만, 지속적인 품질문제로 사업은 소량 규모로 제자리 걸음이었다. 원통형 사업은 이미 H사와 D사에 진입하여 어느 정도 규모 있는 사업은 하고 있었지만, 더 이상의 성장 기회가 많지 않아 보였고, 그 당시 신임 사업부장께서는 대형 파우치로 시장이 이동하는 것을 보고 사업 성장을 위해 고객과 투자가 필요하다고 하였다. 이에 내가 N사와 대면적 파우치 사업에 대해서 협상을 시작하였다.

그 당시 N사 notebook 전지 구매 Director는 B였는데, 당사의 대면적 파우치 line의 투자에 loan 형식의 prepayment로 투자를 하고 일정 물량 구매를 보장하는 형식으로, 그리고 당사는 경쟁력 있는 가격을 제공하는 협상을 시작하였다. 협상은 주로 전화와 e-mail로 이루어졌는데, 처음에 어느 정도 순조로이 진행되었고, line 투자를 조건으로 가격도 두 사람 간에 합의하였으며, 그때 처음으로 우리 회사에서는 $/Wh를 기준 가격으로 사용하기 시작하였다. N사는 당사의 두 번에 걸친 recall 이후에 원통형 전지는 drop을 하고 파우치로 전면 전환을 하였는데, 중국 maker인 ATL에서 전량 공급받으면서 공급에 대한 불안정과 품질에 대한 문제가 있었던 것으로, 이에 양사 간의 needs가 맞아서 협상이 몇 달 만에 급진전하게 된 것이다.

그런데 잘 진행되던 협상에 문제가 발생하였다. 두 사람 간에 합의된 조건을 B가 N사 CPO인 D에게 보고하였는데 reject를 하였던 것이다. D가 가격을 더 인하하라고 하였던 것으로 보이며, 이에 B는 당사에 target 가격을 주고 take it or leave it으로 제안을 하였다. 그 가격이 수익을 내기가 쉽지 않아 망설였는데 당사도 다른 대안이 없기에 결국은 수용을 하고, N사 투자를 받아 대면적 파우치 사업을 시작하게 되었다. 이렇게 하여 우리 회사의 파우치 대면적 line 일호기 NJ7이 탄생하게 되었으며, 이 line을 통하여 N사 notebook 용 cell을 생산 공급하기 시작하였다.

한번 성공한 N사의 파우치 대면적 line의 투자는 다음번의 투자도 쉽게 하였다. 당시 N사는 Phone을 출시하여 수량이 조금씩 늘기 시작하던 때였으며, Phone/Pod 구매 Director인 JJ와 Phone 공급용 line 2개를 prepayment로 투자하는 것에 합의하여, 또 다른 파우치 대면적 line 두 개 NJ8/NJ9이 탄생하였다. 그리고 그 투자를 계기로 N사향 파우치 매출과 사업이 성장하기 시작하였고, 이를 기반으로 다른 고객도 확보하게 되어 그 이후 우리 회사의 파우치 사업은 급성장하게 되었다. 우리 회사의 N사 공급 물량이 급증하여 사업이 성장하게 된 것뿐만 아니라, 이를 바탕으로 우리 회사는 대면적 파우치 line을 추가 투자하게 되어, 이를 기반으로 자동차와 ESS 전지사업까지 확장을 하게 되었으므로, N사의 대면적 파우치 line 투자가 현재의 우리 회사 전지사업이 있게 해준 원동력이 되었다.

물론 이 과정에서 N사 Engineering manager인 DK의 도움도

켰다. 당사가 처음 개발한 대면적 파우치 전지가 사업 합의 과정에서 개발 시작이 늦었지만, 경쟁사보다 승인을 더 빨리 받아서 공급을 시작하였고, 이는 DK가 많이 도와주었다. 또한, 당사가 N사에 notebook battery를 공급 시작할 즈음에 N사는 Pad 1세대를 출시하였고, 그 시장 반응이 좋았으나 당사는 공급도 하지 못했을 뿐만 아니라 Pad의 출시도 사전에 알지 못했었다. N사는 매년 차세대 제품을 출시하므로 Pad 2세대 진입을 요청하였으나, N사 구매에서 너무 낮은 target 가격을 주면서 그 가격을 맞춘다면 기회를 준다고 하였다. 하지만 그 가격은 적자가 너무 많아 전혀 수용할 수가 없어서 진척되지 않고 있었다. 이에 DK에게 다시 도움을 요청하여 Pad Gen2에 당사 전지를 승인해 달라고 요청하였다. 그리하여 DK에게서 전지 spec을 받고 도움을 받아서 승인을 받자, N사 구매는 어쩔 수 없이 당사 Pad Gen 2 전지를 구매하게 되었고, 이에 따라 가격을 그렇게까지 인하하지 않고도 Pad 제품을 공급함에 따라 수익성을 확보할 수가 있었다.

그 이외에도 DK의 도움은 많이 받았다. N사의 Apod를 출시하기 3년 전 즈음에 초소형 원통형 사업 시작에 대해 권유를 받았다. 그 당시 당사는 용도는 전혀 알지 못하였지만, N사의 상품기획과 제품의 위력을 알고 있으므로 당사의 투자와 사업 시작을 약속하였다. 그런데 경쟁사인 Panasonic에서 이미 초소형 원통형 사업을 하고 있었고 N사에 공급하겠다고 약속하는 바람에, N사에서 당사는 필요하지 않다고 천명을 하였다. 하지만 당사는 이미 투자를 계획하고 있었고 사업의 확대를 기대하고 있었던 터라 N사의 태도 변화는 당사뿐만 아니라 내 입장도 매우 곤혹스럽게 하였다.

N사 구매는 당사 제품이 필요 없다고 하였지만, 어떻게 해서든지 공급의 실마리를 풀어야 했다. 그래서 내가 급히 DK에게 전화하여 당사 상황을 설명하고 승인 진행에 도움을 요청하였다. 그리고 N사 구매 담당자에게도 물량에 대한 commit를 요청하지 않을 테니, 일단 승인을 진행하면서 물량은 기회가 되면 소량이라도 구매하여 달라고 하였다. 그 당시 N사 구매 Director Jason은 친절한 백인이었는데, 당사에 호의적이었고 나와도 친분을 잘 유지하고 있었으며, 이에 Jason은 N사 engineer가 승인하겠다고 하면 본인은 반대는 하지 않겠다고 하였고, 이렇게 하여 DK의 도움으로 개발과 승인을 시작하였다. 그런데 개발 진행 초기에 운이 좋게도 Panasonic이 N사와 사업 합의가 되지 않은 바람에 포기하였는데, 아마도 물량 보장을 요청하였는데 N사는 받아들이기 어려웠던 것으로 보였다.

이렇게 하여 당사는 단독 개발을 진행하였고, 출시가 초기 계획대비 1년 반이 지연되기는 하였는데, 일단 출시하자 시장 반응이 폭발적이었고, 지금도 당사는 이 battery를 단독 공급하고 있다. 초기에 한 개 line은 당사가 투자하였고, earphone은 기존에 다른 회사들도 많이 출시하였기에 시장성에 대해서는 크게 기대하지 않았다. 그런데 bluetooth의 편리함과 음향의 기술이 결합하면서 지속적인 성장을 하였으며, 수요가 순식간에 늘어남에 따라 투자의 leadtime이 짧고 또한 fashion 제품의 성격 때문에 언제까지 수요가 지속할지 알 수가 없었다. 이에 line 증설의 risk를 당사가 안고 갈 수 없었기에 N사의 직접 투자로 증설을 전부 해결함으로써, 투자비 회수에 관한 걱정은 하지 않으면서 지속적인 성장을 누리게 되었다.

하지만 이 초소형 제품이 순조롭게만 출시된 것은 아니었으며, N사와 문제 해결의 collaboration으로 당사도 철저한 현장 중심과 data 기반의 문제 해결에 관한 경험을 하였다. 초소형 원통형을 개발하여 당사 단독으로 공급하는 것이었으며, 출시가 지연되면서 2년간 pilot test를 하는 동안에는 문제를 발견하지 못하였는데, 본격적으로 양산을 시작하면서 ODM에서 reliability test를 하였는데 battery 내부 단락으로 Apod plastic이 녹는 것을 발견하였다. 용량이 워낙 적어서 어떻게 해도 내부 단락이 발생하지 않는다고 하였는데, tumbling test를 하면서 수백 번 충격을 주니 내부 단락으로 발열이 발생한 것이었다.

출시를 앞두고 일어난 문제에 N사는 비상이 걸렸고, battery의 문제로 제품 출시 자체가 취소될 수도 있는 사건이었으며, 실제로 이 문제로 인하여 출시가 몇 달 지연이 되기도 하였다. 문제가 나자마자 N사의 manufacturing VP R을 포함하여 개발, 구매, safety, PM 등 30여 명이 당사 공장에 상주하였다. 당시 N사와 당사는 매일 meeting을 하면서 설계와 공정을 논의하고, 그리고 논의한 것이 맞는지 매일 test를 통하여 검증하고, 그리고 그 결과를 가지고 다음 날 다시 논의하는 과정을 매일 지속하였다. 이러한 과정을 통하여 내부 단락 원인을 규명하고 설계를 수정하였으며, 그리고 수정한 설계로 생산 시 내부 단락이 발생하지 않는지 까지를 30여 일간 매일 회의와 test를 진행하면서 검증을 완료하여서 생산을 재개하였다. 그리고 기 생산품에 대해서는 X-ray로 선별 가능함을 국내 X-ray 업체에 sample을 test 하여 검증하였고, 검증된 다음 날 N사는 유럽 현지 인원이 독일에 있는 X-ray 업체를 방문하여 장비를 한국으로 바로 air 선적을 진행하였다. 이러한 과정을 같이 겪으면서 N사는 현장에서 data를 기반으로 의사 결정을 하며, 결정한 사항에 대해서는 바로 시행하는 실행력이 매우 뛰어남을 인지하였고, 이는 당사도 배울 부분이 많이 있다는 것을 느끼게 되었다.

5) 휴대전화기 전지의 부활

M사에서 퇴출당한 것은 당사 사업에 심각한 영향을 주었다. 당시 휴대전화기 전지 사업은 우리 전자와 Ericsson 외는 없었고, 두 회사 모두 사업이 신통치 않아서 당사 휴대전화기용 line은 부동하는 날이 많아지게 되었고, 나중에 결국 Ericsson은 SO사에 매각 이전되면서 거의 유명무실하게 되었다. 그리고 이러한 line 부동 문제는 나의 신변에도 중요한 변화를 가져왔다. 미

국 주재원으로 2003년 부임하여 처음에는 우리 회사 법인이 있는 LA office에서 근무를 시작하였고, N사 사업을 확대하라는 특명을 받고 일년 반도 안 되어 2004년 여름에 San Jose로 이동을 하여 사업을 강화하였고, 그에 이어서 H사와 D사 사업에 진입하여 2007년이 되자 원통형 연간 계약을 마무리하고 여름이면 주재원 임기 만기로 한국으로 귀국할 마음의 준비를 하고 있었다. 그런데 M사 사업 복구를 위해 Chicago로 이동하라는 명령을 받은 것이다.

처음에는 가고 싶지 않아서 항명하였지만, 본사에서 워낙 강경하여서 바꿀 수 있을 것 같지 않아서 이동하겠다고 하면서 집도 알아보고, 그리고 M사 사업 복구를 위해 작업을 하기 시작하였다. 그 당시 당사는 M사에서 퇴출이 되었기에 고객과 communication이 없었지만, 운이 좋게도 당시 M사 구매 Director는 Mary로 내가 기존에 안면이 있는 사람이었고, 또한 당사 원통형 de-commit로 당사를 퇴출시켰던 Jan이 퇴사하여 Mary가 후임으로 일하고 있어서 다행이었다. 하지만 당사가 de-commit한 것은 회사의 신뢰에 치명타가 되어서 M사에서는 우리 회사를 믿지 못하겠다는 것이 일반적인 분위기였다.

2007년도 초에 M사 인원을 만나기 위하여 Chicago로 출장을 갔지만, 그동안 communication을 해오고 있던 것이 아니라 따로 meeting 약속은 잡을 수가 없었다. 그래서 어쩔 수 없이 M사 building으로 가서 일층 로비에서 무작정 기다리기 시작하였다.

그렇게 기다리다가 퇴근 시간이 되자 Mary가 나오는 것을 보고 주차장까지 따라갔다. 그리고 거기서 아는 체를 하면서 시간을 조금 내줄 수 있느냐고 문의했고, 다행히 기존에 안면이 있었기에 적대적으로 대하지는 않았고, 오늘은 다른 약속이 있다고 내일은 만날 수 있다고 말을 하여 다음 날 저녁에 만날 약속을 하고 그렇게 헤어졌다.

하지만 다음날 만날 때 몇 년 만에 만나서 당사 제품을 써달라고 하는 것도 맞지 않은 것 같아서 무슨 말을 할지가 고민이었다. 마침 그 바로 전에 한국 출장을 다녀오면서 친구가 사준 물에 관한 책을 읽고 있었고, 다음날 만나서 이 책에 있는 그림을 보여주면서 물의 신기한 특성들을 이야기하였다. 물이라는 것이 생명이 있는 것처럼 칭찬하고 좋은 말을 하면 입자가 매우 선명하고 예쁘지만, 나쁜 말을 하고 욕을 계속해대면 컵이나 그릇에 놓은 물 입자가 깨지고 매우 이상하게 변형이 생긴다는 내용이었고, 어쭙잖지만 나도 이러한 순수한 마음으로 M사를 대하겠다고 열심히 설명하면서 사업에 대해서만은 한마디도 꺼내지 않았다. 그날 Mary와 그 아래에서 일하는 Omar가 같이 나왔으며, 다행히 저녁을 먹으면서 Mary의 마음도 편안해 졌는지 당사와 meeting을 하겠다고 수용을 하였고, engineer를 데리고 와서 제품 roadmap과 technology에 관해서 설명해달라고 하였다.

나중에 들은 이야기지만, 당시 M사의 상황도 당사와의 사업 재개를 심각하게 다시 고려해 볼 수 있는 상황이었던 것 같다. 당사보다 가격이 저렴하다고 하여 중국산으로 전부 전환을 하였지만, 몇 년이 지나자 field에서 service가 급증하게 되어 결국은 total cost가 증가하는 것을 보게 된 것이다. 여기에 신규 사업으로 smart watch를 처음으로 개발하려고 하는데 중국산 전지를 사용하였다가는 brand 이미지에 악영향이 있을까 봐 고민하고 있던 시기였다.

몇 주 있다가 당사 engineer를 데리고 Chicago에서 meeting을 하였고, 그렇게 해서 M사와 다시 사업 재개의 단추를 끼우게 되었다. 당시 M사는 smart watch를 개발하고 있었고, 이에 당사가 M사와 사업을 재개하려면 초소형 폴리머전지를 공급하는 것으로부터 시작할 수 있다는 것이었다. 당사의 관심은 각형이었고, 각형 재개를 위한 전제 조건으로 요구하는 제안을 거절할 수 있는 상황이 아니었다. 당사는 초소형 폴리머 전지 line도 없었고 경쟁력이 있는 것도 아니었지만, M사 진입을 위해 초소형 폴리머 투자 OO여 억을 하면서 각형 사업을 재개하기 위한 희생이라고 생각하였고, 결국 이 line은 일 년 정도 가동하다가 나중에 폐기하게 되었지만, 당사의 M사 공급은 재개되어 당사 휴대전화기용 전지 사업 활성화에 매우 중요한 역할을 하게 되었다.

재진입을 위한 cell 승인 및 audit 등 business award를 위한 작업은 계속 진행되었고, 2007년에 M사는 smart watch 출시를 위한 초소형 폴리머 전지 supplier 선정을 하게 되었다. 그 당시만 해도 M사는 규모 있는 회사여서 supplier 선정 과정을 여러 가지 평가를 통하여 공식적으로 진행하고, 나 또한 당사 선정을 위해 고객 방문뿐만 아니라 아시아 방문을 동반 출장하면서 다각도의 노력을 하였다. Supplier 선정하기 하루 전에 나는 다시 Atlanta로 출장을 가서 supplier 선정 팀장인 Karen을 단독으로 만나 마지막까지 최선의 노력을 다하였다. 같이 식사도 하고, 단둘이 Atlanta에 있는 한국 노래방에 가서 노래를 불렀으며, Karen이 부르는 노래를 들으면서 Bobby doll의 노래가 있다는 것을 처음으로 알았다.

이렇게 하여 다음날 당사가 supplier로 선정이 되었다는 공식 선언을 들었고, 이것으로 당사는 각형도 재진입하는 기회를 얻게 되었으며, 각형 공급과 더불어 당사 line 가동이 늘어나게 되면서 각형 사업도 정상화가 되었다. M사 재진입의 단추는 Mary가 당사에 제공함으로써 도움을 주었지만, supplier로의 선정은 Karen이 내부에서 지원하면서 결정적인 역할을 하였다. M사가 어렵게 되어 Mary가 회사를 떠나 다른 회사로 이직을 하여서도 만나고 식사하면서 오랫동안 유대관계를 유지하였지만, Karen에게만은 지금도 미안한 감정을 지니고 있다. 전지사업을 하면서 여러 고객에게 결정적인 도움을 많이 받았고 또한 이에 관한 답례를 하여 왔지만, Karen에게만은 내가 진 빚을 갚지 못했다. M사가 어려워진 뒤에 Karen이 회사를 떠나야 했고, 그 당시 나에게 연락하여 우리 회사에서 job을 구하고 싶다고 했지만 내가 도움을 주지 못했던 것이고, 앞으로 기회가 된다면 언젠가는 보답을 해주고 싶다.

2008년 M사는 갑자기 기존의 모든 software를 포기하고 전면 Android로 전면 전환을 발표하였다. 이로 인하여 당사가 공급하던 전지 물량에 순간적인 차질이 발생하기는 하였지만, 제품 전환으로 인하여 battery 용량이 더 필요하여, 당시 30*48 또는 34*50의 각형이 아닌 폰 전체 면적으로 전지 용량이 필요하게 되었다. 또한, 휴대전화기 뒷면이 곡면이라서 그 공간을 최대한 채울 수 있는 전지가 필요하게 되고, 이를 당사 stacking & folding 폴리머 전지 기술을 사용하여 step battery를 개발하여 공급하였다. 이로 인하여 공간 용량이 25% 올라가고, 당사만의 기술이라서 단독 공급이 되었고, 2010년에는 당사가 M사에서 70% 이상의 share를 가지게 되면서 일등 vendor로 성장하게 되어서, 당사도 제품 차별화와 더불어 큰 성공사례가 되었다.

휴대전화기 사업에서 M사가 초기 1등을 하다가 Nokia에 1등 위치를 물려준 뒤에 만년 2등을 하다가, 중간에 한 번씩 혁신적인 제품으로 회복을 잠깐 하는 듯하더니, 2010년경 빤짝하고는 그 이후에는 줄곧 하향세를 걷다가 Google에 매각이 되고, 궁극에는 lenovo에 매각이 되어 유명무실하게 되었다. 나는 M사가 Android로 전면 전환을 할 때는 깨닫지 못했지만, 나중에 생각해 보면 그 선택은 시기적절하였다고 생각한다. 지금에야 N사 OS가 아니면 Android이지만, 그 당시 Android의 미래를 보고 전격적인 결정을 매우 잘한 것이지만, 결국은 제품의 혁신보다는 수익성을 창출하지 못하여 매각을 거듭하다가 소실이 된 것으로 판단이 된다. 수익성에 매출 성장의 선행적인 사이클이 지속되어야 회사가 생존하지만, 아무리 brand 가치가 높다고 하더라도 수익성으로 연계하지 못하면 궁극적으로는 도태가 되고 말게 된다. 그래서 당사 사장님께서 하신 말씀이 유효 적절하다고 본다. N사의 강점은 명품 bag을 일반 bag cost로 제조하여, 합리적인 가격으로 명품을 판매한다는 것이다.

6) 2D로 파우치 사업 선도 및 투자협상

N사 투자로 대면적 파우치를 공급하고 4~5년이 지나자 경쟁이 매우 과열하게 되어 5개 업체가 과당 경쟁을 하게 되었고, 반면에 N사의 수요는 그다지 많은 성장을 하지 않으면서 중국업체의 가격 경쟁력으로 어려움이 가중되게 되었다. 이로 인하여 차별적인 경쟁력의 필요성이 지속적으로 대두되었고, 당사는 경쟁사의 일반적인 winding 방식이 아닌 stacking & folding 방식을 사용하고 있어서 이를 차별화로 활용하려는 시도를 꾸준히 해왔다. 이러한 도중에 M사의 용량 최대화에 맞추어 step battery도 출시하였고, 이의 추가적인 발전 선상에서 unique 형상의 battery를 공급하였고, 이를 N사에 promotion 하였다.

N사는 step battery의 구조를 받아들여서 차세대 Pad를 설계하면서 제품의 옆 부분을 얇게 하였고, 이를 맞추기 위해 3단의 battery를 당사가 단독 개발하면서 3D battery라고 명명을 하였

다. N사에서 San Francisco에서 매년 하는 신제품 소개회에서 Pad 신제품을 설명하면서 혁신적인 전지도 같이 소개를 하였으나, 전지 maker에 대해서는 끝내 언급하지 않았다. 어쨌든 3D 전지는 당사에 또 하나의 발자취를 남겼지만, Pad 제품이 워낙 비싸고 또한 전지도 비싸기에 실제 판매는 별로 되지는 않았으며, 결국 그 제품은 몇 년 후에 단종이 되고 말았지만, 당사 파우치의 차별화를 활용한 사례가 되었다.

소비자의 스마트폰 사용 시간이 늘어나면서 전지 용량 증대에 대한 고객의 요구는 꾸준히 늘어났다. 휴대전화기 구조상 카메라가 코너에 위치하고 또한 PCB가 위아래로 연결이 됨에 따라 battery를 사각형으로 만들게 되면 용량 증가에 제한이 되어 왔었다. 이에 battery를 최대한 큰 size로 만들고 다른 부품과 간섭이 일어나는 일부를 cut-out 하는 제품을 개발하였고, 이것이 N사의 관심을 끌었다. 이에 2016년경 N사의 Phone PD Director DA가 당사 공장을 방문한다기에 직접 고객을 남경 공항으로 마중 나가서 care를 하였고, 공장에서 당사 조립 과정을 보여주면서 동 제품을 N사 휴대전화기 차기 model에 적용하자고 promotion 하였다. N사 PD DA가 관심은 많이 보였지만 바로 채용에는 의사 결정을 하지 않고, 그 이후에 N사와 이 기술을 사용한 제품을 공동으로 개발하면서 2D라고 명명하였다. N사는 그다음 해에 2D를 채용하는 것에 대해 의사 결정을 하였고, 단지 기존에 당사가 소형전지 폴리머에 사용하는 stacking & folding

공법이 아닌, 자동차에서 사용하는 Lami & stacking(L&S) 공법을 사용하는 것으로 하였다. Stacking & folding으로 할 경우 공정 오차로 인하여 전지 용량이 3~5% 감소가 일어나게 되며, N사는 용량을 최대화하기 위하여 Lami & stacking 공정으로 결정하였지만, 이는 당사가 생산 line이 없는 관계로 공장 건물부터 전체 $O Bil 단위의 투자가 필요한 부분이었다.

N사는 실행력이 매우 뛰어난 회사이다. 의사 결정이 되면 전 부문이 총력을 다해 만들어 가는 실행 문화가 정착되어 있으며, 비록 단독 공급이라고 하여도 cost를 manage 하는 부분은 다른 회사가 도저히 따라갈 수가 없을 정도이다. 2017년 초 N사가 L&S로 2D를 Phone에 채택 의사 결정을 한 이후에, 당사의 투자는 불가하므로 N사에서 직접 투자를 해야 한다고 구매 line을 통하여 지속적으로 설명하여왔다.

동 투자 결정을 위해 5월경에 N사의 CPO가 Cupertino에서 당사와의 meeting을 요청하여 본부장, 사업부장과 같이 내가 출장을 갔다. San Francisco에 도착하여 바로 N사 campus로 가서 meeting을 하였으며, N사에서 CPO와 구매 Director와 관련 인원이 잠석하였다. N사의 요청사항은 당사가 투자하라는 것이며, 이에 당사는 투자 규모가 너무 크고 N사만 사용하는 제품이므로 당사가 투자할 수 없다고 하였다. 이에 N사는 내부 회의를 위해 잠시 휴식을 하고 30분 후에 두 번째 회의에서 N사가 당사에 동 사업을 보장할 테니 당사가 투자하라고 다시 요청하여 내가 못한다고 하였다. N사는 또다시 휴식을 취하고 내부 회의 이후에 3번째 나와서, N사 CPO가 당사의 가동과 이익을 보장할 테니 당사가 하라고 하였다. 이에 못 한다고 내가 일언지하에 거절을 하였고, 앞의 두 번에 이어 모두 내가 앞에 나서서 거절하였더니, 급기야는 N사 CPO가 나에게 비행기 타고 오면서 무엇을 잘못 먹었냐고 하면서, 세상에 N사가 지금까지 보장을 한 예도 없었고, 이렇게까지 하는데도 거절하는 경우는 처음이라고 언급을 하였다. 이에 내가 동 투자는 당사가 할 수 없다고 N사가 2D 진행 의사 결정한 순간부터 구매 line을 통하여 지속적으로 제기하여왔으며, 당사가 할 수 있다면 처음부터 했을 것이라고 설명을 하였다. 당사의 단호한 거절로 N사는 다른 대안이 없어서 본인들이 직접 당사에 투자하는 것으로 결정을 하고, 다음날 투자 계약의 세부 조건을 초기 협의하고 한국으로 귀국하였는데, 그 당시의 경험에 대해 본부장은 매우 통쾌하게 생각하였다고 나중에 다른 사람을 통해 들었다. 그분은 우리 전자와 우리 계열사의 대표이사로 역임하고 전지로 오게 된 분으로 그동안 N사와 많은 사업을 하였는데, 이렇게 당당하고 통쾌하게 한 것이 처음이었다고 저녁 식사 자리에서 직원들에게 말씀하셨다고 한다.

N사 투자로 큰 방향은 결정이 되었지만, 실제 계약 합의로 가는 과정에서 많은 험난한 일이 있었다. 계약서 초안에 대해 양사 간 서면으로 매주 논의를 해가고 있었고, 계약서의 마무리 및 합의를 위해 7월 말 공장 휴가 주에 N사 협상단이 한국을 방문하

였다. 구매 Director를 포함하여 투자 실무자와 변호사까지 포함하여 5~6명이 방문하여 2일을 협상할 계획이었으나, 양사 간의 의견 대립으로 시간이 연장되어 fully 3일을 하게 되었다. 계약서 조항 및 문구 하나하나 마다 협의하고 그 자리에서 수정하면서 합의하는 형식으로 진행되었으므로 나도 매일 계약서를 수도 없이 읽었고, 동 합의 이후에는 나중에 문제가 발견되어도 변경이 불가하고 당사가 불리한 점을 그대로 안고 가야 하므로 매우 중요하고 긴장되는 협상이었다. 사업적인 사안도 있었지만, 법률적인 항목도 많이 있었으며, 처음부터 양사 간의 대립이 팽팽하여 진전이 매우 더디었다.

당사 본사 31층 대회의실에서 진행하였고, 첫날 시작하여 오후 한 시가 되자 내가 식사를 하러 가자고 하였더니 N사 측에서 협상 논의를 더 하자고 하였다. 협상을 지속적으로 진행하다 보니 오후 3시가 되어, 점심을 먹고 하자고 속된 말로 먹고살자고 하는 일이 아니냐고 하였더니, N사에서는 일하기 위해 먹는다고 하면서 현재 논의 중인 항목에 N사가 요청한 대로 합의가 안 되니 계속 협상하자고 덤벼들었다. 이에 어쩔 수 없이 협상을 지속하였고, 시간이 흘러 오후 5시가 되자 배가 고파서 도시락을 회의실로 주문하였다. 그리고 그날 저녁 식사는 회의가 늦게 끝나자 식사가 안 되어서 술집에서 술안주와 술로 대신하게 되었다. 이튿날도 비슷하게 진행이 되자 도시락을 조금 일찍 시켜서 오후 3시에 점심을 먹었고, 이렇게 하여 3일간의 협상으로 양사 간

계약서에 대해 전반적인 합의가 이루어졌고, 나는 진행 상황을 실시간으로 본부장과 사업부장에게 보고하였다. 이렇게 하여 완료가 된 것으로 이해하고 그다음 주에 바로 해외 출장을 가게 되었는데, 나중에 들으니 당사 내부적으로 절차상 문제가 발생하였다.

계약 협상에는 당사 법무팀을 포함하여 세무팀 회계팀 등 유관 부서를 필요에 따라 참석을 시키고 완료하였는데, 이러한 진척상황이 CFO에게 실시간으로 정확하게 보고가 안 되어 있었던 것이다. N사와 합의가 완료된 다음 주에 CFO에게 법무 담당이 보고하는 과정에서, CFO가 법률적인 risk가 cover가 안 되었다고 계약 협상을 다시 하라고 reject를 하였던 것이다. N사 구매 Director가 그 전주에 한국에서 협상을 한 이후에 중국으로 출장을 떠났고, 미국으로 들어가기 이전에 그다음 주 금요일에 한국을 들렀는데, 이에 사업부장과 법무 담당 그리고 세무 담당이 N사 구매 Director에게 당사 사정을 설명하면서 법률 문구의 수정을 요청하자, N사 구매 director가 전부 합의한 이후에 인제 와서 이렇게 하는 것이 어디 있냐고 하면서 회의 도중에 가버렸다고 했다. 내가 금요일 오후에 출장에서 돌아와서 이렇게 일이 벌어진 것을 듣게 되었고, 당사 CFO는 주말에 미국 N사에 출장 가서 협상하라고 지시하였다고 하는데, N사 구매 Director는 오지도 말라고 하면서 갔다고 한 것이다.

다행히 당일 금요일 저녁에 N사 구매 Director와 저녁 약속은 잡혀 있었고, 이에 내가 사업부장을 모시고 저녁 식사 장소로 갔다. 오지 않으면 어쩌나 하는 생각이 들었는데, 다행히 저녁 장소로 왔고, 이에 나는 계약에 대해서는 한마디도 언급하지 않았다. 그리고 끝나면서 내가 주말에 미국에 들어갈 테니 월요일에 만나만 달라고 사정을 했는데, N사 구매관이 오지 말라고 하고 나는 내일 한 번 더 연락을 드리겠다고 하고서 헤어졌다. 다음날 다시 전화로 연락을 했고, 나중에 구매 Director가 오면 실무선에서 만나기는 할 것이라고 문자를 보내왔다. 이에 일요일에 법무 담당, 세무 담당과 함께 San Francisco로 출장을 갔고, 월요일 회의 이후에 화요일에 귀국하는 일정으로, 그리고 나는 수요일 한국 도착하여 목요일 중국 출장 가는 일정으로 되어 있었다.

일요일에 San Francisco에 도착하여 월요일에 N사를 방문하니, 구매 manager인 A가 변호사를 포함한 협상단을 데리고 나왔다. 월요일 아침부터 계약서 법률적인 사항에 대해서 당사 CFO가 재협상 요청한 조건들에 대해서 협의를 하기 시작하였다. 현안은 3-4개 밖에 되지 않았으나, 양사 간의 문구 때문에 대립이 심하여 항목마다 예상외로 시간이 많이 소요되었다. 또한, 이번에 양사 간 합의를 한 이후에 또다시 번복할 수는 없어서 더군다나 보수적으로 진행할 수밖에 없었고, 또한 협상하면서 첨예한 부분은 CFO의 의중을 확인하고 가야 했기에 진척이 더디었다. 다행히 A가 협조적이어서 어떻게 해서든지 합의를 하려고 했기에 하나씩 마무리가 되었고, 시간이 오래 걸리는 관계로 월요일에 합의가 전부 안 되고 화요일까지 협상을 지속하여야 했다. 이에 나는 중국 출장을 취소하고 화요일 비행기를 수요일로 변경하였고, 다시 화요일에 N사에 가서 협상을 지속하였다. 최종 마무리가 되는 듯하더니, 마지막 한 가지에서 양 사간 첨예하게 대립하더니 더 이상 진척이 안 되었고, 급기야는 A가 더 이상은 양보할 수 없다고 양사 간 CFO끼리 협상을 통해서 종결하자며 손을 들고는 포기해 버려서 비상이 걸렸다.

나는 잠시 휴식을 취하자고 하고 생각에 들어갔다. 문구 하나하나 합의에 이렇게까지 시간도 오래 걸리고 양사 간 마찰이 많은데, CFO 선으로 넘어가면 보나 마나 deal이 깨질 것이 명확하였다. 이에 협상을 재개하면서 이러한 생각을 A에게 설명하고 다시 한번 더 해보자고 설득하였다. 그리고 N사가 수용할 수 있는 문구를 당사 관점에서 다시 한번 더 수정하고, 그리고 동 문구를 당사 미국 변호사에게 자문을 구하기로 하였다. 화요일 밤에 CFO에게 동 사항을 보고하고 이것이 N사에서 수용할 수 있는 최대한의 수준으로 당사가 원하는 수준에 근접하므로 이것으로 합의하는 것이 낫겠다고 보고하였고, 또한 미국 변호사도 별다른 우려 사항은 없음을 확인하였다고 했다. 당사 CFO는 완전히 흡족해하지는 않았지만, 수용 가능한 수준으로 인정하여 수용하면서도, 중간에 정보가 제대로 보고가 안 되어서 차질이 발생한 것처럼, e-mail로 나를 challenge 하였다.

원래 N사에서 2D를 2개 model에 적용할 예정이었으나 협상을 진행하는 도중에 한 개 model에 적용하는 것으로 제품 전략을 변경하였으며, 이러한 정보를 CFO가 사전에 보고받지 못했다고 질책을 하는 것이었다. 사업을 하면서 CFO의 눈밖에 벗어나면 애로 사항이 매우 많아진다. 또한, 그 당시 나는 사업부 보고 channel를 통해 실시간으로 보고를 하면서, 내가 보고하는 내용을 당사 협상단들에게 사전에 공유하였으므로, 그러한 사항이 CFO channel을 통하여 당연히 보고가 되고 있을 것으로 생각을 하였으나 누락이 되고 있었던 것이다. 이에 동 e-mail에 CFO에게만 답신을 보내면서 이러한 상황을 자세히 설명하고, 차기부터 정보 공유에 문제가 없도록 조치하겠다고 이번 건에 대한 양해를 구했다. N사 협상이 잘 완료되어 CFO께서 더 이상의 추궁은 없었고, 그 이후에 CFO 부문에서 골치 아파하던 소형 전지사업에서 발생한 담합 소송에 대해서, 내가 나서서 CFO가 제시한 target 이하로 각 고객과 합의를 완료하면서 CFO의 신임을 유지하게 되었다.

N사는 업무에 있어서 매우 철저하며, 같이 일하면서 많은 것을 배우게 되었다. 15여 년 이전에 N사와 계약 논의하는 과정에서 N사 lawyer에게 e-mail을 받았는데, 이상하게도 오타가 몇 개 있어서 어떻게 된 것인지 나중에 문의하였더니, 그 친구가 wife와 같이 휴가를 갔는데 휴가지 hotel에서 아내가 자길래 본인이 light를 전부 끄고 notebook에서 일하다 보니 오타가 발생한 것 같다고 말하는 것을 보고, N사는 일에 대해서는 때와 장소를 가

리지 않고 정말 철저하게 일하는 문화가 있는 것을 느꼈다. 이는 또한 2D 계약 협상을 하면서도 이러한 일하는 문화가 오히려 더 강화가 되어, 먹고 살자고 일하는 것이 아니라 일하기 위해서 먹는다고 할 정도로, 일이 있어서의 철저함은 더해가는 것을 느꼈다.

N사 account는 연 OO조 매출을 하는 당사 전지사업에서도 자동차 고객에 못지않게 큰 규모의 고객이며, 또한 소형전지에서는 주축 고객이고 파우치 전지의 60% 이상을 차지하는 고객이기도 하다. 미국 혁신 기업의 선두 주자이면서 시장 가치에서도 세계 1등의 위치를 놓고 다투는 기업이 되었지만, 그 근간에는 악착같이 일하는 직원들의 기업문화로 성과가 유지되는 것 같다. N사와 분기별 가격협상을 하는데 절대 쉽지가 않으며 분위기가 매우 험악하여 실무선의 협상에서는 자리를 박차고 나가는 경우도 많다. Suppler에 대한 가격 압박이 매우 심하여 단독 공급을 받을 때도 구매 power를 잃지 않는 것 같다. 어쩌다 운이 좋아 N사의 직접 투자로 공장 및 line 건설까지 받게 되었지만, 이 건이 우리 그룹에서도 유일무이하지만, N사에서도 단 하나의 사례로 끝나는 것 같다. 그 이후에 2D 물량도 파도를 타고 있는데, 만일 그때 N사의 투자로 진행하지 않았다면 물량이 빠졌을 때 투자를 잘못했다고 회사에서 해고가 되었을 것이라는 생각이 든다. 다행이지만 운이 좋게 협상을 잘하여 마무리하였고, 양사 간의 win-win으로 성공적인 사례를 만들었다고 본다.

당사 제품과 기술의 차별화로 단독 공급하기 시작한 2D로 당사는 N사 내에서 안정적이고 우위적인 위치를 차지하게 되었다. N사의 투자로 당사는 투자비에 대한 감가의 걱정이 없었으며, 또한 중국 제품과의 직접적인 경쟁에서 벗어나 OO%의 수익율도 확보할 수 있어서 파우치 사업의 견실화를 만들어 주었다. 또한, 동 line을 설치하기 위해 증설한 공장 건물은 초기에 일부 유휴가 있었으나 감가는 cover가 되었으며, 나중에 당사가 원통형 EV로 T사의 수요 증가에 대응하기 위해 긴급한 투자가 필요하게 되었는데, 원통형 생산 line 증설 기간을 단축하고 단기간에 물량을 증량하는데 결정적인 기여를 하게 되었다.

7) 신규 application의 개척과 T사 진입

Notebook 시장의 정체로 원통형 시장도 당사가 D사까지 진입한 이후에 성장 정체에 빠지게 되었으며, 2008년경에 전동 공구가 NiCd에서 Li-ion으로 일부 채용이 시작되는 것으로 보고 개발을 시작하였으며, 2010년경 신시장개척 TFT를 만들어서 전동공구 시장 개척에 박차를 가하였고, 결과적으로 TT사에 1.3Ah cell을 개발하여 가격으로 진입하면서 수익성이 -OO% 이하의 수준으로 매우 저조하였는데, 이마저도 TT사에 한두 model 공급하는 수준에서 몇 년을 헤매고 있었다.

이러한 상황에서 전동 공구 사업을 맡게 되었는데, 고객들을 방문하면서 한 고객에 집중하여 승인을 완료하여 사업의 교두보를 마련해야 사업의 활로가 생길 것으로 보였다. 이에 SB사를 target 고객으로 선정하여 집중적으로 cell 승인을 진행하고 고객과도 최우선적인 bonding을 진행하였다. 당사 sample이 test에서 수없이 fail을 하였지만, SB사는 끈기 있게 당사 개선에 대한 설명을 수용하여 sample을 test 하면서, 한 model의 개선을 10여 차례 이상을 진행하면서 결국은 몇 개 model 승인을 완료하고 공급을 시작하였다. 이로 인하여 당사는 2016년 SB사에서 major share를 달성하면서 전동 공구 사업의 기반을 다지고, 이의 경험으로 TT사와 B사 등의 cell 승인에 박차를 가하여 사업을 확대하였다.

전동 공구 SB사에서의 교두보 마련은 집중과 선택의 전략이 잘 맞아 들었다. 전동공구용 cell은 기존에 notebook으로만 cell을 사용하는 원통형에 있어서 새로운 설계와 고려를 요구하였는데, 기존의 설계 틀을 바꾸지 않고 동일한 구조에서 변경 개발함에 따라 설계의 마진이 충분하지 않았었다고 본다. 전동 공구는 전 세계 시장을 4~5개의 고객이 점유하고 있는 과점의 상태였으며 고객별로 요구하는 특성이 약간씩 차이가 있었다. 당사는 모든 고객을 만족하는 cell을 개발하려다 보니 전체 고객에서 전부 fail이 발생하였던 것인데, 내가 각사를 방문하여 고객의 key decision maker들과 회의하다 보니 SB사가 당사의 성향과 가장 비슷하게 느껴졌다. 이에 SB사를 첫 번째 목표로 우선 cell을 개발하고 지속적으로 feedback을 반영하여 설계 변경하여 신규

sample을 제공하고, SB사에서도 수많은 test fail에도 불구하고 sample을 받자마자 바로 test를 해주어서, 시작한 지 1년여 만에 처음 승인을 받고 이어서 타 model까지 확대하여, 몇 년 지나지 않아 당사가 1등 vendor 위치를 차지하게 된 것이다. 따라서 이때의 판단력과 집중이 전동 공구 사업의 기반이 되었다고 본다.

하지만 전동 공구 물량이 연간 1억 개가 넘어서도 수익성은 크게 개선되지 않았다. 애초부터 너무 늦게 들어가면서 가격에 대한 benefit을 줄 수밖에 없었고, 또한 생산성 개선도 지지부진하였다. 이러던 차에 2017년경에 원통형이 자동차나 신규 application에 다양하게 사용되고 물량이 늘어나면서 시장에서 공급 부족이 발생하였다. 수익성이 크게 개선되지 않은 상태에서 물량 증가로 신규 line 투자를 심의하게 되자 수익성에 대한 challenge가 본부장에게서 크게 왔다. 이에 전동 공구에 대해서 당사가 대대적인 가격 인상을 단행하기 시작하였고, 이는 당사에서 먼저 주도적으로 시작한 매우 드문 case가 되었다.

가격 인상을 시작하면서 팀장과 나눈 이야기는 지금도 기억이 난다. 내가 고객들에게 뒤통수를 맞을 각오를 하고 한번 해보자고 말했던 것이다. 이차전지 시장은 지속적으로 공급 과잉에 시달렸던 것이고, 2008년경 당사 한국공장에 화재가 발생한 때에는 순간적인 shortage로 인하여 가격이 폭등하여 수익성이 두 자리가 되었지만, 그 이외는 공급 과잉으로 수익성을 유지하기가 쉽지가 않아서, 중국 maker 이외는 제대로 된 수익을 내는 기업이 없었다.

전동 공구에 대해 대부분 고객과는 2~3년의 중장기 공급계약이 맺어 있었지만, 가격 인상을 위해서는 기존의 계약을 전부 깨뜨려야 했다. 이에 팀플레이를 하였으며, 영업팀장은 고객들에게 공급 부족을 이유로 가격을 대폭 인상하고, 영업 임원인 나는 각 고객의 top들을 만나면서 수익성이 나지 않은 사업이고, 내가 잘못 판단하여 수익성 개선이 되지 않음을 양해를 구하고, 가격을 올릴 수밖에 없음에 대해 양해를 구하고 다녔다. 이렇게 하여 2년에 걸쳐 몇 차례 가격을 인상하면서 전동 공구 사업을 흑자로 전환하였고, 다행히도 고객사에 뒤통수 맞는 일이 없이 관계를 유지하면서 물량을 확보하고 수익성도 유지하게 되었다. 팀플레이가 적절하게 맞았던 것 같으며, 또한 공급 부족과 적자 사업에 대해 고객에게 진정성 있게 양해를 구하면서 관계도 유지하게 된 것 같다. 하지만 내가 소형전지를 떠나면서 수급 상황이 바뀌게 되고, 또 내가 이동함에 따라 TT사 Nate는 당사에 물량을 담보로 많은 압박을 가하고 있다고 들었다. 세상은 돌고 도는 것이라 상황이 언제 바뀔 줄 모르며, 나는 협상을 아주 강하게 하고 약속은 반드시 지키므로 고객사들이 나를 두려워하거나 존중하는 부분이 있는 것으로 보이며, 이에 사업에서는 사람이 가장 중요하다고 느끼게 된다.

전동 공구 산업에 본격적으로 공급한 이후에 원통형 사업의 추가적인 성장이 필요하였고, 이에 2017년 원통형 TFT팀을 구성하여 원통형으로 신규 application을 적극적으로 개척하기 시작하였다. 가든툴, 전기자전거, 로봇청소기, 지게차와 EV 등에 대해 기존 고객사뿐만 아니라 신규 고객을 찾아다니면서 다양한 용도를 개척하기 위하여 노력하였고, 그 결과로 T사에 진입이 필요하다고 나는 판단하게 되었다.

가장 활발하게 진행되었던 것은 EV 용도였는데, 이는 다분히 T사에서 EV 산업 처음으로 원통형 전지를 채용하였고 또한 차량 판매 또한 지속적으로 성장하고 있어서, 이를 따라서 많은 EV start-up들이 탄생하였다. 당사도 EV용 원통형 전지를 개발 완료하여 지속적으로 진입을 노력해왔으며, 물론 T사 진입을 위해 3년 이상 노력을 해왔으나 가시적인 성과가 없었다. 물론 5년여 이전에 Model O의 서비스용으로 갑작스럽게 승인이 되어 소량 물량을 공급하기는 하였지만, 이는 신규 생산용 EV용에 공급한 것이 아니라, 서비스용도라 제대로 된 공급이라고 하기는 어려웠고, 이마저 일 년 정도 공급하다가 서비스용도 수요가 없어져서 추가적인 사업은 진행이 되지 않고 있었다.

당사 top에서부터 지속적으로 T사와 관계 정립을 위해 수년간 노력하였지만 실질적인 진행이 없었으며, 다행히 key man인 Kurt와는 내가 개인적인 친분은 구축할 수 있게 되었다. T사가 초기 사업 시작하면서 당사나 S사에 전지 공급을 요청하였으나 그 당시만 하더라도 무명의 회사라 누구도 대응하지 않았으며, T사가 시장에서 초기 성공한 이후에도 당사는 T사의 지속적인 성장과 생존에 대해서는 의구심을 유지하고 있었고, 또한 자동차에서 원통형 전지의 사용에 대해 신뢰성을 믿지 않았다. 이에 T사와의 top meeting에서 당사가 파우치를 제안하기도 하였고, T사에서도 원통형은 본인들만 사용하기에 EV maker들이 대부분 사용하는 각형이나 파우치에 관한 관심을 표명하였으나 사업적인 관계로 연결은 되지 못하였으며, 이는 T사와 Panasonic과의 밀착 관계도 원인의 하나였지 않을까 생각한다.

Kurt는 전형적인 미국인인데, 독특한 경력을 소유한 사람으로 일본 전지업체 Panasonic 일본에서 근무하였고 실제 일본어는 매우 유창하게 하며, wife 또한 일본인이라고 하였다. T사가 Panasonic과 battery 생산을 위한 전지 공장을 미국에 J/V로 설립한 것은 Kurt가 lead 하였다고 하며, 사업 초기에 한국 업체에 협력을 요청하였으나 공급을 약속하지 않아 Kurt가 본인의 Panasonic 근무 경험과 인맥을 통하여 결국 partner로 끌어들였다고 하였다. 비록 Kurt가 당사 진입 기회를 주지 못했지만, Kurt가 T사를 퇴사한 이후에도 지속적인 친분은 유지하고 있다. Kurt가 T사를 떠난다는 소식을 듣고 내가 당사의 consulting을 제안하였지만, 전지 산업에서는 그만하고 싶다고 제약업계 start-up으로 갔었고, 나중에는 Silicon 음극재를 하는 start-up으로 옮겨서 다시 전지 관련된 업무에 대해 서로 도와가고 있다. Kurt로부터 T사 승인에 필요한 spec과 절차에 대해서 정보를 받았지만, 워낙 Panasonic과의 partnership이 굳건하여 사업의 기회가 없었으나, 나중에 Panasonic과의 관계에 균열이 생기고 T사 또한 물량이 더 늘어나면서 갑작스럽게 당사에 기회가 오게 되었다.

어떤 면에서는 Kurt가 T사를 떠나면서 당사에 기회가 급진전을 이루게 된 것은 아닌가 추측을 한다. T사와 간헐적인 meeting과 승인용 cell sample을 제공하면서 협의를 하여 왔지만, Kurt는 기존 Panasonic과의 밀착 관계와 공급에 별다른 문제가 없는 관계로 당사와는 지지부진한 관계였으나, Kurt와의 인연으로 T사 내에서 contact는 확대가 되었고 다른 channel의 인원과도 지속 소통을 확대하고 있었는데, 2016년경에 DW가 technology VP로 전면에 나서게 되면서 진행에 속도가 붙었다. 그 당시 나는 T사 진입에 집중하면서 DW와 신뢰를 구축하기 시작하였고, 초기에 ESS 용도로 cell 승인을 1년 이내에 신속하게 진행하였다. T사의 feedback에 대해서는 겸허히 받아들이면서 최대한 수용을 하였고, T사에서도 어느 정도 양보를 하여서 신속하게 합의가 되었다. 이에 소형전지를 떠나기 바로 전까지 T사 승인을 완료하고 또한 공급계약까지 체결 완료를 하면서 원통형으로 급성장의 발판을 만들었으며, 이는 DW와의 신뢰가 없었다면 불가능했을 것으로 생각한다.

T사에 이어 가장 유망한 회사는 Faraday Future였으며, 많은 사람이 T사에서 온 회사로 LA 지역에 소재하면서 차량 설계도 완료하였고 또한 초기 sample도 제작하였다. 이 회사에 battery를 공급하면서 차량 개발을 지원하였고, 물론 초기 starting은 타

사보다 늦었지만 결국 구매 VP Eric과의 밀착 관계를 활용하여 당사가 차량 생산에 전지를 공급하는 수주 계약까지 하게 되었다. 하지만 이 회사는 cash flow의 문제가 발생하여 차량 시생산용 부품을 수급하기 위한 대금도 밀리기 시작하더니, 독일 자동차업계 CFO까지 영입하기도 하였지만 결국은 유지하지 못하고 시장에서 사라지게 되었다.

다른 현실성이 높은 용도 중에 하나로 지게차를 선정하였고, 지게차용으로 미국 Packer Romeo Power가 당사 cell을 사용하여 100대분의 battery pack을 기존 지게차에 사용 중인 납축전지를 대체하는 물량으로 납품을 하였고, 또한 매년 백만 대 이상의 신규 지게차가 시장에 판매가 되며 이미 지게차용으로 Li-ion을 사용하여 설계가 진행되고 있었다. 이에 지게차 업체인 Toyota의 유럽 공장을 방문하여 견학하고, 지게차에 top 3중의 하나인 Kion과 독일 packer인 BMZ를 통하여 당사 제품을 소개하였고, BMZ는 이를 위하여 Kion과 합작사를 설립하여 battery pack을 제작하기로 하고 당사 cell을 사용할 예정이었으므로, 향후 시장 전망은 상당히 높다고 보았다. 이에 당사는 지게차용 표준 battery pack도 설계하였지만, 실제로 진전은 생각보다 시장이 작고 Li-ion으로 전환 속도가 느릴 뿐만 아니라, 또한 가격이 민감하여 납축전지 대비하여 많은 매력을 느끼지 못해서인지 매우 더디게 진행되었다.

원통형 TFT를 운영하면서 EV start-up 업체 50여 개와 co-work를 하면서 사업 확대를 추진하였나, 지금은 대부분 사라지고 Lucid나 Rivian이 미국에 남아 있고, 영국에 다른 하나가 남아 있었지만, 이 업체도 결국 자동차 회사에 매각이 되었다고 들었다. 그중에서도 Dyson의 경우 당사의 청소기용 전지로 맺어진 사업 관계로 EV에 당사도 적극적으로 매진을 하였으며, engineering & commercial meeting을 수차례 진행하였고 당사가 수주할 가능성이 크다고 판단하였지만, 결국 Dyson이 2년여를 걸쳐 추진하던 EV 사업을 접게 되면서 물거품이 되고 말았다.

가장 아쉬운 부분은 영국 J사의 원통형을 수주하지 못한 것이었다. J사는 당사가 EV 첫 project를 자동차사업부에서 파우치 전지로 수주를 하여 진행하고 있었으며, 차기 EV의 battery 도면을 보니 원통형이 가장 적합하여 그때부터 원통형으로 대응하기 시작하였다. 원통형으로 진행은 J사도 처음 하는 것이라 전지에 대한 많은 engineering data가 필요하였으며, 당사는 cell & 기구 engineer를 현지에 파견하여 J사의 설계 진행을 지원하였으며, 수주를 위한 적극적 지원을 지속하여 왔다. Business meeting도 수차례 진행하였으며, 마지막에 가격 협의를 하였으나 당사 가격이 높아서 진행하기 어렵다는 feedback을 받았고, 또 J사에서는 파우치로 진행하는 첫 project에서의 적자를 만회하기 위하여 원통형에 대해 가격 인하와 upfront 보상 지급을 요청하였는데 당사가 수용할 수 없는 사항이었다. 가격 면에서의 열세를 알고 있었던지라 engineering & technology 지원 차별화로 만회하여 수주하려고 하였지만, 결국은 경쟁사로 넘어가게 되었는데, 이는 원통형 물량이 연 수억 cell에 달하는 매우 큰 물량이었고 또한 수주를 위해 큰 노력을 기울였으므로 아쉬움이 많이 남았다. 하지만 나중에 들은 바에 의하면 결국 J사가 원통형으로 진행하는 것에 대해서 포기하였다고 하니, 결과적으로는 모든 회사가 시간을 허비한 셈이었다.

이러한 아쉬움은 T사의 흑자 수주로 결국은 만회가 되었지만, 원통형 TFT팀을 운영하면서 제품 면에서 그리고 사업 개척 면에서 느끼고 배운 것이 생겼다. T사를 하면서 원통형 core collapse나 rust 방지에 대해서 배우고, 또한 EV start-up들과 진행하면서 자동차의 driving pattern이나 원통형 cell을 tube 없이 공급하면서 top welding을 하는 등 배운 부분도 많지만, 결국 시장을 만드는 것은 당사 의지대로만 진행되지 않는다는 것을 배웠다. 그 많은 EV start-up들과 project를 진행하면서 그중에 몇 개는 살아남아서 성장할 것으로 기대하였지만 거의 모든 업체가 물거품으로 사라졌으며, 이는 자동차라는 산업이 하루아침에 venture 형식으로 자라기는 매우 어려운 토양에 있으므로 그러한 것으로 여겨진다.

또한, 지게차도 Li-ion의 사용에 대한 기술적이나 사용자 측면에서 유리한 것은 있지만, 그것이 축전지의 cost advantage를 한 번에 날릴 정도는 아니었고, 사용자는 기존의 관행대로 사용하여도 큰 불편을 느끼지 않는 것으로 여겨진다. 즉, 납축전지 지게

차를 24시간 사용하는 것이 아니어서 사용하지 않을 때는 충전 plug를 끼워놓고 휴식을 하게 되므로 별다른 문제를 느끼지 못하며, 사용 시간이 많은 지게차의 경우 Li-ion에 대한 용량과 재충전의 편리함을 느끼는 것이며, 이에 대한 segment는 그렇게 크지 않는 것처럼 여겨지니 시장의 성장은 더디게 될 수밖에 없는 것 같다. 즉, 당사의 의지와 시장의 needs가 맞아야 그 산업이 성장하게 되며, 그 이전에 하는 노력은 input 대비 output이 작으므로, 효율의 최적화를 위하여 어느 산업의 어느 segment에 진입하느냐 하는 것은 전략의 출발점이라고 생각한다.

결과적으로 T사에서 성과가 다른 모든 input과 노력에 대한 결실을 주었으며, 소형전지 사업을 떠나는 날까지도 사업 성장을 위해 노력하면서, 마지막으로 T사 계약을 종료하여 원통형 재도약의 기반을 만들어 주었다. 2018년 초 원통형의 신시장개척을 위해 consulting을 받으면서 TFT를 운영하였는데, 결과적으로 전력 구동이나 지게차 등으로 확대를 하고 EV는 자동차사업부에 맡기라고 본부장이 강하게 drive를 하였다. 하지만 당사는 T사 진입을 위하여 몇 년의 노력을 기울여 왔으나 진척이 별로 없다가, 2018년에 가시적인 진척이 있어 승인을 진행하고 있던 터였는데, 본부장은 T사를 접으라고 하였지만 나는 작은 share도 당사에는 큰 물량이며, 또한 원통형을 전력 구동 등으로 확대를 하려면 T사의 EV에서 품질관리를 배워야 한다고 말하였다. 이에 본부장이 회의 시 개발에 당사가 아직도 T사에 배울 것이 있냐고 문의하자, 개발팀장은 T사를 하기 싫어서인지 아니면 본부장에게 동의하고자 했는지 배울 것이 없다고 답변을 하였다. 이에 본부장은 T사를 그만두라고 하였는데, 나는 그 이후에도 승인을 지속하여 결국, 승인 완료하고 물량 공급계약까지 끝내고 ESS로 이동을 하였다.

나는 사업에 대한 감각만큼은 다른 사람보다도 절대 뒤지지 않는다고 생각하며, 그때 맺은 T사 계약서를 기반으로 당사는 T사 물량이 대폭으로 증가하여 소형 사업의 주축이 되고 있다. 안타까운 것은 그러한 성과를 나는 누리지 못한 것이고 다른 사람이 가져가게 된 것이니, 지금은 이렇게 생각한다. 성과는 회사에 남고 경험은 나에게 남는 것이라고.

8) ESS Giga project 수주

2018년 말에 ESS 영업담당으로 이동을 하면서 ESS 사업부의 고객 portfolio를 보자마자 변화의 필요성을 느꼈다. 작은 국내 시장에서 50여 개 이상의 고객사라는 명칭의 회사가 있었으며, 이 중에는 개인이 태양광에 투자하여 운영하는 소규모 업체도 꽤 있는 것 같았다. 또한, 해외는 SI나 EPC를 대상으로 공급하여 왔으며, 규모가 수MWh가 수두룩하였고, KWh의 작은 규모 project도 상당히 많이 있었다.

이에 소형전지에서의 경험이 바로 떠올랐다. 소형전지 사업 초기에 당사는 packer들을 고객사로 주로 공급하여 왔으며, IT Global 회사들에 직공급 하게 되면서 고객과의 관계가 안정적으로 형성이 되었을 뿐만 아니라, packer들은 결국에는 cell maker의 협력사가 되거나 아니면 cell maker에 의존하게 되었고, 또한 생존에 실패하여 퇴출이 된 packer들도 많아 시장이 재정비되었다. 이에 ESS도 유사한 business model의 진화를 겪을 것으로 예측하였고, 초기부터 그 뒤 단에 있는 developer나 utility 회사를 상대로 직공급 하는 것으로 변화를 추진하였다.

다행히 와서 보니 developer V사와 단일 project의 GWh에 대해 몇 개월에 걸쳐서 협의가 진행되고 있었던 것을 인지하였고, 이동한 당월부터 이 project에 집중하였다. 12월 1일부로 발령을 받고, 12월에 바로 미국 출장을 가서 V사와 meeting을 하였고, 그 뒤에도 동사와는 3개월에 걸쳐서 고객사의 한국 방문 1회와 내가 추가로 매월 출장을 가서 동 project에 집중하였다. 다행히 초기부터 구매 EVP S와 신뢰가 형성되었는데, S는 Wellesley College에 Harvard MBA를 나온 똑똑하고 실력이 있는 재원의 여성이었다. RFQ를 받아 two round 가격 제안을 하였는데 당사와 국내 경쟁사가 가격은 비슷하다는 feedback을 받았으나 S가 당사를 선호하는 듯이 보였고, 수주를 앞두고 5월경에 Arizona에서 화재가 발생하여 당사가 불리하게 되어서 수주에 비상이 걸리지 않을까 하는 우려가 발생하였다. 다행히 내가 S와는 지속적으로 소통을 하여 hot line 같은 것을 유지하고 있었으며, 내가 유럽에 출장을 가서도 미국으로 S와 지속 연락하는 등 친밀감 유지에 남다른 노력을 하였다.

Arizona 화재에 대해서도 내가 제일 먼저 S에게 전화하여 알려 주면서 진행 상황을 투명하게 소통을 하여 왔다. 이러한 신뢰가 바탕이 되어 도움이 되었는지 최종적으로 당사는 동 project를 수주하였고, 2020년 ESS 사상 처음으로 한 사이트에 O.OGWh를 설치하면서 당사는 아주 좋은 성공 reference를 구축하였다. 이때 받은 도움이 정말 고마워서 S가 V사를 떠나서도 지속적으로 연락을 유지하고 있었고, 다른 회사로 이동한 이후에 ESS 전지와는 무관하게 남편과 같이 한국으로 여행을 오게 되었다. 실제 업무와는 관련이 없지만, 당사와 나를 도와준 고마움에 성심껏 한국에서 지내는 동안 편의를 제공하였으며, 이는 사업적인 것은 관련이 없던 상황이라 순수한 마음에서 감사와 우정의 표현이었다. 그런데 S가 venture로 다시 이동하면서 ESS 관련 사업을 재개하였는데, 이로 인하여 당사와 다시 사업이 연결될 줄은 그때는 알지 못하였다. 이리하여 S와는 지금도 좋은 친구로 그리도 사업 partner로 관계를 유지하고 있다.

V사의 Giga project는 당사에 reference를 주었을 뿐만 아니라 좋은 성공 체험도 주었다. 이에 자신이 붙었는지 때마침 C선임이 미국 전력협회에 등록이 된 project들을 검토하면서 사업의 기회를 찾고 있다가 TG사가 GWh를 진행할 가능성을 확인하고, 마침 TG사도 당사에 문의를 해오고 있었는데 이는 GWh가 아닌

소량에 대한 문의를 해오고 있었다. 평소라면 지나치거나 소홀히 대하기 쉬운 잘 알려지지 않은 고객의 소량 물량이었는데, 시장 정보도 있고 하여 고객 요청이나 질문에 대해 engineering 대응을 포함하여 성심성의껏 대응을 하였다. 이리하여 나중에 결국 확인된 것은 실제 GWh project인데 고객도 처음 진행하는 것이라 조심스럽게 문의하였던 것이고, 당사가 집중하여 최선을 다하여 선제 대응을 하면서 RFQ 절차도 제대로 진행하지 않고 당사와 최종 award에 대해 직접 협상을 하게 되었고, 가격 기준에 대해 약간의 오해가 발생하였지만, 양사 간의 협의로 마무리하고 또 다른 GWh project를 수주하게 되었다.

이러한 와중에 지난 2년간 시장에서는 큰 변화가 지속되더니, 결국 ESS 사업의 강자 중 하나였던 NEC가 사업을 중단하는 결정을 하였고, 이는 우리가 예측한 대로 결국 SI가 장기적으로 생존하기 어렵게 됨에 따른 시장 변화의 시발점이었다. 그리하여 내가 추진하였던 최종 고객사를 대상으로 대형 project에 집중하여야 한다는 전략은 맞아 들어갔고, 지금도 새로운 형태로 Giga project를 발굴해가고 있다.

9) 사활을 거는 협상

33년 회사 생활을 하면서 여러 가지 협상을 많이 하였지만, 그중에서도 담합 관련된 소송의 합의 종결은 독특한 경험이면서도 가장 잘 마무리된 성과 중의 하나였다. 2006~7년경 당사가 일본 업체 및 한국 업체와 가격 인상과 관련하여 담합을 하였다고 미국 DOJ로부터 제소를 당하였고, 이로 인하여 당사는 미국에서 X백만불 벌금을 지급하고 형사상 관련하여 종결되었고, 유럽에서는 벌금 부과를 받지 않고 종결이 되었다. 그다음으로 민사 소송이 진행되는 단계였으며, 그 문제가 되던 시기에는 나는 미국 주재원으로 일하고 있어서 직접적인 관련이 없었으나, 소송을 제기하는 업체 중에 미국 당사의 고객사가 많이 있었고, 나 또한 사업에 관련하여 그 당시에 고객과는 직접 연결이 되어 있었으므로, 거의 마지막 단계에서 상대측 변호인단의 요청으로 San Francisco로 불려 나가 deposition을 진행하게 되었다.

협상하면서 가장 중요한 것은 본인의 소신과 신뢰라고 생각한다. 자기가 믿지 않는 것에 관해서 어떻게 자신 있게 밀어붙이거나 타협을 할 수 있겠는가? 상대방이 믿지 않는데 어떻게 bottom line이 어디인지 어떻게 확인을 할 수 있겠는가? 담합 관련하여서 당사가 의심을 받을만한 여지가 있는 것은 이해하지만, 이로 인하여 당사가 특별히 이득을 취했다고 생각하지는 않았다. 이의 증거로 당사가 부과받은 벌금은 다른 case와는 다르게 미미한 금액이었는데, 민사 소송이라는 명목으로 조금이라도 연결 고리를 발견하면 천문학적인 금액을 청구하는 고객사 또는 관련사들에 대해서 나는 수긍을 할수 없었다. 이에 나의 소신에 따라 진행하였고, deposition을 위하여 며칠 일찍 도착하여 전체 상황에 대하여 듣게 되었고, 실제 deposition에서 당사 변호사 측에서도 best라는 평가를 받을 정도로 완벽하게 role을 수행하여, 우리 그룹과 여러 가지 담합 관련한 case를 다룬 당사 변호인 측에서 best example이라며 그 이후에도 더 나은 case가 없었다며 수년간 연말 카드로 인사를 보내 왔다

협상의 bottom line을 감지하는 것은 대단히 어렵다. 그래서 나는 가끔 영업사원들에게 이야기한다. 고객이 가격에 대해 100을 bottom line으로 생각하고 있으면, 100으로 가격 합의를 하면 가장 잘하는 것이나 이것은 현실적으로 거의 불가능하다고. 그런데 95 정도로 판매를 하게 되면 정말 잘하는 것이고, 90만 하여도 잘하는 것인데, 80으로 하면 보통이고 70이라면 100 이상을 불러 deal이 깨지는 것보다는 낫겠지만, 아주 낮은 실력이라고 설명한다. 사업은 성장과 수익을 창출하기 위해 하는 것이지만, 수익을 추구하다 놓치는 사업은 있으나 마나 한 것이라고. 그리고 나중에 보면 단독 공급인데 고객의 압박에 끌려다니면서 가격을 내려주는 경우도 가끔 보게 된다. 영업하는 사람들은 무엇보다도 사업에 탈락하는 것을 두려워하여 일단은 수주하고 보자는 경향이 매우 많으며, 이로 인하여 회사에 간접적인 손해를 끼치거나 당연히 확보할 수 있는 이익을 놓치는 경우를 본다. 때로는 판매하지 않는 것이 더 나을 때도 있고 협상에서 더 강력하게 작용할 때가 있다. 영업이 $1을 더 받기는 쉽지만, 생산이나 개발이 $1의 원가절감을 하는 것은 살을 깎는 것보다 더 힘들 때

가 많다고 강조를 한다. 따라서 판단은 reasonable 하게 하나, 협상은 fair 하게 하고, 실행은 desperately 하게 해달라고 요청했다.

담합 소송에 대해서는 나는 당사가 매우 억울하다는 생각을 하고 있었다. 이차전지 산업 초창기 시절에는 서로 잘 몰라서 업체 끼리 물어보는 경우가 발생하였고, 이에 2007년경에 업체들이 서로 가격 담합을 함으로써 industry에 손해를 끼쳤다는 것이며, 이로 인하여 당사도 미국의 DOJ로부터 X백만불의 벌금을 부과받았으며, 유럽으로부터는 벌금을 받은 바가 없다. 그래서 나는 개인적으로 실제 고객사나 end-customer에게 실질적인 손해를 입힌 바가 없다고 생각하는데, 당사의 고객사들이 민사 소송을 미국 법규를 기반으로 제기하는 것이었다. 미국에서 보면 당연하게 보일지 모르지만, 당사 정서로는 고객사라고 하면서 partnership을 강조하고 제품을 구매하면서, 담합 판결을 받았다고 이것을 들이밀면서 손해배상을 하라고 하는 것이었다.

먼저 D사는 당사에 세 자리에 가까운 $XXmil을 청구하였는데, 양사 간 변호사끼리 여러 번에 걸친 협상에서 낮은 $XXmil 수준이면 합의가 될 것 같다는 인식이 당사 변호사에게 형성이 되어 있었고, 당사 CFO는 그보다 약간 낮은 $XXmil으로 막으면 잘 했다고 평가를 할 것이라고 했다. 2017년 5월경에 Grand Hyatt hotel의 2층 business room에서 D사의 구매 VP와 변호사, 그리고 당사에서 나와 법무 임원과 외부 변호사가 협상을 시작하였다. 물론 이 협상 이전에 CFO 주관으로 사전회의도 하고 전략도 수립하였지만, 결국은 돈에 관한 이야기이므로 양사 간 물러서지 않은 것이며, D사는 초기 요청 금액에서 상당히 많이 삭감된 것이며, 우리 계열사의 경우에서 당사가 알듯이 이 정도면 매우 우호적으로 합의하려는 것이라고 강조를 하였다. 이에 나는 DOJ의 벌금이 $Xmil라는 것을 강조하면서 실질적인 피해가 없었다고 설명을 하였지만, D사가 수용을 하지 않게 되자, 마지막에는 당사와 사업을 하고 싶지 않으면 그만두라고 화를 내면서 협상 table을 박차고 밖으로 나와버렸다.

이에 오히려 당사 법무 임원과 외부 변호사가 더 당황할 정도로 미묘하게 되어 버렸고, 오히려 당사 팀이 나를 달래서 협상 table로 복귀시키려고 하였다. 이것은 원래 시나리오에 전혀 없는 것이었고, 나는 협상을 진행하면서 너무 부당하다고 생각하여 나의 소신대로 D사가 이렇게 나온다면 더 이상 같이 사업을 하지 않아도 좋다고 생각까지 하여서, 부러질 생각을 하고 강하게 부딪혔던 것이었다. 그런데 이것이 오히려 약이 되었다. 당사 팀도 당황할 정도였으니 D사도 속으로 매우 심각하게 받아들일 수밖에 없었던 것 같았다. 당사에 돈을 더 받아 내려다가는 오히려 관계가 많이 악화할 것 같다는 인상을 강하게 받은 것이다. 결국, D사의 목적은 돈은 최대한 받아내나 관계는 그대로 유지하는 것이 목적이었기 때문이다. 그리하여 내가 다시 협상 table로 돌아가서, 보상은 한 자리 숫자에 가까운 $XXmil 이상 할 수 없다고 못을 박으면서 추가로 commission 형식으로 보상 금액을 올리겠다고 제안을 하고, 이차 협상을 몇 주 후에 미국에서 하기로 하였다.

이차 협상은 토요일에 LA의 hotel에서 진행하였으며, 시작 전에 당사 내부 회의에서 commission bottom line을 낮은 X%로 잡고, 처음에는 buffer를 가지고 0.5% 추가로 낮은 제안하는 것으로 논의를 하였다. 그러다가 아무래도 협상하다 보면 올라갈 수가 있으므로 margin을 고려하여 일차적으로는 X.X%로 제안을 하는 것으로 뜻을 모으고, 협상 table로 가서 지난 제안대로 $XXmil에 commission X.X%를 내가 제안을 하였는데, 당사의 예상과는 다르게 D사는 더 이상 추가 금액을 요구하지 않고 그대로 수용하며 합의가 되는 바람에 오히려 당사팀이 속으로 당황스러울 정도가 되었다. 어쨌든 협상은 당사 기대 이상으로 bottom line 이하로 완료가 되어서 금방 끝나버리고, 토요일 오후에 LA 해변을 한 바퀴 돌아보다가 밤 비행기로 한국으로 돌아왔다. 결과적으로는 협상에 소신이 정말 중요하며, 때로는 부러짐을 각오하고 강하게 부딪히면 상대가 깨뜨릴 각오가 아니라면 피해간다는 것을 보는 case가 되었다.

H사는 초기 $XXXmil을 요구하며 오랫동안 지지부진하게 진행이 되어 내가 결국은 관여를 하게 되었고, H사 구매를 통하여 협상을 당사에 유리한 방향으로 전환하려고 하였지만, CPO인 Greg가 전혀 관여하지 않으면서 진전이 전혀 없었다. 그렇다가 H사의 조직에 일부 변경이 일어나면서 CPO인 Greg 아래로 여

성 구매 VP M이 오게 되었으며, 2017년 CES에서 만나게 되어 동 건에 대해 도와달라고 지원을 요청하였다. 이에 M이 본인이 보겠다고 하면서 나와 주기적으로 communication을 하면서 의견을 교환하였다. 그때 당사는 각형 사업을 철수를 진행하고 있었는데, H사는 당사 각형을 구매하고 있었으므로 각형 사업을 일정 기간 유지할 것을 요청하였고, 실제로 당사 각형 사업이 H사에 critical 하게 영향을 주는 정도는 아니었으나, 동 협상에서 사용할 수 있는 정도의 명분은 제공하였고, M이 이것을 받아들여 주었다. 그래서 H사에 각형을 X년 동안 공급하는 조건으로 이 소송 제기를 한 자리 숫자에 가까운 $XXmil으로 합의를 하였는데, 이는 M의 우호적인 도움이 없었다면 불가능한 것이었다. 그렇게 합의한 이후에 H사에서는 당사 각형이 그렇게 절대적으로 필요한 것이 아니어서 구매는 별로 하지 않고 소극적이었지만, M과 나의 협상에서 합의점의 좋은 소재는 만들어 주었다.

그전에 동 건이 잘 종결이 되면 내가 한국에서 저녁을 잘 대접하겠다고 약속을 하면서, 남산 아래의 Italian 식당 일비노로소에서 저녁을 먹은 적이 있었다. 그래서 그해 동 건이 합의 종결이 되면서 M이 방한한다고 하자, 한국에서 좋은 식당에서 대접한다고 63빌딩 식당을 제안하였는데, 지난번 식당에서의 기억이 좋았다고 그 식당에서 하겠다고 고집한다고 들었다. 도와준 것에 비하면 비용이 낮아서 대접이 소홀한 것처럼 보였지만 본인이 그렇게 원하니 바꾸기도 어려웠고, 그래서 그 장소에서 하면서 최선의 접대를 하기로 하였다. 그 식당은 가정집을 개조한 것처럼 조그마한 정원이 있는데, 여기에 현악 4중주를 초대하여서 연주하게 하였다. 연주단 비용은 80여만 원이었으므로 그렇게 높은 것도 아니었으며, 정원에서 음악을 들으면서 샴페인으로 파티 형식으로 마시면서 담소를 하였고, 룸에서 같이 식사를 할 때는 wine은 H와 P가 있는 고객용으로 선정하여서 준비도 하였고, 선물도 고객의 얼굴이 그려져 있는 캐리커처를 준비하여 주었는데, 그날 저녁은 정말 분위기 좋은 가운데 서로의 화목이 절정에 달하는 시간이었다.

H사 소송은 M의 도움으로 합의 종결이 될수 있었으며, 물론 H사에서는 당사에 압박을 가하면 $X – XXmil 정도는 추가로 받을 수 있었겠지만, M이 각형 사업을 leverage로 수용하고 partnership을 appeal 하면서 강성인 H사 측의 변호사를 눌렀다고 보이며, H사 같은 대기업에서는 몇백만 불의 돈을 추가로 받는 것에 혈안이 된 것은 아니므로, key person을 어떻게 우리 편으로 만들어 같이 win-win 하는 종결을 만드는지를 보여주는 case가 되었다. 당사 내부적으로는 합의가 기대 이상으로 파격이라서, CFO가 나에게 e-mail을 보내서 이렇게 각형 공급을 보장하면서 합의를 해주어도 되느냐고 문의를 하는 정도가 되었고, 실제로 H사는 그렇게 많은 각형이 필요하지도 않아서 나중에는 당사 각형도 필요 없이 H사가 제품 line-up을 유지할 정도가 되어서, M이 나와 당사에 얼마나 많은 호의를 베푼 것인지 알

수 있었다.

F사의 담합 소송에 대한 $XXmil 청구는 나에게는 다소 엉뚱하게 느껴졌다. 왜냐하면, 당사는 F사에 직접 제품을 공급한 적도 없었으며, F사는 ODM 생산으로 OEM 고객이 가격협상은 당사와 직접 하여서 consigned price로 제조 서비스를 제공하는 회사였기 때문이었다.

D사와 H사의 소송 건을 원만하게 마무리하자, 법무팀에서는 F사 건에 대해서도 지원을 요청하였다. 2018년 봄 어느 날 갑자기 F사에서 사장과 영업 부사장, 그리고 변호사가 한국을 방문하였으며, 그날 합의가 안 되면 바로 소송 과정으로 들어가는 dead line이라고 하였다.

그날 오후부터 나와 당사 법무팀 그리고 외부 변호사가 협상 table에 앉아서 논의를 시작하였다. 논의가 강하게 시작되었는데, 나는 초지일관 한 푼도 줄 수 없다고 딱 잘라 말하면서, 소송으로 가려면 가라고 하였다. 대신 소송을 접고 당사와 partner로 일하게 된다면 내가 나서서 도와주겠다고 하였다. 나의 논지는 지금까지 당사가 F사에 직공급 한 적이 없으니 손해를 끼친 것이 없으며, 미국의 정서상 소송을 제기한 것은 이해하나 유효성이 없으며, 어쨌든 F사가 다양한 제품을 개발하면서 제조 서비스에서 시장으로 바로 진입하려고 하고 있으므로 당사가 도와주겠으며, 그 당시 전지 공급이 tight 하였는데 F사가 제조 서비스를 하는 고객용에 대해서 당사가 우선으로 공급해 주겠다고 제안을 하였다.

양사 간 협상을 진행하다가 중간에 다시 각사끼리 내부 회의도 하면서 여러 차례의 session을 가지게 되었으며, 고객은 나중에 내가 제안하는 방향으로 기울게 되었다. 이때 당사 변호팀은 그래도 여기까지 왔으니 차비 명목으로라도 몇십만 불의 합의금을 주어야 할 것이라고 하였지만, 나는 절대 한 푼도 줄 수 없다고 끝까지 밀고 나갔다. 원래 일찍 끝날 것으로 기대하였는데 미팅이 자정을 넘기면서 오래 걸렸지만, 결국은 고객은 내 제안을 수용하고 소송은 취하하고 당사와 engineering collaboration을 하는 계약을 하고 종결하는 것으로 합의를 하였다.

종결되고 난 이후에 어쨌든 나를 믿고 따라준 고객에 고마운 마음이 들었다. 그래서 F사와 engineering collaboration 계약하는 것도 내가 끝까지 챙겼고, 첫 engineering meeting은 내가 San Jose로 당사 팀을 동반하여 직접 출장을 가서 회의 주재를 하는 등, 나로서는 최선의 노력으로 보답을 하였다.

Leadership이든지 사업이든지 본질은 동일하다는 생각이 들고, 무엇보다도 중요한 것은 leader의 솔선수범, 그리고 책임을 지는 것과 언행에 있어서 integrity와 신뢰라고 생각을 한다. 그리고 결정에 대해서 주저하지 않고 시기를 놓치지 않고 적정한 시점에 선택하고, 그리고 한번 한 결정이라도 잘못되었다면 나중에 발견한 순간 인정하고 수정하는 flexibility와 겸손한 마음도 꼭 필요하다고 생각한다. 지금까지 33년 사업을 하면서 처음에는 많은 실수와 잘못도 발생하였는데, 시간이 지나면서 성숙함과 인생에 대한 깨달음도 조금씩 더 생긴 것은 아닌가 싶다. 지금까지 사업 관련하여 project나 가격 및 계약 협의는 평생을 하여왔으며, 이러한 소송 관련한 협상이라고 하더라도 그 본질은 동일하다고 생각한다.

사업가가 협상을 잘하는 것은 사업에 영향이 매우 크지만, engineer가 spec을 맞춘다든지 생산에서 품질 수준을 맞춘다든지 비교해볼 때 그 가치를 객관화하기가 쉽지가 않다. 물론 위의 D사나 H사 그리고 F사의 경우 CFO의 target을 초월하여 잘 마무리하여서 목표 달성을 하였으나, F사의 경우 당사 변호사의 생각대로 고객사들이 한국까지 온 차비 명목으로 수십만 불을 주었다고 하여도 CFO target을 초과 달성하는 셈이니 동일하게 잘했다고 평가를 받았을 것이다. 그리고 그때 나는 F사와의 engineering collaboration이 실질적으로 진척이 되기가 어려울 수도 있다고 판단하였다. 왜냐하면, F사가 그러한 역량이 있을 것으로 보지 않았기 때문이며, 내가 참석하여 collaboration meeting으로 발판을 만들었지만, 그 뒤에 추진하는 사람이 없어서 유야무야 종결이 되었고, 그래서 결과적으로 당사는 소송으로 인한 부담은 면했고 F사는 얻는 것이 없게 된 것이다. 그렇다면 인도적인 차원에서 그 당시 engineering 협약과 더불어 차비를 주어서 종결을 하여야 했던 것은 아닌지. 대기업인 우리 회사야 그 몇십만 불 주어도 그렇게 손해날 것은 없는데, 내가 너무 소신껏 야박하게 한 것은 아닌지 하는 생각이 지금은 든다.

ESS Chicago 발화 건의 합의도 내 시각으로 보면 더 잘할 수 있는 부분이 있었다. 양 사가 합의하여 사이트 재건을 진행한다고 했을 때, 나는 당사 실무자에게 제품을 선적 시작하기 전에 합의서 종결을 먼저 하라고 하였다. 그런데 담당자는 고객과 사이트 비가동에 대해 보상이 없는 것으로 고객과 구두로 합의하였다며 당사 법무팀에서도 선적 진행하면서 합의해도 될 것 같다고 하였다고 했다. 그래서 그대로 진행되는 것을 두었는데, 아니나 다를까 사이트 재건 중에 고객은 XX억 보상을 요청하는 letter를 보내왔다. 내가 인지하게 되었을 때는 이미 재건은 종결되고 당사의 최종 승인 test만 남아 있는 상태였으며, 고객은 승인 test와 보상을 동시에 요구하였다. 그리하여 그때 내가 최종 합의 과정에 참석하여 보상을 X억으로 마무리하였고 사업부에서는 금액이 최소화되어 잘 종결된 것으로 평가를 하였는데, 내 관점에서는 처음부터 내 판단대로 따랐다면 주지 않아도 될 X억을 결국 지급하게 된 것이다.

나는 지금까지 고객의 가격 bottom line이 100이면 벼랑 끝을 지나가면서 95 이상을 받아내 왔는데, 표시 나지 않는 일에 어쩌면 나의 온 힘을 너무 많이 쏟아부은 것은 아닌지 모르겠다. 적당히 타협하면서 살아도 될 것을.

예전에는 고객사 meeting 시 경쟁사를 낮게 평가하거나 비방하는 말을 하기도 하였는데, 지금은 그렇게 하지 않는다. 오히려 경쟁사의 강점을 언급하고, 장단점을 그대로 언급하며 고객이 당사를 통해 어떻게 더 큰 value를 받을 수 있는지를 강조한다. 예전에 경쟁사 제품에 대해 낮게 평가를 많이 하였듯이, 지금도 경쟁사는 당사에 대해서 비방이나 낮게 평가하는 말을 끊임없이 하고 있다. 고객들은 전부 경쟁사가 비방하는 말들만 믿거나, 내가 하는 말만 맞는다고 생각할 것으로 기대하지 않는다. 또한, 경쟁사가 당사를 비방하는 말을 하여도 그것을 전부 곧이곧대로 믿는다고 생각하지도 않는다. 오히려 반대로 내가 경쟁사의 강점을 이야기 해주면 낯설어하면서 더 경청하고, 그리고 내가 비교하는 말들에 대해서 더 신뢰하게 되는 것을 본다. 결국 사업이든 협상이든 사람간의 관계 속에서 발생하는 것이며, 사람간의 관계에서 처음이지 끝이며 그리고 가장 중요한 것이 신뢰라고 생각한다. 신뢰가 있으면 사업은 지속하지만, 서로간의 신뢰가 없는 상태에서 사업이 파국을 맞게 되는 것은 시간의 문제다.

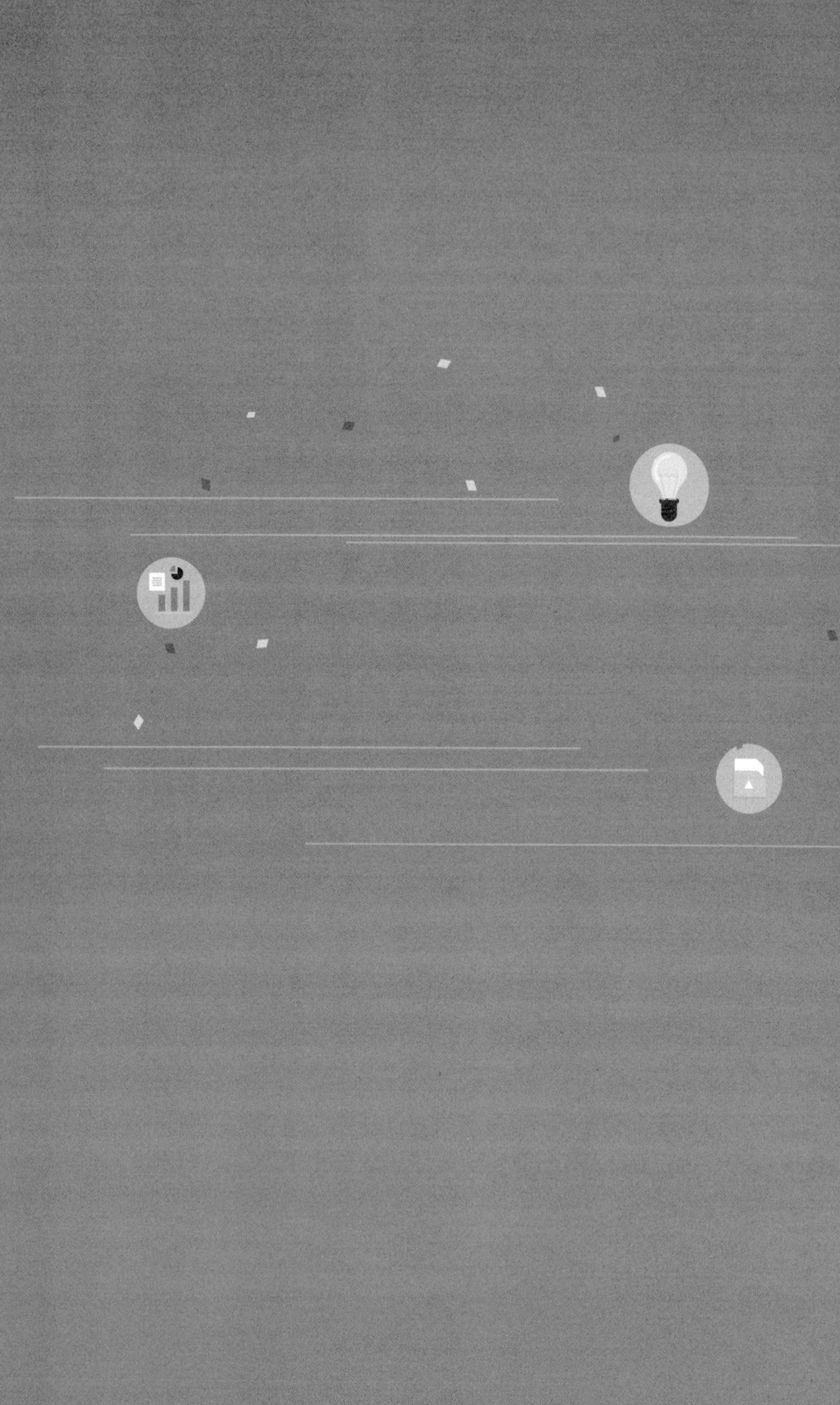

3부

품질과의 인연

품질과의 인연

영업은 항상 더 많은 매출을 위해 뛰어다니지만, N사 원통형 사건을 겪으면서 품질까지도 포함하여 사업의 전반에 책임을 져야 하는 것이 아닌지 하는 생각을 하게 되었다.

내가 품질이나 개발 관련 업무에 관여하고 현장 지휘를 하였던 것은 내가 좋아서 했었다. 나는 월급쟁이인데 내가 월급 정도의 일만 하면 되는 것이 아니냐는 생각을 평생 해본 적은 없었다. 그렇다고 다른 부문의 업무까지 확대하여도 그 일로 인하여 내가 혜택을 받을 것으로 기대하지는 않았지만 적어도 인정을 받을 것으로 생각했는데, 회사가 이러한 성과와 역량에 대해서 인정하거나 관리하는 것이 없다고 느끼게 되었다. 내가 회사 생활을 하면서 스스로 판단하는 기준은, 지금 하는 업무가 내 사업이라고 하더라도 동일하게 처리하겠느냐이며, 내가 대하는 직원이 내 자식이라고 하여도 현재와 같이 대하겠냐는 질문을 스스로 하였다. 그리하여 지금까지는 이러한 자문에 대해 별다른 부끄러움이 없을 정도로 해왔다고 생각한다. 하지만 잘 나갈 때는 다른 성과를 인정받지 못해도 구애를 받지 않았는데, 지금에 와서 결국 성과만큼 회사에서 성장하지 못한다는 것을 깨닫게 되는 순간 갑자기 회의가 들기 시작하였다.

품질은 품질이 책임지고 개발은 개발이 책임을 지면서 성과를 인정받는 것이며, 영업은 그것을 도와주기는 하지만 그것이 매출이 되었을 때 매출과 영업이익에 대해서 인정을 받는 것이며, 실제로는 영업이익보다는 매출이 성과로 인정받는 대표적인 지수가 되는 것이다. 그러다 보니 부서마다 일을 적게 하고 성과는 많이 인정받으려고 하다 보니 R&R을 따지면서 서로 부딪히는 것이다. R&R에 대해서 나는 이렇게 정의한다 : 내가 하면 내 일이고 네가 하면 네 일이며, 아무도 하지 않으면 윗사람의 일이다. 그렇다면 이렇게 인정받지도 못하는 일을 하는 것은 시간과 정력의 낭비인가? 물론 회사에는 도움이 될 텐데, 왜 인정을 해주지 못하는 것일까? 이것은 어쩌면 인정을 하지 않는 것이 아니라, 현재의 평가 시스템으로는 인정을 해주거나 상사가 인지할 수 있는 시스템이 없는 것이다. 즉 나를 평가하는 KPI에 이러한 항목이 없으며, 나는 순진하게도 상사가 알고 있으며 인정하여 배려할 것으로 생각했다.

2002년 그룹에서 혁신 활동이라고 전자 창원공장에 관리자들이 일주일 동안 합숙을 하면서 잠을 일주일에 몇 시간만 자고 산행이니 공장에서 생산 조립이니 하면서 정신 교육을 시키는 program이 있었다. 전지 인원도 전부 받게 되었고, 나도 출장이니 고객 일정이니 하여 미루다가, 마지막 차수에 가는 것으로 하여 다음 주 월요일에 입소하므로 업무를 잊겠다는 생각으로 금요일 회식을 하고 토요일 술기운에 늦게까지 자고 있는데, 갑자기 미국에서 전화가 걸려왔다. Sathya에게 온 전화였는데, 본인이 지금 N사에 있는데 당사 pack이 field에서 발화가 일어났다고 하는 것이며, 이를 사업부장에게 보고하고 다음 날 일요일 팀을 꾸려 San Jose로 출장을 가고 말았으니, 이로 인하여 나는 정신 교육도 받지 못한 몇 안 되는 사람이 되었다. 잦은 출장 영향인지 귀가 영향을 받아 진주종에 걸리게 되었고, 나중에는 염증이 계속 흘러나와 수술을 받아야 하는 처지에 이르렀다.

품질문제는 이렇게 하여 부딪히게 되었는데, 두 번째 field 발화가 나서 N사에 들어가 발표할 때 귀에서는 지속으로 염증이 흘러나왔다. 그래서 손수건으로 닦으면서 계속 발표를 하였는데, 사람들은 내가 귀를 닦는지는 모르고, 품질문제로 힘들게 발표하므로 땀을 계속 닦는 것으로 알고 있었다. 이런 상황이었으므로 2002년 12월 부천성모병원에서 귀를 수술받는 것으로 예약하고 검사까지 다 완료하였으나, 12월에 미국 주재원 발령을 받으면서 수술을 연기하게 되었다. 그리하여 미국에서 House of Ear 병원이 전문 병원이라고 소개를 받아서 검진을 받았고, 시간을 두고 수술을 받으려고 하였는데, 2003년 주재원으로 LA에 부임한 지 6개월 정도 지나자 다음 해에 San Jose로 이동하라는 말이 나오기 시작하였다. 이에 급히 수술 날짜를 잡아서 10월에 병원에 입원하였다.

House of Ear 병원은 Cypress 집에서 한 시간 정도 운전하는 거리에 있었다. 월요일 아침에 입원하여 당일 수술을 받고 퇴원하는 절차인데, 미국은 병원비가 비싸서 심장 수술이 아닌 경우에는 입원하지 않는다고 했다. 아침에는 내가 운전해서 가고 그때는 아이가 한 명이라서 미국인 할머니 집에 맡기고, 수술이 끝나서는 아내가 운전하고 먼길을 조심히 왔다. 수술에 들어가면서 핸드폰을 껐는데, 월요일 수술 이후에 계속 꺼두었다가 수요일에 켰는데, H사 구매관 Nick이 voice message를 두 개나 남겨두었다. 그 친구가 나에게 voice message를 처음으로 남긴 것이었는데, 당사 본사 영업팀이 문제를 일으켰다고 화가 나 있는 상태였다. 어쩔 수 없이 전화하고, 그다음 주에 Houston으로 내가 간다고 했다. 그 당시 H사의 supplier chain에서 당사는 이제 pack 공급을 시작하는 상태로 H사는 대부분 제품을 packer에게서 공급을 받고 있었는데, 당사가 cell 가격을 인상하려고 하면서 Nick의 심기를 건든 것이었다.

귀를 수술하면 일반적으로 비행기를 타면 안 되는 것이었다. 그런데 나는 귀에 붕대를 감은 채로 수술한 다음 주에 LA에서 Houston으로 비행기로 이동하였는데, 비행기 안에서 귀가 아파서 죽는 줄 알았다. 어찌나 아픈지 Huston hotel에 도착하여 바로 쓰러지듯이 침대에 누워서 움직일 수가 없었다. 그나마 하루 자고 나서 조금 나아지고, 다음날 H사 Nick을 만나서 달래고 돌아오면서 H사 사업에 차질이 없게 만들었다. 이렇게 하면서 그 뒤에도 계속 쉬지 않고 매주 비행기를 타고 다녔다. 2003년도, 내가 사무실에 있는 날이 별로 없는지라, 어느 날 사무실 동료가 궁금해하여 세어보니 그달은 사무실에서 근무한 날이 2일이었고, 나머지는 모두 출장이었다고 했다. 이렇게 비행기를 매주 타고 다니면서 귀는 결국 제대로 아물지를 않았고, 2004년 여름 어쨌든 San Jose로 이동을 하게 되었는데, 그해 겨울 다시 LA로 와서 재수술하였지만, 고막은 제대로 완치가 되지를 않았고, 결국은 한국으로 귀임해서 한 번 더 수술을 받게 되었다. 지금도 한쪽 청각은 불편하지만, 다행히 다른 쪽은 문제가 없어서 생활하고 있으며, 이러한 잦은 출장은 귀에도 문제를 일으켰지만, 장거리 비행기 탑승으로 허리에 통증을 유발함으로써, 결국은 살아남기 위하여 운동으로 방법을 찾아서 습관화하기에 이르렀다.

N사에 납품을 시작한 지 2년도 되지 않아 1등 supplier의 위치를 차지하게 되었는데, 안타깝게도 그때 field에서 연속적인 화재가 발생하여 처음으로 recall을 하게 되었다. Recall을 수습하면서 고객의 도움으로 다시 다음 제품을 준비하여 승인을 진행하고, 6개월 이후에 공급을 재개하면서 일 년 후에 다시 일등 supplier 위치를 회복하였지만, 그때 또다시 field에서 여러 건의 화재가

발생하면서 공급은 중단이 되고, 그리고 재개발하여 공급을 지난 일 년간 한 모든 제품을 전부 recall 하게 되었다. 영업인으로 역할은 당연히 사업을 복구시키고 성장시키는 것이라고 보는데, 이 사건은 오히려 내가 이른 시일 내에 사업을 재개하고 성장을 시키는 바람에 회사의 손실은 더 커진 모양이 되었고, 그래서 영업인은 품질까지 책임져야 하는 것이 아닌지 하는 질문을 자주 하게 되었고, 그때 이후는 차라리 품질도 내가 책임진다고 생각을 하자는 마음을 먹게 되었다. 그리고 이러한 마음가짐인지 그 이후에도 많은 품질문제의 협상에 관여하게 되었고, ESS 사업으로 이동한 이후에도 또다시 운명처럼 이러한 경험을 하게 된다.

1) N사의 recall

N사에 공급한 지 일 년 만에 일등 vendor가 되었지만, 일 년이 지난 즈음에 field에서 발화가 발생하기 시작하였다. 2002년에 처음으로 발생한 field issue는 다행히 발열로 원인을 PCB 내부 단락으로 보았고, 이에 PCB 제조하면서 전해액으로 인한 내부 단락을 방지하고자 coating을 도입하면서 4M으로 처리하여 완료된 것으로 생각하였다. 그런데 일 년이 지난 이후에 field에서 실제적인 발화가 연속적으로 발생이 되었고, 초기에는 어떻게 해서든지 넘어가려고 하였으나 field에서 XX 건의 issue가 발생함에 따라 급기야는 N사에서는 recall을 결정하게 되었다. 그때

N사와 meeting을 할 때도 내가 진두지휘하여야 했고, 30여 명의 N사 직원들이 앞에서 발표 시작하면서 내가, "I don't know why God gives me this hard time to me", 라는 말로 시작하였는데, N사의 safety director, quality director 및 technology director 등이 안타까웠는지 이 말에 웃으면서 시작하였고, 성실하게 대응을 하여서인지 고객과의 관계는 잘 유지가 되었다.

N사에서도 당사에서도 처음 진행하는 recall이었고, 당사에서의 목표는 일단 recall 발표문에 당사 이름이 없어야 brand reputation이 유지된다고 생각하여 그 방향으로 추진하였다. 하지만 N사와의 협상은 그렇게 진행되지 않았고, 당사는 N사에서 결정한 대로 따라갈 수밖에 없었다. 그리고 1차 recall로 그동안 공급한 제품을 전부 recall을 하게 되어 회사의 손실이 막대하게 XXX억 발생하였다. 그리고 recall 진행 이후에도 field에서 X건의 issue가 추가로 발생하여 recall 결정이 잘못된 것은 아니라는 생각이 들었다. 하지만 고객과의 관계는 잘 유지가 되어서 사업 재개는 매우 신속하게 되었다. N사 주요 인사의 도움으로 원통형 cell을 개선하여 승인을 진행하였고, 6개월 만에 승인 완료하고 공급을 재개하였으며, 그리고 6개월 이내에 다시 1등 vendor 위치를 회복하였다.

1차 recall 이후에 또다시 일 년 만에 일등 vendor가 되었지만, 일등을 회복한 지 일 년도 되지 않아서 다시 field에서 issue가 X건 발생하였다. 어떡해서든지 recall을 피해 보려고 본사에서 영업 임원과 품질 임원이 출장을 와서 논의하였지만, 회의 시작하자마자 N사는 recall을 결정했다고 통지하면서 비용에 대해서 책임을 진다고 서명하라는 문서를 내놓자, 당사는 서명하고 물러설 수밖에 없었다. 1차 recall에서 당사 brand가 그대로 발표가 되어 곤란했었던지라, 2차에서는 어떻게 해서든지 이것만은 막아보려고 N사와 협의하였다. 그리하여 N사 safety director C와 구두로 합의를 하였지만, 실제 발표 시 N사는 그대로 해버렸고 C는 이렇다 할 말 한마디 없이 조금 있다가 Austin의 D사로 이직하여 버렸다. 배신감이 들었지만 어떻게 할 수가 없었는데, 나중에 들은 바에 의하면 C는 Austin으로 이사한 지 얼마 되지 않아서 저세상으로 떠났다고 들었다. 그리고 2차는 recall 발표 이후에 실제로 field에서 추가 issue는 발생하지 않아서, 만일 recall을 하지 않았어도 추가로 issue는 발생하지 않았을 가능성도 있지 않았나 하는 개인적인 의구심이 나중에 들기도 하였다.

2차 recall로 공급한 전 제품을 다시 recall을 하였고, 이에 회사는 또다시 XXX억의 막대한 손실이 발생하였다. 어찌 보면 작은 수량으로 매출이 천천히 상승하였다면 손실은 이보다 더 작았을 텐데, 오히려 열심히 하여 일등 지위를 단시간에 재탈환한 것이 독이 되어 회사의 손실이 더 커진 것이다. 당사는 1차 recall 이후에 품질에 대해 자세히 관찰하고 개선했어야 했으나, 2차 recall 이후에야 생산 line을 중단하고 모든 조립 단계별 공정품을 검사하여 이물질을 발견하고, 그때야 이물 제거하는 magnetic을 전극 공정에 추가하고, winding 공정에는 brush를 설치하는 등의 개선을 처음으로 하였으며, 2차 recall 이후에 N사에서 탈락을 하는 바람에 한동안 원통형 사업이 어렵게 되었다.

N사 사업의 시작을 결정적으로 도운 사람도 George C였지만, 1차 recall 이후에 원상 복구하는 것도 그 친구의 도움으로 이루어졌다. 공급한 지 1년 후에 field에서 발화가 XX여 건이 발생하였고, 이러한 field issue는 당사가 사업을 한 이후 처음 겪는 일이라서 어떻게 대응할 줄 몰라 당황하고 있었던 차에, N사에서 cell이 vent가 되지 않고 Jelly roll이 분출하는 것이 문제라고 지적하였다. 이에 George C가 폭발을 방지하기 위하여 cell 안에 metal tube를 넣는 것을 제안하였고, 이에 당사는 고객 4M을 긴급하게 진행하여 6개월 만에 승인을 받았으며, 이 또한 George C의 도움으로 신속하게 이루어질 수 있었다. 내가 사업을 하면서 매번 중요한 순간에 고객의 keyman의 도움을 받아왔고, 이러한 도움이 없었다면 사업이 성장할 수 없었을 것으로 생각한다.

하지만 1차 recall 이후 공급 재개 시작한 지 6개월 만에 다시 신규 제품의 발화가 시장에서 연속적으로 발생하였다. 두 차례의 연이은 원통형 recall로 인하여 결국 N사는 원통형의 안전성에 대한 불안으로 Notebook에서 원통형 사용을 중단하는 결정을 내렸고, 우리는 파우치의 안전성을 promotion 하면서 당사 파우치 battery 사용으로 전환하려고 하였다. 두 번째 recall을 하는 시기에 George C는 은퇴하였고 battery는 실무자인 John이 전부 맡아서 하고 있었는데, John은 당사가 청주에서 몇 개 생산 line만 운영하는 월 5mil 이내의 생산 capa에서 오창공장을 open 하면서 월 20mil cell capa로 급증을 하는 것에 대해서 처음부터 우려했던 사람이었다. John은 중국계 미국인으로 N사 battery 초창기 member였으며 최근에 퇴임하여 40년 이상을 battery 업무를 하는 engineer이며, 그 당시 전지 산업에서 가장 경험을 가진 사람이었는데, 전지의 생산 공장 증설은 시간을 두고 단계별로 하여야 하지 갑자기 증량한다고 생산이 늘어나지는 않는다는 본인의 경험을 언급하였다. 물론 John의 예측대로 당사는 오창공장 증설 이후에 여러 번의 recall을 겪었으며, 항상 돌아보면 인재와 역량이 먼저 갖추어져야 하는데 생산 line이 먼저 들어오면서, 가동하면서 안정화를 한다는 신속한 실행과는 배치되게 같은 문제를 반복하였다.

2차 recall 이후에 N사에 공급을 지속하기 위하여 파우치로 전환을 유도하였고, John을 한국으로 어렵게 초청하여 헬기로 오창공장 방문을 준비하는 등 당사 품질에 대한 확신을 주려고 하였으나, 결국 그 당시에 이루어지지는 않고 N사가 중국산 파우치를 Notebook에 전격으로 사용하는 계기를 주고 말았다. 물론 파우치를 초기 채택하면서 또한 중국산을 처음으로 채용하면서 N사도 여러 가지 문제는 발생하였으나, 당사와의 원통형에서 2번의 recall 영향이 워낙 컸는지 당사가 어떤 말을 해도 신뢰를 주지 않았고, N사 Notebook에 당사가 공급 재개를 시작한 것은 그 뒤로 몇 년 지나서 기회가 발생하였다.

열심히 일한 결과로 회사에 XXX억의 손실이 발생하였는데, 1차 recall은 어쩔 수 없었다고 할지라도, 그때 생산 품질을 자세하게 조사하는 것을 내가 내부적으로 push를 해야 했던 것은 아닌지, 그리고 1차 recall 이후에 급하게 물량을 복구하는 대신에 품질에 대한 확신이 설 때까지 천천히 복구해야 했던 것은 아닌지 하는 생각을 하게 된다. 이때의 사건을 나중에도 가끔 되새기곤 하며, 정말 그러한 상황으로 다시 돌아간다면 품질까지 점검하면서, 영업인이 아닌 사업가의 처지에서 회사의 제품과 서비스에 책임을 지고 고객 대응을 하여야 한다는 생각에 이르게 되었다.

2) H사의 recall

N사에서 recall을 두 번 한 이후에 얼마 되지 않아서 H사에서 첫 번째 recall을 하였다. 이때에는 규모가 작아서 H사와 잘 협의하여 소량 range로 H사 이름으로 발표를 하면서 마무리를 잘 하였다. 그런데 일이 년 지난 즈음에 이번에는 field issue가 더 크게 발생하였으며 range가 늘어났다. 당사가 notebook 전지 시장을 한창 확대하는 시절인지라 당사 brand 유지와 cell 문제로의 확산을 방어하는 것 굉장히 시급하였다. 이에 내가 H사 engineering director W와 협상에 들어갔다. 상황들을 전부 종

합하여 설명하고, 당사가 cell로 귀결시킬 수가 없음을 인지시키고 또한 당사 brand도 open이 되지 않아야 하니 도와달라고 부탁하였다. 이에 같이 모여서 story line을 만들어서 당사 packer 협력사인 F업체의 제조 결함으로 H사의 이름으로 발표를 하게 만든 것이다. 이렇게 하면서 당사는 협력사에서 F업체를 탈락시키는 것으로 해결안을 합의하고, 이로 인하여 C업체가 당사의 main 협력사로 자리를 굳히게 되었다. 어쨌든, 이때 W의 도움을 톡톡히 받아서 위기를 넘겼다고 본다.

미국 주재원으로 5년 3개월을 근무하면서 N사 recall 2번과 H사 recall 2번을 경험하고 직접 협상하여 종결하였고, 2008년 중반에 귀임하면서 당사도 이제 지난 10년간 경험을 쌓고 생산 안정이 되어서 더 이상 심각한 품질문제나 recall은 발생하지 않을 것으로 생각하였다. 물론 10년이면 강산이 변한다는 정도의 시간이므로 당사도 전반적으로 개선이 될 충분한 시간이었고, 나로서도 recall을 협상하고 해결한다는 것이 매우 힘들고 고통스러운 순간들이었기 때문이다. 전지는 화재나 폭발을 하므로 원인을 규명한다는 것도 매우 어려운 일이기에, 고객과 합의하는 것도 매우 힘들기도 하였지만, 내부적으로 설득하고 해결하는 것 또한 매우 힘든 일이었다. 더군다나 recall은 회사의 초미의 관심사인지라 CEO까지 매일 보고가 되는 상황에서, 그 당시 차장 직급인 내가 매일 오후에 recall의 진행 상황을 점검하는 CEO의 전화를 받는 것은 매우 부담스러운 일이기도 하였다. 하지만 생각처럼 일이 흘러가지는 않았다.

미국에서 한국으로 귀임하여 2009년에는 N사를 담당하는 팀장 역할을 하고 있었다. 그해 연초에 사업부장이 새로 부임하였으며, 몇 개월이 지난 뒤 연수원에서 교육을 받던 도중에 사업부장에게서 전화를 받았다. 문제가 생겼다고 Houston에 출장을 가자고 하셨다. 교육 도중에 그날로 바로 퇴소를 하고, 다음날 사업부장을 모시고 Houston으로 날아갔다. 도착하자마자 사업부장께는 호텔에서 쉬시라고 말씀드리고, Engineering Director인 W의 집으로 갔다. 마침 그 친구의 wife도 외출 중이라 집에는 아무도 없었고, 우리 둘은 dining room table에서 협상을 시작하였다. Recall 협상에서 가장 중요한 두 가지 사항은, 회사 brand 보호와 recall range의 정합화로 피해를 최소화하는 것이므로, W와 몇 시간 만에 합의가 완료되었고, 그 친구는 당사가 요청한 대로 당사 이름이 발표되지 않도록 하겠다고 약속하였다. 사실 이러한 약속은 위험이 큰 것으로 잘못하면 본인의 목을 걸어야 하는 정도인데, 그 친구와는 지난 recall에서도 같이 협력을 해 오던 터라 서로 간의 신뢰가 매우 높았다.

합의 이후에 그 친구를 데리고 호텔로 돌아와 사업부장과 meeting을 하였으며, 합의 사항을 설명함으로 출장 목적을 달성하였으며, 같이 저녁을 먹고 다음 날 우리는 귀국하였다. 이 사건을 계기로 나는 우리가 살면서 문제 더군다나 품질문제는 끝이 아니라, 앞으로도 계속 일어나리라는 것을 깨닫게 되었고, 문제가 없을 것이라는 기대를 내 인생에서 지워버리게 되었다. 문제는 항상 일어나게 되어 있으며, 중요한 사항은 문제를 얼마나 빨리 인지하느냐, 피해 범위가 얼마나 큰지, 그리고 얼마나 빨리 해결하느냐에 달려있다.

어쨌든 이 사건을 해결하면서 의문이 생겼다. 왜 H사 업무와는 관계가 없는 나를 끼워 넣게 되고 같이 출장을 가게 되었는지. 그래서 나중에 사업부장에게 문의하였더니, 본인이 이 문제가 생기자 전임 사업부장에게 자문을 구하였고, 그분이 내가 H사에 인맥이 두터우니 나를 활용하라고 권고하였다고 한단다. 어쨌든 영업 업무를 하면서 관여하였던 여러 가지 recall 사건으로 인하여, 이런 문제에 대해 전문가가 되어 간다는 생각이 들었고, 나에 대한 다른 각도의 reputation이 생기게 되었다.

H사 3번째 recall 이후에도 W와는 지속해서 친분을 유지해오고 있으며, 현재도 가까운 친구 중 한 명이다. 그런데 이러한 품질에 대한 협력은 여기에서 끝나는 것이 아니었다. 이 친구가 당사를 도와준 것이 정말 고마워서 그 친구가 H사를 퇴임하고 consulting 사업을 시작하였을 때, 우리 회사도 consulting 계약을 체결하였다. 그동안 도와준 고마움에 대한 보답 차원에서 몇 년간 유지해오고 있었는데, 이러한 보답으로 당사가 나중에 매우 더 큰 도움을 다시 받게 될지 그때는 알지 못하였다.

2014년 경이었던 것으로 기억한다. 당시 당사는 A사에 각형으로 notebook pack을 공급해오고 있었는데, field에서 발화가 XX

여 건이 발생하였다. 그러던 어느 날 금요일에 사업부장과 회의를 하는 도중에 A사가 다음 주 월요일 당사를 대만으로 불렀으며, 아마도 recall에 관해서 결정하려고 하는 것 같다고 하였다. 이에 내가 한국시각 금요일 저녁에 Houston에 있는 W에게 전화하여 상황을 설명하고, 다음날 한국으로 들어와 달라고 요청하였다. 그 친구는 흔쾌히 수용하고 다음 날 비행기를 타고 일요일 저녁에 한국에 도착하였다. 도착하여 일요일에 사업부장과 같이 3명이 저녁을 같이 먹고, 월요일에 대만에 들어가서 이 건의 해결을 도와달라고 했다.

월요일 오전에 대만에서 A사와 당사 간의 meeting이 있었고, 분위기는 좋지 않아서 recall로 가는 분위기였다. 그런데 그날 오후에 W가 A사 사업부장과 단독 meeting을 하였고, 이야기가 잘 되어서 A사가 CPSC에 recall report를 하지 않는 것으로 결정하였다. A사 사업부장은 중년의 여성이었는데, W는 잘생긴 백인에 recall에 관하여 매우 깊은 지식과 경험이 있었으며, 또한 battery도 수십 년 해온 전문가에다 MIT 출신으로 미국 대학에서 교수도 한 재원이어서, 그 여성분이 더 호감을 느끼고 W의 guide를 따라준 것이 아닌가 하는 생각도 들었다. 어쨌든 이 meeting으로 A사는 recall을 하지 않는 것으로 결정으로 하였고, 그 이후에도 몇 건의 field issue가 추가로 발생하였지만, A사는 한번 내린 결정을 번복하지는 않았다. 이로 인하여 W는 당사의 reputation을 지켜주었을 뿐만 아니라, recall을 했으면 발생했을 XXX억의 비용을 절감하게 해주었다. 비록 외국인이지만 서로 신뢰에 바탕을 두고 쌓아온 우정은 국경과 민족을 넘어서 그 친구와는 지금도 절친하게 서로 의지하고 도움을 주고 있다. 그리하여 ESS로 이동한 이후에도 Arizona에 화재가 발생하자, 제일 먼저 그 친구에게 전화하여 현지에서 같이 meeting을 join하고 consulting을 하도록 하였다.

3) ESS field issue

ESS 사업부 마케팅 1 담당으로 자리 이동을 한 이후 4~5개월이 된 2019년 어느 금요일이었다. 매주 월요일은 사업부장 주재로 임원 회의가 있어서 월요일은 특별한 일이 없으면 사무실에서 근무하였고, 그렇다 보니 해외 출장은 화요일에 출발하여 미국이나 유럽을 가더라도 주말 이내에 귀국하였으므로 매번 출장은 매우 짧은 일정으로 다녀오고 있었다. 그날은 미국 출장에서 돌아오는 길로 인천 공항에 도착하자 한 카톡방에 새로운 문자가 100여 개가 와있었다. 항상 비행기 탑승하기 이전에 문자나 카톡으로 필요한 업무를 수행하므로 일반적으로 한국 도착 시 10여 개 이내로 보게 되는데, 100여 개가 있다는 것은 큰 사건이 발생한 것이라는 생각이 들었다. 아니라 다를까 읽어 보니 Chicago에서 당사 ESS 전지 채용한 container에서 fire alarm이 울리고 연기가 발생하여 site를 shut down 하였다는 내용이었다.

그 이전에 이미 국내에서 XX여 개의 화재가 발생하였던 터라, 해외에서 발생한 첫 번째 case이기는 하였지만, 화재로까지 연결이 되지는 않았기에 그리 걱정은 하지 않았다.

문제는 그다음 날 발생하였다. 토요일 아침 11시경에 미국 Arizona site에서 fire alarm이 울리고 연기가 나오고 있다고 카톡이 오기 시작하더니, 그 이후에는 수시로 현지 상황이 update가 되어 왔다. 그런데 오후 1시 정도가 되니 소방대원이 상처를 입어 헬기로 병원에 이송되었다고 알려오고, 조금 있으니 이송된 소방대원이 4명으로 늘었고 목숨이 위중한 부상이 발생하였다고 했다. 국내에서 화재가 그렇게 여러건 발생하였지만, 인명 피해까지 간 적이 없었으므로, 이 사항은 매우 심각하게 받아들여졌다. 아무래도 직접 가봐야겠다는 생각에 바로 사업부장에게 전화하여 출장 가겠다고 전화하였는데, 마침 사업부장도 본인이 바로 가봐야 하나 아니면 며칠 있다가 갈까 하고 고민하고 있었다고 하면서, 내가 간다고 하니 오히려 본인의 짐을 던 듯이 말했다. 화재사건은 본부장에게 실시간으로 보고가 되는 상황이었기에 일요일 오전으로 사무실에서 본부장께서 미국 현지와 conference call을 준비하라고 하였다. 다음날인 일요일 10시에 본부장실에서 사업부장과 나를 포함하여 미국 현지 법인 인원과 conference call로 현황 파악을 하려고 하였는데, 정보가 많지 않아서 자세한 상황을 알기가 어려웠다. 회의 중에 미국 변호사를 선임하기로 협의를 하였고, 또 현지 대응을 위해 외부 전지 전문가를 활용하자고 내가 제안하여 승인을 받았다.

품질사고이지만 품질담당이 가지 않고 내가 출장을 가는 것에 대해서 본부장이 질문이나 언급을 하지도 않았다. 왜냐하면, 본부장은 그 이전에도 내가 많은 품질사고에 직접 관여하여 lead하고 종결하는 것을 여러 번 봐왔기 때문이라고 생각하였다. 회의 이후에 공항으로 이동하면서 미국 변호사를 화재 현장으로 오는 것으로 조치를 하였고, 운전하고 가면서 외부 전지 전문가인 W에게 전화하여 상황을 설명하고, 일요일에 바로 현장으로 오라고 하였다. 가는 내내 통화를 하면서 공항에 도착하니 비행기 출발 30여 분 전이었고, ticketing을 하자마자 gate로 이동하여 바로 탑승을 하고, 그리고 한국에서 현장 대응을 위해 같이 출발하는 개발과 품질 인원은 gate 앞에서 얼굴을 보았다.

이러한 사건은 초기 대응이나 방향이 매우 중요하다. 초기 대응을 시작으로 의사 결정이 지속해서 발생하게 되므로, 초기에 방향이 잘못되면 나중에 전환하기가 매우 어렵게 된다. 그리고 그 당시는 ESS 사업 수주로 인하여 매우 민감한 시기였다. 미국에서 전력망 회사인 V 사와 X.XGWh 수주를 협상해오고 있었으며, 수주 확정이 목전에 이르러서 Arizona 화재사건이 미국 전역으로 방송이 된 것이었다. 지금까지 당사가 field에서 많은 사건을 겪었지만, 직접적인 인명 더군다나 다수 인명피해에 사고가 실시간으로 미국 전역에 방송이 되는 최초이자 최악의 상황이었다. 지금까지 ESS 사업에서 한 site에 GWh를 설치뿐만 아니라 수주를 한 적이 없는 초대형 project를 목적에 두고 있을 뿐만 아니라, Arizona 화재 site를 설치한 FL사도 당사의 제일 큰 고객으로 XGWh 수주 계약을 막 완료한 상태였고, 추가로 XGWh의 수주를 논의하고 있었던 시기였다. 따라서 동 화재사건이 다른 사업에 영향을 미치지 않도록 해야 하는 임무와 또한 인명피해를 경험한 바가 없으므로 어떻게 대응을 해야 하는지 난제가 동시에 있었다. 그래서 인천 공항으로 이동하는 도중에 전화로 당사 변호사와 외부 전문가에게 당사가 소방대원 병문안을 하여야 하는지 미국의 protocol을 확인하라고 지시하였지만, 초기 답변은 본인들도 모르겠다는 것이었고, 개인적으로 추가 고민은 병문안 한다면 무어라고 위로를 해야 하는지도 모르는 막막한 상황이었다. 왜냐하면 미국에서는 자동차 충돌 사고가 나더라도 귀책 때문에 절대 "I am sorry"라는 말을 하지 않는 것으로 이해하고 있기 때문이다.

LA를 경유하여 Arizona 공항에 도착하였고, 도착하자마자 먼저 V사 EVP S에게 전화를 걸어 현재 상황을 설명하면서 당사는 문제가 발생 시 현장에서 지휘하며 피하지 않는다고 안심을 시켰다. S는 Wellesley College 명문대에 Harvard MBA를 나온 백인 재원인 30대 후반의 여성으로, 이러한 open-minded 정보 공유에 관해서 고마워하였으며, 며칠이 지나서 내가 귀국하기 전에도 다시 전화하여 상황을 update 해주었다. 나는 S와 지속해서 소통하였으며, 유럽 출장 시에도 미국으로 전화하는 등 direct communication channel을 유지하였으며, 이러한 과정을 통하여 서로 간에 신뢰가 형성되었다. 이런 과정을 겪으면서 동 project는 당사가 궁극적으로 나중에 수주하였으며, 이러한 신뢰가 한몫 하였다고 생각한다. 그리고 나중에 S가 V사를 떠나서 Black Rock라는 venture capital로 이직을 하였을 때도 지속해서 친분을 이어왔는데, 그 당시 Black Rock이 세계최대 VC라를 것을 인지하지 못하였는데, 사업을 위한 친분이라기보다는 개인적 신뢰를 기반으로 하는 친분으로 발전을 하였기 때문이며, 이것이 결국에는 또 다른 사업으로 이어지는 것 같다.

또 FL사 COO/CFO에게도 전화하여 내가 왔음을 알려주고 원인 파악에 최대한 지원하겠다고 약속하였다. FL사의 field 대응 인원이 3명 현장에 있었고 품질 Director가 월요일에 도착 예정이었으나, 내가 왔다는 말을 듣고 대응 level을 높여서 COO Z가 다음날 현지에 도착하였다. Z는 중동 출신으로 최종 고객사 AS와도 친분이 높았으며, 합리적인 방향으로 양사 간 협조하면서 해결해 가려는 사람이었다.

일요일 오후에 현지에 도착하여 화재 현장을 방문하려고 하였으나, 현장은 이미 경찰과 소방서의 담당으로 외부 진입이 차단되었다. Hotel을 현지 지휘소로 활용하면서 먼저 당사 고객사인 FL사와 meeting을 하면서 현황 파악을 시작하였다. 초기에 fire alarm이 울려서 service 직원이 현장에 도착하고 이어서 소방대원이 도착하였고, 두 시간 동안 연기가 나다가 container 문을 열자 폭발이 일어나면서 문이 날아가고 거기에 소방대원이 다친 것이었다. 따라서 두 가지의 원인을 파악해야 하는 일이 생겼다. 첫 번째 fire alarm이 발생한 원인과 그리고 폭발이 발생한 원인. FL사가 현장을 원격으로 관리하면서 data를 수집하므로 당사에 필요한 data를 요청하였고, 당사 내부적으로 수시로 현지 인원 회의 그리고 본사와 conference call을 매일 진행하였다.

다음날 Arizona site 최종 고객사인 AS에서 3자 회의를 소집하였고, 당사는 2명만 참석 가능한 것으로 제한하였다. AS는 한국 전력 같은 관공서여서 회사에 미국 시민권자만 들어갈 수 있다고 하였고, 외국인이 들어가려면 등록 절차가 필요한데 며칠이 걸린다고 하였다. 처음 미팅이 제일 중요하며, 어떤 내용이 나올지 알 수가 없는 상황이었다. 그리고 당사에 어떤 요청이나 질문을 할지도 알 수 없는 상황이었으므로, 누가 미팅에 참석하는지도 매우 중요한 결정이었다. 내부 회의하면서 처음 3자 meeting에 당사 변호사 JM과 외부 전문가 W를 참석하기로 하고, 당사 입장에 대해 어떤 표명도 하지 않고 듣는 전략으로 대응을 하고, 답변이 필요하다면 내부 확인하고 당사 답변을 주는 것으로 하였다. 그리고 내가 그 두 사람으로 결정한 배경은 백인이기도 하였기 때문이다. 미국에서 관공서 인원은 대부분 백인이며, 어느 사람이 참석하느냐에 따라 상대방의 질문이나 공격 수위가 달라지기 때문이다.

3자 미팅 이전에 고객사인 FL사와 사전 미팅을 하였고, FL사는 최종 고객사에 대한 정보를 더 가지고 있기 때문에 고객사의 의견 청취도 중요하였다. 동 회의에서 당사 변호사의 참석 시 AS에서 긴장하거나 당사의 legal action이 너무 부각될 risk가 있어 보인다고 하여, 변호사 대신에 당사 현지 법인의 책임자 Director를 참석하게 하였다. 그렇게 하여 매일 AS사/FL사/당사 3자 미팅과 FL사/당사 양자 미팅 그리고 당사 내부 미팅을 연이으면서 화재 원인 분석 방향과 대응 방향 그리고 정보 공유를 하였다.

나중에 확인된 바에 의하면 container door를 열고 난 후 2분 후에 폭발이 발생하였고, 누가 문을 열었는지도 중요해졌다. 한국시각 토요일 현지 fire alarm 작동 후 연기가 발생하고 있을 때 당사에 긴급하게 확인 전화가 와서 container door를 열어도 되는지 문의가 왔었고, 다행히 당사 영업팀장이 답변을 잘하여 open 하면 안 된다고 답변을 FL사에 하였는데, 동 사항이 소방서에 전달이 되었는지도 확인이 필요하였다.

미국은 일반적으로 소방대원이 매우 존경을 받으며, 현지 hotel에 투숙하여 보니 lobby의 screen에 여기 화재를 진압하면서 다친 소방대원들의 신상이 나오면서 쾌유를 빈다는 message가 나왔다. 그런 상황이라 소방대원이 당사의 지침을 어기고 잘못했다고 언급하기에도 민감한 상황이었다. 또한, 소방대원이 치료하는 병원도 파악하려고 하였고, 내부적으로 병문안 하는 것이 맞는지 협의하였지만, 결론을 낼 수가 없었다. 그래서 동 사항을 FL사에 문의하였고, FL사도 역시 동일하게 고민하던 상황이어서 AS에 질문하였고, AS에서 소방대장에게 문의하였더니 병문안 시 치료에 방해가 되므로 하지 않는 것이 낫겠다고 며칠 후에 답변을 받아 동 건은 그렇게 종결을 하였다. 그렇게 며칠 현장에서 지휘하다 보니 힘이 들었고, 그렇다 보니 자연스럽게 "내가 여기 왜 왔지?" 하는 자문이 들었다.

나는 영업 마케팅 담당이므로 화재사건은 엄밀하게 이야기하면 품질에서 대응하여야 하는 것이 맞다. 그런데도 내가 가겠다는데 영업의 일이 아니니 품질담당이 가야 하지 않겠느냐고 질문하는 사람도 없었고, 나도 내가 당연히 해야 하는 일로 생각을 하고 있었던 터였다. 그러면서 스스로 위안을 하였다. 지금이 아니면 언제 이러한 것을 경험하겠느냐고. 소형전지에서 N사 recall 두 번과 H사 recall 3번을 협상하였고, 마지막에는 A사 recall을 막았었는데, 그때에도 처음에는 무척 힘들었지만, 시간이 지나고 보니 그 누구도 하지 않은 매우 소중하고 희귀한 경험이었으며, 나름대로 전문가가 되었던 것이다. ESS도 사업 초기이므로 이러한 일을 겪게 되는 것이며, 나중에는 이러한 일이 발생하지도 않겠지만 발생한다고 하여도 그때는 영업에서 하지도 않을 테니 말이다.

지금은 힘들지만, 지금이 아니면 다음에는 할 수 없는 경험이고, 또 다른 사람이 할 수 없는 일이기에 내가 하는 것이므로, 나의 강점이기도 하는 일이라고. 나는 내가 영업인이라고 생각하기보다는 사업가라고 생각을 한다. 따라서 사업에 필요한 일은 영역의 구분을 받지 않고 해야 한다고 생각한다. 하지만 안타까운 것은 이러한 품질문제의 해결은 영업직군의 KPI가 아니라서 인정을 받지 못하는 것이다. 영업은 수주와 판매를 많이 하면 인정을 받는 것이며, 개발은 좋은 제품을 설계하여 경쟁사 대비 우월하여 시장성이 확보되면 인정을 받고, 생산은 수량을 많이 만들어 내고 품질은 불량이 유출되지 않고 불량 발생하면 해결을 하면 인정을 받는 것이다.

따라서 내가 소송 문제를 해결하였거나 품질문제를 해결했다고 해서 회사에서 성과로 인정을 받는 시스템은 없는 것이라는 것을 지금에야 깨닫게 되었다. 그렇다면 나의 역량은 무엇이고 어떤 역량으로 성과를 평가받을 수 있는 것일까? 그리고 나는 앞으로 어떻게 하여야 할까?

하지만 이러한 질문들이 지금까지 내가 해온 일이나 현재하는 영업을 벗어난 업무 영역의 수행에 변화를 주고 있지는 않다. 어쩌면 내면으로는 이러한 고민을 하면서 외면으로는 더 다양하게 창의적인 방법으로 업무를 수행하며, 깨어 있는 생각을 유지하고자 항상 노력한다. 이 Arizona issue 건은 초기 대응뿐만 아니라 공동 분석과 대응에 대한 전략도 주도적으로 끝까지 진행해오고 있으며, 초기 대응과 지속적인 대응 전략의 성공으로 인하여 마무리도 잘 진행되고 있어서, 사회적으로뿐만 아니라 내부적/고객과도 매우 심각한 문제였지만 잘 종결이 돼가고 있어서 이 책이 인쇄될 때쯤이면 이미 완료되었을 것으로 생각한다.

4) 전지 사업과 품질의 관계

초기에 겪었던 가장 큰 문제는 전지의 속성과 사용 환경을 잘 알지 못하였다는 것이다. 2002년 N사에 처음 진입하면서 승인 과정을 걸쳐갔는데, 승인할 때는 문제가 없었는데 실 사용하다 보니 문제를 발견하였다. N사의 spec에 고온 cycle은 있었지만 고온 storage는 없었고, 실제 사용자는 노트북을 종일 전원에 연결하여 사용하다가 필요 시 전원을 빼고 휴대하고 이동하여 사용을 하는 것이고, 전원을 연결하여 지속 사용하면 실제 전지 온도가 상승이 되고 또한, 전지는 완전히 충전된 상태에 장시간 놓이게 되며, 이러한 환경을 당사뿐만 아니라 N사도 전지 성능과의 연관성을 인지하지 못하여 고온 storage 요구 조건을 spec에서 누락 하였고, 당사도 이를 만족하는 제품으로 개발을 하지 못하였기에, 결국에는 cell storage 성능을 개선하면서 기존 제품을 전량 자발적으로 교체를 해주어야 했다.

그러고 나서 N사 노트북이 field에서 발화나 연소가 처음 발생하였을 때는 제품을 만들다 보면 불량품도 들어가게 될 것으로 생각하였고, 이에 품질문제를 일으킨 원인에 대해 철저한 조사를 하지도 않았고 또한 어떻게 하는지도 알지 못했다. 이에 임시 방편적인 설계 변경을 통하여 재승인하여 다시 공급을 시작하였는데, 두 번째 recall을 하고서야 이물질이 내부 단락을 일으켜 화재를 초래한다는 것을 이해하고 제조공정을 전면적으로 검토하게 되었다.

나는 개인적으로 N사 recall 2번과 H사 recall 2번을 겪고 난 이후에 주재원에서 복귀할 때는 그래도 사업을 시작한 지 10년 가까이 되므로 생산 공정과 품질이 안정화 되어서 다시는 recall 같은 문제가 생기지 않으리라고 믿었는데, 이러한 믿음은 그다음 해에 보기 좋게 빗나갔다. 그래서 H사 3번째 recall 이후에는 문제가 다시 일어날 것으로 아예 마음을 먹게 되었는데, 항상 궁금한 것은 왜 문제가 지속해서 발생하느냐는 것이었다. 당사가 공법을 특별히 바꾼 것도 아니고 장비도 크게 바뀐 것도 없는데, 그렇다면 비슷한 장비에서 동일한 공법으로 지속 생산하면 문제가 없어야 하는 것이 아니냐는 반문이었다. 그러다가 나중에 알게 된 것은, energy 밀도가 올라가면서 공정이나 전지 내부 부품 간에 margin이 줄어들거나 없어진다는 것이며, 이로 인하여 생산 공정은 더 까다로워지며 조금만 벗어나면 불량이 더 쉽게 야기된다는 것이다. 끊임없는 전지 성능 개선을 위해 용량을 늘려야 했고, 이는 결국 양극과 음극의 전극 간극이 좁아지고, 그리고 동일한 제품 공간 내에 더 많은 화학물질을 넣게 되다 보니 억지로 밀어 넣은 모양이 돼버린 것이고, 공정기술이나 장비 기술이 발전을 해오고 있지만, 문제를 해결할 정도는 되지 못하여 문제는 여전히 발생하고 있다.

그보다도 더 근본적인 문제는 조직 문화와 조직 역량의 구축 부재이며, 사업 성장의 속도가 빠르나 이에 맞는 인력 육성이나 시스템 구축을 하지 못하여 업무를 manual로 비효율적으로 수행하고 동일한 실수를 반복하고 있다. 2000년 영업 인원이 10여 명 이내였는데 지금은 본사 영업 인원만 XXX여 명이 되고 있으며, 평균 근속 연수가 5년도 안 되어 대부분 인원이 제품에 대한 지식이 많지 않고 업무에 정통하지 않은 것이다. 그리고 내가 ESS 사업부로 와서 처음 느낀 것은 이렇게 전지에 대해서 잘 알지도 못하는 사람들이, 역량이 천차만별한 사람들을 데리고 이렇게 어설프게 사업을 해오고 있느냐였다.

지금은 N사의 처음 제품 교환에 대해서 기억하는 사람도 없으며, 그리하여 10여 년이 지난 이후에 Dyson에 공급하는 원통형 제품에 검증도 하지 않고 내부 4M을 하다가 $Xmil을 보상해주고, 원통형으로 data center나 UPS 용을 공급하면서 고온 storage에 대해 동일한 실수를 반복하여 다시 보상을 해주는 사건이 15년이 지난 후에도 일어나고 있다. 그동안 test 하거나 배운 lesson이 각 개인의 경험이나 컴퓨터에 저장이 되어 있어 공유화가 되지 않았으며, 문제가 지속 발생하니 사람들이 계속 이탈하여 이러한 know-how가 조직의 역량으로 쌓이지도 않고 또한 이러한 시스템을 구축하는 사람마저도 없었던 것이다. 그리고 사업은 성장하니 신규로 인력은 계속 채용하고, 신입과 경력의 체계적인 교육이 이루어지지도 않고, 또한 제대로 된 업무 manual도 없어서 물어서 배우고 업무에 적용하니 process가 제각각이 된 것이다.

5) 전지 사업은 왜 힘들까?

'1999년 10월에 전지 사업에 처음 입문하여 22년째 이 산업에 종사해 오면서, 수많은 사람이 들어왔다가 나가는 것으로 보아오고 있으며, 우리 회사만 보더라도 20년 이상을 전지 산업에서 일해오고 있는 사람은 열 손가락으로 셀 정도일 것이며, 가장 큰 경쟁사인 S사의 경우 사업부장이나 임원이 전자에서 내려와 기존 인원이 이탈을 해왔으므로 아마도 20년 이상 해온 사람은 많아야 한두 명이지 않을까 생각한다. 전지 경력 1호로 입사해서 지금까지 살아남았지만, 그 이후에 수도 없이 많은 사람이 경력으로 들어왔다가 견디지 못하고 대부분 사람이 포기하고 나가는 것을 보아 왔다. 누구나 반도체와 LCD에 이어서 이차전지 산업은 지속하여 성장하는 3번째 기술 산업으로써 한국이 주도권을 가지게 되는 사업이라고 믿고 있는데도, 요즘처럼 대부분의 다른 산업이 정체를 벗어나지 못하고 있음에도 불구하고, 성장성이 높고 유망한 전지 종사자들의 직원들은 왜 이탈을 하게 되는 것일까?

한국의 Li-ion 이차전지는 당사가 1999년 원통형 한 개 line과 각형 두 개 line의 공장을 완공하여 시작하였으므로 그해가 한국 이차전지 사업의 본격적인 원년이라고 보아도 될 것 같으며, S사의 경우 비슷한 시기에 시작하였지만 빠르지는 않았고 또한 초기 사업 진행은 더 더디었던 것으로 기억한다. 그 당시의 capa가 연간 XGWh도 되지 않았는데 지금의 당사 capa는 XXXGWh 정도가 되므로 20년에 XXX배의 성장을 한 것이므로, 엄청난 도약을 한 것이다. 물론 인력도 그동안 많이 증가한 것도 사실이지만, 20년 산업 성장에 대비하여 평균 근속 연수는 5년 정도로 보이고 물론 최근에 직원들 이탈이 줄어들기는 하였지만, 지금도 힘들어서 포기하는 사람이 여전히 타 산업에 비해 높고 또한 직원들 사기도 타 사업 부문에 비교해 높지 않으므로, 쉽지 않은 사업임에는 틀림이 없는 것 같다.

우리가 건전지라고 부르는 것은 일반적으로 일차전지이며, 이는 재충전을 하지 못하고 구매하여 사용하다가 수명이 떨어지면 재활용을 한다. 이차전지라고 하는 것은 재충전하여 사용하는 전지이며, 제조공정은 전자제품과 유사하지만, 화학물질의 전자산업에 사용으로 여러 가지 예측하지 못하는 문제들이 본질적으로 있다. 전지 내부의 구성품은 양극재, 음극재, 전해액, 그리고 분리막이 캔이나 파우치 내부에 들어 있어서, Li-ion이 충전하면 양극에서 음극으로 이동하여 용량이라고 하는 성능이 나오며, 사용함에 따라 Li-ion이 음극에서 양극으로 돌아가면서 방전이 된다. 일반적으로 한국에서 이야기하는 이차전지는 Li-ion을 사용하는 전지이며, 근본적인 문제는 이에 사용하는 Li이 원소주기율표에서 3번째로 아주 가벼우면서 폭발성이 있다는 것이다. Li 금속은 공기 중에서도 폭발이 일어나는 원소로 매우 조심스럽게 취급하여야 하는 것으로, 이의 안정성을 고려하여 ion 상태로 전지에서 사용하고는 있지만, 과방전이나 과충전을 하면 폭발하고 또 매번 사용할 때마다 성능이 저하되는 본원적인 문제를 가지고 있다.

그 본원적인 문제가 제조 과정에서 없어지지 않으며, 일반 전자제품의 경우 공장 출하 검사를 합격하고 출고되면 소비자가 사용하는데 문제없고, 또한 예를 들어 TV 공장에서 검사한 성능이 화면의 선명도에 있어서 몇십 년에 걸쳐서 눈에 보이지 않을 정도로 나빠지기는 하지만 시청에는 문제가 없고, 또한 불량은 눈에 띄어 선별되는데, Li-ion 이차전지는 불량이 정확히 판별되지도 않으며 또한 소비자 측에서 언제 문제가 발생할지 일반적으로 예측할 수 없다는 것이 가장 큰 문제가 아닌가 싶다. 누구나 느끼지만, 휴대전화기를 구매하고 시간이 몇 달씩 지날 때마다 전지의 용량이 저하되어 사용 시간이 줄어든다는 것이다. 그런데 이 정도는 그래도 견딜만한데, 어느 순간에 그 용량이 급감하면서 사용을 할 수 없을 정도로 저하되거나, 아주 운이 나쁘면 사용하는 전지가 불이 나면서 휴대전화기까지도 순식간에 못쓰게 되는 것이다. 그런데 아무리 사전에 검사한다고 하여도 언제 그 전지의 용량이 갑자기 저하될지, 그리고 사용하는 휴대전화기의 전지에서 화재가 발생할지 안 할지는 아무도 모른다는 것이다.

대부분 산업이 일본에서 태동하여 한국을 걸쳐서 중국에서 종착하는 경우가 많으며, LCD의 경우도 유사하게 진행되었다. 이에 Li-ion 이차전지도 동일 pattern으로 진행될 것으로 예측을 하였고, 초기 일본에서 시작하여 2000년대 중반에 한국산의 위상이 급상승하였다가, 조금 지나서 중국산 가격에 밀리기 시작하여 결국 한국에서 저무는 사업이 되지 않을까 하는 우려가 있었으나, 2000년대 하반기에 M사를 선두로 중국산의 품질문제와 안전성 문제가 사회적 또는 비용적 이유가 되어 한국으로 다시 come back 하였다. 따라서 전지 사업의 가장 큰 어려운 점의 하나가 안전성인데, 이 안전성으로 인하여 오히려 중국산의 난입을 방어하고 있다고 생각한다. 이에 추가하여 생산 후 바로 품질을 확인할 방법이 없다는 것이며, field에서의 품질 issue 발생을 예측하기 어렵고, 또한 이러한 기술과 품질의 장벽에도 불구하고 과당 경쟁으로 인한 가격 압박이 지속되어 전지 사업을 힘들게 하는 것이 아닌가 생각한다.

4부

Global 사업가와 ESS 신사업 초석 다지기

Global 사업가와 ESS 신사업 초석 다지기

나는 30여 년 회사에 다니면서 부장까지는 제 때에 승진하였지만, 그 이후에는 매우 더디게 승진하여 지금에 이르렀으며, 그렇다고 기분 나쁘다고 배신을 당했다고 며칠씩 회사를 나가지 않거나 일을 팽개치거나 한 적이 없다. 회사를 그만둘 것처럼 나갔다가 며칠 후 기분이 가라앉으면 돌아오는 것이 오히려 자존심 상하는 것으로 생각을 했고, 오히려 꿋꿋하게 그리고 보란 듯이 더 열심히 했다. 지금도 가슴속에 분노가 있지만, 이것으로 업무를 태만하게 하는 것이 아니라, 오히려 나의 역량으로 사업이 더 잘되는 모양으로 만들고자 한다.

먼저 현재 맡은 ESS 사업을 3년 후에 5조를 하는 사업 구조를 만들고, 인재를 육성하여 내가 사업에 역량이 있는 사람임을 증명하고자 한다. 예전에는 내가 물고기를 잡듯이 개인의 역량으로 성과를 만들었지만, 지금은 ESS 전력망 영업팀의 역량을 강화하여 우리 그룹 내에서 최고의 조직으로 만들고, 물고기 잡는 법을 가르쳐주어 조직 역량으로 성과를 창출하는 조직 문화를 빠른 시간 내에 만들어 가려고 한다. 하지만 이것으로 성과가 드러날 것으로 예상하지는 않는다. 나의 역량이 engineer처럼 쉽게 인지되는 능력을 지닌 것은 아니며, 내가 engineer처럼 설계하거나 제조를 하는 역량이 있지도 않기 때문이다. 또한, 이러한 사업의 성과는 조직의 장에게 돌아가며, 내가 성과를 만들고 내가 했다고 떠벌리는 사람도 아니고, 조직은 위계질서를 통하여 보고가 되며 조직의 장이 책임을 지므로 당연히 성과도 조직의 장이 먼저 인정을 받기 때문이다.

그런데도 현재의 ESS 조직은 허점투성이고 내가 만들어 가는 그림은 적어도 조직 내에서와 사업부장은 인정하겠기에, 나의 역량 입증을 위해 나의 승진과는 무관하게 진행이 될 것 같다. 사람마다 높고 낮음은 다르더라도 봉우리가 있을 것이며, 어쩌면 여기가 나의 가장 높은 봉우리일지도 모른다. 우리는 모두 언젠가는 모두 죽음을 맞이하는데, 100년을 사는 것도 아닌데 천년을 사는 것처럼 행동한다는 노랫말이 있듯이, 현재의 위치가 오랫동안 지속할 것으로 착각하고 살아간다. 그런데 권불 10년이라고 어떤 자리도 10년을 넘어가기가 어렵지 않던가? 오르고 싶은 봉우리는 있지만, 인생이 여기까지이면 여기서 내려와야 하지 않을까? 무리해서 용을 쓰는 사람들도 보았지만 결국은 길어야 일 년을 겨우 넘기는 것을 보았는데, 인생에서 일 년이 무엇이 그리 중요할까? 언젠가는 모두 내려와야 하고, 그리고 죽어야 할 텐데.

1) 인적 networking과 teamwork

일반적으로 조직 이동 후에 업무 파악과 조직 장악을 위해 업무 보고를 먼저 받지만, 나는 ESS로 이동하면서 다르게 했다. 팀장들에게 업무 보고하지 말라고 말하며, 단지 업무와 관련하여 교신이 되는 e-mail을 발송할 때 나를 cc로 한 달간만 넣어주고, 그것도 내가 빠졌다고 다시 보내지는 말고 다음번에 넣어 달라고 했다. 업무를 모르면 당신들 문제가 아니고 내 문제이니 걱정하지 말라고 했다. 그 사유로는, 설령 보고를 받더라도 내가 내용을 잘 이해도 못 할 것이며, 그리고 모든 사람이 전부 중요하다고 보고하면 내가 우선순위를 분간할 수 없을 것이니, 급한 것은 별도로 가져올 것이니 그때 보자고 하였고, 이렇게 업무를 시작하였는데 업무 미파악으로 인한 문제는 발생하지 않았다.

대신에 내부 networking이나 teamwork 형성을 위해 더 고민하고 노력하였다. 사업부장을 비롯하여 개발 센터장 그리고 사업부 같은 마케팅 담당과 자주 소통을 하려고 하였으며, 저녁 접대나 회식 이후에 집으로 돌아갈 때 일부러라도 그분들에게 더 전화를 자주 하여 내부 결속을 만들려고 노력하였다. 그리고 영업팀장들 간에도 teamwork을 만들려고 노력하였는데, 이는 그동안 작은 생산 capa를 가지고 각 팀의 고객들에게 개별적으로 물량 commit를 하고 allocation을 받기 위해 서로 싸우는 일이 빈번하다 보니 협업이 안 되고 불신이 팽배하였기 때문이다.

ESS로 이동한 이후 일 년이 지날 즈음, 조직 개편 발령 전에 영업팀장들에게 workshop을 시키면서 사업계획 물량을 전략적 고객을 고려하여 팀별로 자발적 allocation을 시켰었다. 그리고 그 결과를 보고 화가 나서 큰소리로 팀장들을 질책하였다. Giga 물량에 집중한다고 하면서 어떻게 전략적 고객인 EDF에 allocation을 하나도 하지 않을 수 있느냐고, 그렇게 하고 어떻게 팀장이 전략적 의사 결정을 하였다고 할 수 있느냐고 소리를 질렀다.

내가 회사 생활을 하면서 큰소리로 질책한 것은 열 손가락 이내일 것이며, ESS 전지 사업부로 와서 두 번 발생하였다. 첫 번째는 해외 품질 issue 대응을 하면서 진척도가 없길래, 어떻게 남의 일처럼 그렇게 하느냐, 불이 나도 당신들은 상관없느냐, 하면서 큰소리를 냈었다. 어쨌든 그 물량 allocation이 전혀 마음에 들지 않아서 다음날 사업부장에게 보고하고 아예 영업팀장들에게 팀까지 자발적으로 조직을 짜면서 물량 allocation을 다시 하는 것으로 시키겠다고 하였다. 사업부장께서는 조직은 본원적으로 자기 밥그릇 싸움을 하는 습성이 있어서 자발적인 조직편성이 지금까지 된 것을 본 적이 없다고 하면서 회의적이었지만, 그래도 동의를 하여 팀장과 책임급 PL들에게 전력망을 세계적으로 3~4개 팀으로 업무를 분장하고, 기준은 고객 account를 중심으로 각 팀이 전략 고객은 고루 포함하도록 조직을 구성하게 하였고, 팀장은 사업부장이 선임하므로 누가 팀장이 될지 정해진 바가 없으며, 팀장은 대부분 바뀔 것이므로 3년 후를 보고 공정하게 하여 달라고 당부하였다.

결과를 보니 우려와는 달리 그래도 상당히 공정하게 팀별 업무 분장을 해왔고, 그 분장에 minor 한 부분만 수정하여 그 안을 수용하여 팀 조직을 구성하였다. 그리고 팀장도 선임하였는데, 다소 역량이 부족하여도 일단 내부 인원으로 선임을 하는 것으로 하였다. 그 판단은 팀장이 될 것으로 기대하고 있는데 다른 조직에서 데려오면 본인뿐만 아니라 분위기가 매우 depress가 될 것이며, 이는 조직 전체의 분위기를 저하할 수가 있으며, 일단 팀장을 선임한 이후에 본인이 역량이 안 된다고 느끼면 본인이 포기할 것으로 생각하기에 먼저 기회를 주는 것이 낫겠다고 판단을 한 것이다. 그리고 전체 회의나 팀 간담회를 하면서 어학을 포함해 부족한 부분에 대해서는 공개적으로 언급을 하면서, 이러한 부족한 점이 있지만, 팀원들이 보완을 해주어 같이 도와서 단합하고 성과를 만들어 주기를 당부하였다. 이러한 과정을 걸쳐서 팀원과 팀장들이 조직을 구성하는 데 참여하게 하였으며, 더불어 그해 연말에 내가 두 개 부문으로 나뉘었던 전력망 영업을 통합하여 맡게 됨에 따라 내부 결속을 더 다지게 될 수 있었다.

하지만 나에게 부족한 면이 있는 것이, 업무와 직접 연관이 없는 부문과도 유대 관계를 구축하고 유지하여야 하는데, 이것을 하지 못했던 것이다. 물론 어쩌다 본부 담당이나 다른 사업부 담당 또는 사업부장들과 저녁을 먹는 자리를 가지기는 했지만, 이로 인하여 도움을 주고받을 수 있는 밀착 관계를 맺지 못했다.

회사 생활을 하다 보면 사람들과 어울리려는 정치적인 성향이 매우 강한 사람들을 가끔 보게 되어, 일이나 잘하면 되지 회사에 별로 도움이 되지 않으면서 정치를 한다고 속으로 생각을 해왔는데, 지금 와서 보니 그 정치를 하는 것이 맞더라는 것이다. 물론 요즘에야 성과도 만들어야 하지만, 성과는 혼자 만드는 것이 아니고 팀이나 여러 팀과 같이하여야 하니, 훈수 두듯이 앞에서 말하고 간사를 두어서 진행되는 것을 가끔 보면 되는 것이고, 나머지는 본인이 하는 일을 가지고 여기저기에 소문들도 만들고 도움받을 구석도 만드는 등 정치를 잘해야 한다.

다행히도 최근에야 나에게 맞는 방법을 찾아서 실행하게 되었으며, 나름대로 나만의 know-how가 한두 개 늘어나는 것 같다. 먼저 실행한 것은, networking을 통하여 오는 요청사항은 믿는 사람에게서 온것에 대해서는 전폭적으로 수용한 것이다. 최근에 그룹사의 사업 구조 조정으로 직원들의 이동이 잦게 되는데, 그동안 업무로 지원을 받는 담당 조직의 장이 그룹사 인원을 소개하면서 본인이 믿고 추천하는 역량 있는 사람이 있으니, 한번 면접을 하여 괜찮으면 사간 이동으로 수용을 검토해 달라고 하였다. 이에 두말하지 않고 말씀하신 바를 그대로 믿고 면접 없이 바로 수용하겠다고 즉답을 하고, 혹시 수용하여서 역량에 문제가 있으면 그 조직으로 보내겠다고 농담을 하면서 바로 시행하였다. 그런데 이것이 생각보다는 훨씬 강한 효과를 준 것 같다. 보통은 그래도 괜찮은지 면접도 하고, 그리고 다른 경로를 통해서 reference도 check 하는 것이 일반적인데, 이렇게 흔쾌히 수용하니 그분도 당황할 정도의 전폭적인 신뢰를 표시한 것이 되었다. 물론 그 직원도 역량이 있을 것으로 생각하기에 별다른 문제를 예측하지는 않지만, 결과적으로 생각하면 믿고 맡기거나 수용을 할 때 의심의 여지가 없이 전폭적으로 하는 것이 신뢰 형성에 매우 크게 이바지한다는 것을 느끼게 되었다. 물론 이로 인하여 그 조직에서는 내가 추진하는 업무에 대해서 일의 경중을 떠나서 역시 전폭적으로 우선적 배려를 해주므로, 이에 대한 혜택도 내가 그대로 받는다고 생각한다. 그러나 그보다는 더 사람을 대하는 신뢰에 대해서 생각하게 되는 계기를 주었다.

또 하나는 그룹사로부터 물류에 대해서 지원을 받는데, 내가 lead 하여 계열사 관련 인원과 2주마다 선적과 물류를 점검해오고 있는데, 그분들의 지원에 감사하면서 그분들 또한 속한 회사에서 인정을 받도록 그 회사의 상사에게 감사의 말씀과 담당자의 격려를 요청하는 letter를 발송하였고, 이로 인하여 담당자들의 신뢰가 강화되고 지원을 더 잘 받고 있다. 코로나로 인하여 물류 대란이 발생하였음에도 ESS 사업에는 상대적으로 영향이 최소화가 되고 있다. 최근에 Long Beach를 통하여 Oakland로 들어가는 배가 승무원의 코로나 확진으로 갑자기 해상에서 2주간 격리되면서 납기에 심각한 문제가 발생한 적이 있었다. 이에 화급히 문제가 되는 부품을 추가로 생산하여 그 물류회사의 지원으로 매일 항공으로 일주일간 긴급 배송을 하면서 위기를 넘기고 있었다. 그러던 와중에 Oakland에 도착한 배가 항만의 적체로 service가 불가한 지역에 하역이 되면서 container 반출이 매우 불투명하게 되었다. 이에 내가 또다시 긴급하게 회의를 소집하여 Oakland 항만의 최고책임자에 어떻게 해서든지 연락을 취하고, 또한 truck을 항구에 대기 시켜서 바로 운송 가능하게 준비하는 등 특단의 대처를 요청하였는데, 동 회사에서도 적극적으로 따라 주어서 처음으로 항만 최고책임자와 연결을 하는 등 방법을 강구하여 위기를 넘겼는데, 이 역시 동사들과 같이 업무를 진행하면서 상호 간의 respect와 신뢰가 쌓여서 가능하였다고 본다.

2) Global 영업과 Business manner

나는 전지 영업은 3가지 일을 한다고 생각한다. Marketing, Sales 그리고 Program management. 물론 회사별로 업무 구분은 다르고 지금 우리 회사도 역할별로 다른 부문으로 나누어서 하고 있지만, 나는 처음부터 3가지 역할로 영업 업무를 시작하였고, 지금도 영업인은 이 3가지 업무를 수행할 역량이 있고 또한 수행하여야 한다고 생각한다.

Marketing이란 자사 제품을 홍보하고 강점을 강조하여 고객에게 인지시키며, 또한 시장 상황이나 고객 상황을 파악하여 필요한 제품을 개발하도록 lead 하는 역할이다. 그리고 Sales는 이를 바탕으로 고객과 협상하여 program을 수주하는 것이며, PM은 수주한 project를 schedule 관리를 하여 납품까지 완결되도록 하는 것이다.

2001년 N사를 방문하였을 당시 Panasonic과 Sony의 원통형 2.2Ah cell을 사용하였고, 이에 당사 2.4Ah를 개발하도록 lead하고 동 고용량을 장점으로 고객에 promotion 활동을 하여 project를 수주하였고, 수주한 이후에는 고객과 당사 내부적인 communication으로 EVT(Engineering verification test), DVT(Design verification test) 그리고 PVT(Production verification test)의 schedule을 PM으로 관리하면서 납품하고 성공적으로 완수를 하였다.

하지만 무엇보다도 영업의 타 부문과 다른 점은 고객과 창구 역할이다. 모든 사업은 고객으로부터 출발하여 고객에게서 종결이 된다. 고객의 needs가 영업을 통하여 당사 내부적으로 소통이 되며, 이러한 요구 사항이 내부적인 각 기능 부서의 작업과 역할을 통하여 제품이나 서비스로 탄생이 되고, 영업을 통하여 고객에게 최종 제품이 전달되면서 완결이 되는 것이다. 따라서 영업은 고객과의 관계에 있어서 각별한 관심과 자신만의 know-how로 사업을 이끌어 가야 한다.

미국의 유머 이야기다. 어느 날 아들이 아빠에게 와서 말했다. 아빠, 나 여자친구가 생겼어. 이제 결혼하려고. 이 말은 듣자마자 아빠가 말했다. Say "Sorry". 아들이 이해하지 못하고 물었다. 뭐라고요? 아빠가 다시 말했다. Say "Sorry". 아들이 그냥 빤히 쳐다보자 아빠가 한 번 더 말했다. Say "Sorry". 아들이 마지못해 이야기했다. "Sorry". 그러자 아빠가 말했다. "Now you are ready to get married".

우리는 결혼을 한후에 배우자에게 자기가 꼭 잘못하지 않은 것에 대해서도, 분위기를 좋게 하려고 잘못했다고 말한다. 그리고 속으로 생각한다, 가족의 평화가 제일이라고. 나는 영업도 마찬가지라고 생각한다. 영업은 회사의 대표이자 얼굴이다. 따라서 내가 잘하느냐 못하느냐도 있겠지만, 그보다는 먼저 회사가 잘못한 게 있으면 회사를 대신해서 사과해야 한다. 많은 영업인이 그렇지 않게 생각하는 것을 보아 왔다. 회사가 잘못했는데, 개발이 잘못했는데, 혹은 생산이 품질이 잘못했는데, 내가 왜 이러한 수모를 겪어야 하느냐고. 그것에 대한 답은 간단하다, 영업은 고객과의 관계에서 회사의 얼굴이다.

외국인과 내국인의 대응 차이점

제일 먼저 차이는 소통의 수단인 언어라고 할 것이다. 한국어가 아닌 대부분 영어로 이야기한다. 물론 일본어, 중국어 등 현지어로 이야기하는 예도 많지만, 기본 언어는 영어로 보아도 무방

할 것이다. 그런데 먼저 조심해야 할 것이 있다. 한국어는 특수하여 우리나라 사람 이외는 사용하는 사람이 거의 없으므로, 고객과 회의 중에도 우리끼리 필요한 내부 논의를 한국어로 하는 경우가 많이 있다. 그런데 지금은 외국인 중에서도 한국어를 말하거나, 또는 조금 이해하는 사람들을 간혹 만나게 된다. 그러한 상황을 모르고 우리끼리 한국어로 이야기를 했다가, 나중에 고객이 한국어를 이해한다는 것으로 알고 중요한 이야기는 하지 않았다는지, 또는 나쁜 말을 하지 않았다는 등을 생각하고 가슴을 쓸어내리는 경우가 있다.

따라서 고객 중에서도 한국어를 이해하는 사람이 있을 수 있으므로, 특히 잘 알지 못하는 고객을 만나서 협상을 할 때 조심을 해야 한다. 또한, 고객과 미팅 중에 우리나라 말로 내부 논의를 하게 되면, 특히 고위급 고객들 앞에서는 실례가 될 수 있는 점을 인지하고, 그렇게 해야만 할 경우가 발생하면 사전에 고객에게 우리끼리 한국어로 잠깐 논의함을 양해를 구하는 것이 좋다.

영어를 사용함에서 빠지지 말아야 할 오류는, 영어는 communication의 tool이지 잘하느냐 못하느냐가 중요한 것이 아니라는 점이다. 가끔 영어를 잘한다고 치켜세우면 우쭐하는 사람을 볼 때가 있다. 영어에서 중요한 점은 "Read between the lines"라고 문맥을 파악하는 것이다. 이것이 communication과 translation/interpretation과의 차이점이다. 영업인은 통역하는 것이 아니라, 언어를 통해 정보를 파악하고 진위를 판단하며, 그리고 당사 필요사항이 수용되도록 설득하는 것이다. 영어 문맥에 치우치지 않고 상대방의 요점과 position을 잘 파악하여, 협상을 당사가 유리한 방향으로 이끌어 가도록 활용하여야 한다.

서면으로 communication 할 때 보다 face to face communication을 잘 활용하여야 한다. 글자로 하는 것은 정말 문맥으로 결과만을 쓰는 경우가 대부분이며, 글로써 상대방을 설득하는 경우는 매우 드물다. 새로운 정보나 제안이 아닐 경우 글은 서로 간의 입장을 통지하는 수준이 대부분이며, writing skill이 중요하기는 하지만 결정을 바꾸는 경우는 별로 보지 못했다. 하지만 face to face communication에서는 많은 것이 달라진다. 상황이 수시로 달라질 수가 있으며, 생각할 별도의 시간이 없이 의사 결정이나 판단을 해야 하는 경우가 많다. 따라서 경험과 know-how가 매우 중요하다.

그리고 고객과의 대면에서 자연스럽게 배려해야 할 것은 체취이다. 코 고는 소리와 체취는 본인만 모른다고 한다. 우리가 외국인을 만나면 국민에 따라서 독특한 체취를 맡게 되며, 외국인도 우리나라 사람을 만나게 되면 역시 동일하다. 사람을 처음 만나게 되면 초기 대면 3분으로 그 사람에 대한 인상을 품게 된다. 따뜻한 인상, 차가운 인상, 호감이 가는 사람, 거부감이 느껴지는 사람, 등. 특히 영업인은 많은 고객을 지속적으로 대응하여야 하므로, 본인에 대한 고객의 평가가 부정적이라면 좋은 성과를 만들거나 오랫동안 이 일을 할 수가 없다. 따라서 본인이 만들고자 하는 이미지를 형성할 수 있도록 지속해서 노력해야 한다. 특히 다른 기능과는 달리 고객과 face to face meeting에서 영업이 앞으로 나서서 지속적으로 말을 해야 하므로, 체취에 대해서는 더 신경을 써야 한다.

나의 경우에는 고객 meeting을 앞두고는 김치나 한식을 먹지를 않았다. 이제는 한식도 음식 문화에서 주류가 되었다고 생각하지만, 저녁에 고객과 같이 한식을 먹을 경우 자연스럽게 그 냄새에 익숙해 지지만, 고객 meeting시에는 대부분 긴장하여 신경이 예민한 부분이므로, 색다른 냄새가 발생하지 않도록 주의를 하였다. 물론 이러한 습관으로 고생한 적도 있다. 2012년 경이었던 것으로 기억을 한다. 일본으로 SO사 $Xmil claim 협상을 하러 출장을 가는 날이었다. 아침 8시경에 김포공항에서 하네다로 출발하는 비행기 탑승하였는데, 아침 식사와 운동 중 운동을 우선시하므로, 그날도 아침 운동을 하였으므로 자연스럽게 아침은 거르게 되었고, 현지에 도착하여 입국 절차 후에는 차로 이동하면서 미국 N사와 conference call을 진행하였다.

한 시간 정도 conference call 하면서 도쿄 시내에 도착하였고, SO사 meeting까지는 30여 분이 남아 있었다. Van으로 이동 중이어서 주재원이 한식 도시락을 미리 준비하였었고, SO사 회사 근방에 도착하여 식사하려고 하는 순간 한식이라는 것을 내가 인지하게 되었다. 그래서 내가 고객 meeting을 앞에 두고 한식을 먹고 김치 냄새를 풍길 수 없으니 그냥 굶겠다고 하였더니, 주재원이 근방의 편의점에서 빵을 사 왔다. 그렇게 빵을 먹고 SO사 회의에 들어갔는데, 품질 claim 회의라 미팅 분위기가 매우 험악하였고 계속 양사 간 언쟁을 하게 되었다. 진척이 없자 내가 SO사 부사장과 개별 meeting으로 보상 합의를 하려고 하였지만 결렬되었고, 회의를 저녁 6시가 되어가자 지쳐서 더 이상 할 수가 없는 지경이 되었다.

그래서 내가 배가 고파서 오늘은 그만하자고 하면서 고객 미팅을 종결하였고, 우리끼리 일식집으로 와서 종일 말싸움에 지치고 목이 말라서 먼저 맥주부터 마시게 되었는데, 한잔을 마시니 속이 싹 차갑게 가라앉는 느낌이 들더니, 그날 밤에 감기에 걸려 밤새 기침하고 잠을 자지 못하고 고생을 하였다. 그날 한식 도시락이라도 먹었으면 덜 아팠을지도 모르겠지만, 나는 지금도 고객 미팅을 앞두고 한식이나 김치를 먹지 않는 습관을 유지하고 있다. 그리고 지금은 매일 아침 일어나자마자 먼저 이를 닦으며, 비행기 탑승 이전에 그리고 고객 미팅 이전에 이를 닦는 습관을 지니고 있다.

그리고 미팅을 하게 되면 보통 몇 시간은 하게 되어, 같이 화장실을 하게 되는 경우가 많다. 나도 이제는 이러한 생활에 익숙하여 어떤 일을 보더라도 화장실에서 나오기 전에는 꼭 손을 씻고, 손을 씻을 때 hand wash를 사용하고 또 입안을 헹구는데 가글도 있으면 사용한다. 그런데 화장실에서 나오면서 손을 씻지 않은 사람을 어쩌다 보게 되는 경우가 있다. 그리고 이러한 것을 보게 되면 서구인은 이상하게 생각하므로, 화장실에서 나오기 전에는 꼭 손을 씻는 습관을 들이기 바란다.

고객의 한국 방문 대응

한국으로 고객사가 자주 방문하지만, 특정 고객의 처지에서 보면 많아야 연 두세 번 방문하면 많이 하는 편이고 대부분은 연 1~2회 방문하거나 2~3년에 한 번 방문하는 고객도 많으며, 매달 방문하는 고객은 공장에 거주하는 품질 엔지니어가 아니고서야 사업 협상을 위해 그렇게 자주 방문하는 고객은 거의 없다. 더군다나 고객사는 당사만 방문하는 것이 아니며, 경쟁사도 같이 방문하는 경우가 대부분이므로, 고객의 한국 방문 시 먼저 고객의 전체 일정을 파악하는 것이 우선순위이다. 그리고 당사가 선택 가능하다면 당사에 전략적으로 유리한 날짜를 선택하도록 해야 한다.

전동 공구를 하는 업체인 TT사나 SB사, 또는 B사의 당사 방문 시 보통은 당사를 두 번째 날로 선택하게 하였다. 첫째 날에 당사를 방문하면 당사의 정보가 open이 되므로, 고객사가 다음날 경쟁사 방문하여 어떤 협상을 할지 모르는 상태에서 일반적으로 당사에 불리하다. 그래서 먼저 경쟁사 방문을 하도록 한 후에, 가능하다면 경쟁사에서 어떤 협상이 이루어졌는지 파악을 하고, 그에 따라 다음날 당사에 유리한 방향으로 이끌어 간다.

이때 주의할 점은 고객사가 경쟁사와 전날 식사를 어디서 했는지도 파악을 해야 한다. 경쟁사와 동일한 메뉴로 식사 접대를 한다면 고객의 흥미가 떨어지므로, 예를 들어 동일하게 한식 바비큐를 한다고 해도 경쟁사는 소주를 마셨다면 당사는 와인을 준비한다든지 하여 차별화를 하도록 하였다.

하지만 당사가 공격적으로 협상할 필요가 있을 때 먼저 당사를 방문하도록 하여 합의를 완료하고, 이로 인하여 다음 날 경쟁사와는 중요한 합의가 되지 않도록 사전에 차단해야 할 때도 있다. 고객의 방문 목적과 전략을 명확하게 파악하고, 당사 역시 어떤 것을 이루고자 하는지 협상 목표를 분명히 하여, 고객 방문으로 인하여 최대한의 결과를 만들어 내고자 노력한다.

식사 시의 에티켓

요즘의 세대는 양식을 자주 먹게 되므로 table manner는 장황히 언급할 필요는 없다고 생각한다. 단지 특이한 점이나 조심해야 할 사항은, 우리는 식사 중에 코를 소리 내어 풀지 않지만, 외국인 중에는 간혹 그렇게 하는 사람을 본 적이 있으며, 이는 외국식사 manner에서는 문제가 없다. 단지, 우리는 재채기를 할 때는 팔로 가리고 한다는 등, 상대방에게 튀지 않도록 조심해야 한다. 그리고 음식물이 입에 있을 때 말을 하지 않도록 하여야 하고, 설령 음식물을 씹는 도중에 질문을 받더라도 다 씹어서 삼키고 물을 마신 다음에 이야기하는 것이 필요한데, 간혹 이러한 에티켓에서 벗어나는 것을 보게 된다.

고객이 처음 한국을 방문하는 경우에는 한식의 경우 설명을 조금 해주면 편리하고, 양식의 경우 appetizer를 같이 share 하는 경우가 있으므로 이때는 상대방이나 식당 종업원에게 문의하거나 혹은 자신 있으면 개인이 결정하면 되므로 별문제가 되지는 않는다. 또한, wine을 시킬 경우에 고객에게 선택하게 하거나 이 역시 추천을 받거나 하여 결정하면 되고, 고객이 특정 wine를 좋아한다면 기억하였다가 주문하면 된다. M사의 Mary가 Cake Bread를 좋아하여서 식사때마다 동 wine를 주문하면 실수하지 않고 또 상대방이 좋아하였던 기억이 있다.

식사 선택은 상대방이나 restaurant의 추천으로 하면 되는데, host 입장에서 항상 준비나 고려해야 할 사항은 식사 시의 화제이다. 보통 식사시간이 두 시간은 걸리며, 술기운에 말을 많이 하는 한국인의 경우에는 이 긴 시간이 부담되는 경우가 종종 있다. 하지만 정말 고객과 속마음을 이야기할 수 있는 시간은 미팅 때보다는 식사 시에 하는 경우가 더 많으므로, 상대방의 관심 사항을 유념하여 당사가 원하는 것을 얻기 위해 화제를 자연스럽게 유도를 해야 하므로, 사전에 상대방 회사와 인적 사항을 파악하고, 식사시간도 협상의 연장이므로 식사 중에도 계속 당사의 목표 달성과 고객과의 친밀감 구축을 위해 머릿속은 긴장감을 늦추지 않고 목표 달성을 위한 협상을 지속 노력하여야 한다.

3) 경쟁력 있는 회사 체계의 구축

ESS 전지 사업부로 이동하여 처음 일 년간 전력망 미주/유럽을 맡아오고 있었고, 일 년이 지난 후에는 전력망에 대해 국내를 포함하여 전 세계를 담당하게 되었다. 처음 일 년간을 보면 조직 간의 충돌로 내부적인 협업이 되지 않고, 과제를 수주하여 납품도 못 하고 납기 지연배상금을 물기도 하고, 선적이 지연되면서 채권 연장 등 불필요한 업무가 셀 수도 없이 많이 발생한 것을 보았다. 업무 flow를 알지도 못하고 조직간 협업이 되지도 못하게 구조적으로 조직을 만든 경영자들의 잘못이라고 생각한다. 각 영업팀은 고객으로부터 수주하는 것이 본연의 업무인데, 수주하고도 납품이 될지 안 될지도 모르고, 그리고 국내 화재 대응으로 인하여 생산 capa를 중간에 갑자기 사용함에 따라 고객 납기는 전부 뒤로 밀리게 되고, 그렇게 밀려온다던 고객 order도 하반기부터는 갑자기 썰물처럼 빠져나가더니 결국에는 사업계획 XGWh에도 턱없이 부족하게 매출을 X천억 수준으로 마감하면서 오히려 매출 역성장이 되었다. 실은 실제의 수요가 있었던 것이 아니라, 예전의 shortage 경험으로 인하여 고객이나 영업사원 모두 가수요를 일단 잡아두고서 capa를 확보하려고 했던 것인데, 이는 시장 정보 부재와 영업사원의 책임감 부재 그리고 체계적인 회사 운영이 부재하여 발생한 것이다.

그래서 ESS 사업부로 온 이후에 제일 먼저 한 것은 내부 소통이었고, 일 년이 지난 후에는 업무 process를 어느 정도 정립화하였던 것이다. 가장 간단한 제품 보증서에 대해서도 몇 년 전에 만든 업무 process를 지키지 않고 있었으며, 또한, 보증서의 법적 효력에 대해서도 제대로 검토가 되어 있지도 않은 상태에서 제각각 사용하고 있는 것을 알고, 개선을 시작하였다. 제일 먼저 일원화된 업무 절차와 법적으로 유효한 제품 보증서의 기준을 만들어서 이를 바로 시행하게 하였고, 이어서 보증서 자체에 관해서도 내용을 검증하고 수정하는 작업을 수행하여 표준화하였다.

초기 일차적인 업무 표준화 수립 이후에 팀장과 팀원들의 역량을 강화하여 나가기 시작하였다. 먼저 팀장들에게 개인적으로 또는 팀장 전체적으로 feedback을 주었고, 나중에는 내가 맡는 부분이 2개 담당으로 확대가 될 것으로 보며 그의 경우 현 팀장 중에 담당도 나올 것이므로 선의의 경쟁과 상호 도움을 당부하였고, 실제로 2개 담당으로 3년 차에는 다시 확대되면서 팀장 중에 신규 담당으로 승진하고 더불어 신임 팀장들도 다음해에 생겨나게 되었다. 물론 경쟁만 할 수도 있는데 내부적으로 단결이 안 되면 성과가 나오지 않을 것이며, 그럴 경우 결과적으로 조직 전체적으로 그리고 팀장들도 전부 승진 기회를 상실하게 되므로 사업부 성과 창출을 위해 서로 힘을 합하여야 함을 강조하였다.

그리고 많은 의사 결정을 팀장에게 위임하고, 팀장 회의를 통하여 포상 및 단기성과금을 포함하여 많은 사항에 대해서 의사 결정을 하면서 팀장의 역량을 향상시켜 나갔다. 또한, 해당 업무가 아니더라도 팀장 회의에서 논의하여 다른 팀장들도 간접경험을 하는 것으로 하였고, 시발점으로 중국 J/V에 대해 팀장 회의에서 논의하였다. 그리고 동 논의에는 중국 담당자도 참석하여 의사 결정 과정에 참가하고 팀장들이 어떻게 논의를 하는지 경험을 쌓는 기회를 주는 것으로, 될 수 있으면 많은 경험을 하도록 하였다.

2주마다 한 번씩 전력망 Global Conference call을 국외법인과 본사 팀장이 참석하여 영어로 진행을 하고 있으며, 주관은 영업관리팀장이 하고 해당 account에 대해 구체적인 논의가 있을 경우 PM이 참석하여 leading을 하라고 하였다. 그리하여 동 call에서 매출과 중장기 수주 그리고 전략에 대해서 논의하고, 물량 allocation이나 중요한 결정을 동 call이나 팀장 회의에서 하는 것으로 하였다. 또한, 반기에 한 번 할 예정으로 연초에 Global Strategy Conference를 진행하였고, 국외법인이 당연히 참석하지만, 영업팀장과 PM은 참석하여 영어로 발표를 하였으며, 국내 업무만 한 팀장이나 PM의 경우 물론 challenge가 되겠지만 그래도 한번 해보는 것으로 하여 경험을 쌓도록 하였다.

PM과 팀원 역량 함양에도 계획을 세웠다. Key account에 대해 PM을 선정하였고, 동 PM은 소형전지의 PL(Part Leader)이나 자동차용 전지의 PM(Program Management)과는 다른 더 광대한 업무로 Professional Management로 팀장 역할을 할 것을 주문하였다. 해당 account에 대해서는 팀장을 대신하여 대내외 communication이나 논의를 leading하고, 사업부장 고객 방문 시에도 팀장이 아닌 PM이 동반 출장을 가는 것으로 하였다. 또한, PM은 담당자처럼 개인적으로 일하지 말고 팀장처럼 조직적으로 일하도록 하였고, 유관부서 팀장이나 담당과도 직접 communication하고, 그리고 고객 방문 시에도 실무자만 대동하지 말고 필요하면 유관부서 팀장들도 참석하게끔 leading 하도록 하였다. 또한, 국내 고객만 담당하던 영업 인원이나 신입 인원의 역량과 경험 구축을 위하여 해외고객의 당사나 남경 공장 방문 시 다른 팀도 고객 방문 일정을 내부적으로 공유를 하고, 다른 팀 인원이 국내나 남경 출장을 동반하여 지원하면서 배우는 기회를 주도록 장려하였다.

평가에 대해서는 사업계획 매출, 추가 매출, 중장기 수주로 하며, 사업계획 매출에 대해서는 전략적으로 allocation을 해야 하므로 allocation 변경의 경우 동 건을 반영하여 사업계획을 수정한다고 하였으며, 국내 시장의 경우 화재 품질 이슈 대응에 대해서도 인정을 하겠다고 하였다. 품질 이슈의 영업 대응으로 인하여 직원들이 매우 frustration과 피로감을 느껴오고 있으므로, 동 이슈 대응으로 본인이 배울 수 있도록 하라고 guide 하였다. 나의 경험으로는 이런 화재의 경우 원인이 명확하게 규명이 되지 않으며, 설령 주수장치를 부착하여 화재확산이 안 되고 진압이 되더라도 소방차가 출동하여 사회적이나 언론에 다시 문제가 된다면 그동안 고생한 것이 다시 물거품이 되므로, 품질의 판단에 전적으로 따르지 말고 어차피 사업은 사업부가 책임져야 하므로 주도적인 판단으로 risk를 줄여가라고 하였다. 또한, 이러한 화재는 이번이 끝이 아니라 전지 사업을 하게 되면 앞으로도 일어날 것이므로, 이러한 경험을 통하여 앞으로 발생 시 어떻게 대처할 것인지 본인의 경험을 쌓는 계기로 삼는 것으로 업무적 스트레스를 극복해나가기를 권고하였다.

영업관리팀 인원들을 사업가로 성장시키면서 업무 혁신을 하도록 요청하였다. 현재는 디지털 혁명으로 업무의 모든 영역에서 많은 변화가 오고 있으므로 RPA(Robot Process Automation)를 많이 활용하도록 하였고, 궁극적으로 가치가 낮고 routine 한 업무는 자동화하라고 주문하고 나중에는 출하사원을 단순한 업무에서 벗어나서 영업사원으로 전환하겠다고 하고, 일 년 뒤에는 이에 따라 시행하였다. 그리고 영업관리팀은 영업팀 전체의 control tower 역할을 하는 것뿐만 아니라, 전략적인 의사 결정하면서 영업을 leading 하라고 주문하였고, 궁극적으로 영업관리팀은 해당 업무에 통달하면 사업 전체에 대한 안목을 가지고 사업을 이끌어 갈 수 있는 능력을 갖추는 사람이 되기를 기대한다고 하였다.

개인의 역량도 중요하지만, 조직의 역량과 문화는 더욱더 중요하며, 학습이 없는 조직은 사업에서 살아남을 수가 없다. 기술의 발달과 가격의 하락으로 생산에서 문제는 지속적으로 발생할 것이며, 이제부터 본격적으로 EV 전지 사업의 성장이 궤도에 오르게 되는데 이에 따라 신규 인력은 더욱 필요할 것이며, ESS 전지 사업은 그 이후에 본격적 성장의 궤도에 오르게 되므로 전지 사업은 향후 10년간 엄청난 성장을 하게 될 것이다. 하지만 이러한 성장에도 불구하고 최고 경영자의 단발적인 시각으로 인하여 인력양성은 제 때에 이루어지지 않을 것이고, 이에 따라 더 많은 사람이 문제에 휘말리며 힘들어 할 것이다. 인력 수급은 항상 요구에 늦게 따라올 것이며, 시스템의 효율화와 내부 소통은 이보다도 더 늦게 따라올 것이므로, 오로지 인내심이 있는 사람들은 지속적으로 배우고 성장해 갈 수 있으며, 향후 30년 일하기 위해서는 경영자는 신념이 필요하지만, 그 아래에서 일하는 임직원들은 인내가 가장 필요한 것 같다.

ESS 사업부 형성 이후에 많은 부문이 지금 처음이거나 새롭게 시행하는 변화이며, 이러한 실행을 통하여 3년 후 5조 사업을 하는 조직의 틀을 구축하고자 한다. 조직의 역량 함양과 안정적인 체계 구축, 그리고 5조의 사업의 기틀을 만들어 간 후에는, 그때는 내가 물러나야 할 때가 된 것이 아닐까 생각을 한다. 그리고 이러한 성과에 대해 내가 보답을 받을 것이 없어서 정말 아쉽기는 하겠지만, 개인적으로는 나의 역량을 다시 한번 증명한 것으로 만족을 하고, 그 이후에 나는 무엇을 해야 하는지는 숙제이지만, 이러한 경험과 깨달음을 이제는 나를 위해 사용하는 길을 만들어 가려고 한다.

● Wine Together & WebEx 회식

코로나로 인하여 회사 생활이나 개인 생활에 엄청난 변화가 일어났으며, 이동이나 출장이 불가함에 따라 사업이나 고객과의 관계에도 많은 어려움이 생겼다. 그리고 코로나가 장기화하면서 이를 적극적으로 잘 타파한 회사와 시간이 지나면 예전으로 돌아갈 것이라고 안이하게 생각한 회사 간의 차이가 크게 발생한 것 같다.

사업부장 후보 교육과정을 하면서 본부장님과 면담을 하는 자리에서 코로나로 고객을 만날 수는 없지만, 화상회의도 하니 이를 활용하여 고객과의 친밀한 관계를 구축하는 것이 어떤가 하는 tip을 받았다. 이에 생각하다가 고객 집으로 wine을 보내고 둘이 화상으로 같이 마시는 것은 어떨까 하는 생각에 이르게 되었고, 이를 구체적으로 실천을 하였다. 먼저 고객 집으로 wine을 두 병을 보냈는데, 이는 나와 같이 wine을 한 병은 open 하므로, 다 마시지는 않는다고 하여도 가족이나 wife와 같이 마실 wine을 하나 더 추가로 보내는 것이 좋지 않겠느냐는 생각에서였다.

그리고 명칭을 여러 가지로 고민하다가 wine together라고 하고, 나중에 이를 미국과 프랑스 등 5개 주요 국가에 대해 상표 등록도 신청하게 하였다. 처음에는 wine party with key partner, virtual wine drink with friend 등 다른 문구도 고민하였는데, 길어지면 기억하기도 어렵고 핵심을 전달하는 것이 낫겠다 싶어서 wine together로 정했는데, 표현이 간결하여 전달하기도 쉽고 또한 의미도 명확하여 부수적인 설명도 많이 필요하지 않아서 상대방도 이해하는 데 어려움이 없었다.

ESS 전력망에 가장 큰 고객들이 미국에 있어서 먼저 미국 고객사를 상대로 시작하였다. 몇 개 고객사들과 일정을 잡아가면서 고객사 집으로 괜찮은 wine을 배달시켰고, 아무래도 고객사의 저녁 시간에 맞추는 것이 좋겠다 싶어서 미국 저녁 식사 때나 저녁 식사 이후 디저트 시간에 맞추다 보니, 자연스럽게 한국시각은 아침이 되었다. 그래서 첫 번째 고객과 시간을 정하여 준비하는데, 미국 저녁에 맞추어 나는 한국시각 아침 8시나 9시에 wine을 마시려다 보니 아무래도 부담이 되었다. WebEx 화상으로 하니 고객이 내가 어떤 wine을 마시는 것인지는 알지 못할 것이므로, 처음에는 포도 주스로 나는 마시려고 계획을 하였다. 그런데 아무래도 고객과 이야기를 할 때 느낌이 나지 않을 것 같았다. 물론 고객은 내가 wine을 마시는지 아니면 포도 주스를 마시는지 알지는 못하겠지만, 나는 알고 있는 것이다. 내가 포도 주스를 마시면서 wine을 마시는 척을 한다고 하면, 상대방은 모르더라도 나는 알고 있으므로, 스스로 상대방의 기분에 맞추어 대화를 이끌어 가는 것이 아무래도 자연스럽지가 않고, 억지로 하게 됨에 따라 진정성이 부족하지 않을까 하는 생각이 들었다.

이에 wine을 마시는 것으로 결정을 하고, 아침부터 같이 화상으로 wine을 마시면서 이야기를 하였는데, 효과가 생각 이상으로 엄청났다. 처음에 기대사항은 코로나로 인하여 고객들과 저녁 식사도 하지 못하므로, wine together라는 핑계로 집으로 좋은 wine을 두 병 선물로 보내주어 고객 접대를 한다는 생각이었고, 또 그러므로 기껏해야 2~30분 이야기하면 되지 않겠느냐는 생각이었다. 그런데 웬걸 시작하면 기본이 한 시간이었다. 일대일 단독이어서 화젯거리가 많지 않을 것이고, 안부 전하고 사업에 대해서 한두 가지 협의하면 되지 않을까 생각했는데, restaurant에서 식사할 때는 종업원이 시시때때로 와서 문의하고 주문받고 하면서 대화가 끊어지기도 하는데, 일대일로 화상으로 얼굴을 보면서 아무도 방해하는 사람이 없다 보니 대화에 몰두하게 되고, 그리고 사업적인 것에 대한 것보다 오히려 개인적인 것에 관해서 쉴새 없이 이야기하게 되었다. 그리하여 주요 고객사의 key person과 개인적인 친밀을 구축하게 되었고, 아침부터 wine을 사무실에서 마시면서 점심때까지 취기는 남아 있었지만, 기분은 매우 좋았다.

유럽의 저녁 시간에 맞추기가 쉽지 않아서, 유럽 고객과는 해외 출장에서 귀국하여 자가격리 기간 2주 동안 진행하였다. 유럽 저녁 시간은 한국 자정이나 새벽 두 시가 되었으며, 마침 미국을 다녀와서 자가격리 기간에는 시차도 있고 또한 근무시간에 구애를 받지 않아도 되어서 그때 하는 것으로 계획을 하였다. 이 또한 매우 효과적으로 진행하였고, 보통은 여성이 수다스럽고 남성은 말을 많이 하지 않는 것으로 알고 있는데, 이렇게 해보니 전혀 맞지 않은 말이었다. 한 회사의 중역은 본인이 원래 하고 싶었던 것이 역사 선생님이었다고 해서, 그럼 지금이라도 역사에 관련된 책을 꾸준히 읽으면서 은퇴해서 하면 되지 않겠느냐고 제안을 하니, 우리 같은 사람들이 역사책을 볼 시간이 어디 있겠느냐고 하여, 지금도 리더십이나 management에 관한 책은 계속 읽으니 이런 책을 좀 줄이고 대신 역사책을 읽기 시작하면 되지 않겠느냐고 답하자, 그러면 되겠네 하고 맞장구를 치면서 이러한 이야기가 끊임없으면서, 나는 잠도 자지 못하고 새벽 3시 반까지 같이 이야기를 이어가곤 했던 것이다.

Wine Together는 내가 시작하여 조직의 다른 부서에 전파가 되었고, 이를 확대하는 데 CEO께서 앞장을 서서 적극 활용을 주문하시는 바람에, 본의 아니게 내가 다른 사람들에게 민폐를 끼치지 않았나 생각을 한다. 물론 코로나 시대에 고객과 밀착 관계를 유지하기 위해서 매우 효과적이라고 생각을 하지만, 하기 싫은 사람들도 있기 마련이기에 그런 사람들에게 일을 만들어 준 것이 아닌가 싶다.

내 개인적으로 효과적으로 생각을 하고 있었지만, 이를 사내에 내부 소통 을 위한 활용에 대해서는 나도 생각하지 못하고 있었다. 그런데 영업관리팀장이 고객들과 한 것처럼 팀들과도 화상 회식을 하는 것이 어떻겠는지 제안을 하였다. 그래서 처음에는 우리끼리 쑥스럽게 어떻게 하겠느냐 하면서 부정적으로 답을 하였다.

그러다 조금 더 생각을 해보니 코로나로 인하여 어차피 회식도 못 하니 한번 해보는 것은 어떨까, 하는 생각이 들었다. 이에 팀들과 저녁 7시로 시간을 잡고, 처음에는 wine을 단체 구매 가격으로 개인이 구매할 수 있도록 하고, 집에서 각자 참석하면서 개별로 조활비를 사용하는 것으로 하였다. 그런데 이 또한 매우 효과적으로 내부 소통에 매우 유용하였다. 단체 회식을 하면 사람이 많은 관계로 주변의 몇 사람만 이야기하게 되고, 다른 테이블의 회사원들과 이야기를 하기 위해서 자리를 이동하면서 어수선하게 되기도 하는데, 화상으로 하는 회식은 모두가 평등하게 대화하면서 전체 진행에 집중이 되므로 식당에서의 회식과는 다른 평등한 소통을 가능하게 하였다. 이에 WebEx 회식이라고 명명을 하고 진행하였는데, 개인적으로 집에서 먹을 것을 주문하는 것 이외에는 준비할 것은 별로 없이 편안하게 화상으로 건배를 외치면서 같이 술을 마시곤 했는데, 팀에 따라서는 어떤 팀은 게임이나 행사 진행도 준비하여, 한 시간 동안 정말 재미있게 하였다.

처음에는 젊은 친구들이 많고 또한 고객들과 Wine Together 행사를 하고 연장선에서 회식하는 것이므로 당연히 wine을 선호하고 주문할 것으로 생각했는데, 대부분 직원들이 맥주를 기본으로 치맥을 선호하였다. 그리고 코로나가 길어지면서 다음 해에도 추가로 진행하였는데, 나름대로 know-how를 터득함에 따라 일인 활어회를 주문하거나 본인들이 좋아하는 안주를 주문하는 등 나름대로 만족한 저녁 회식을 진행하게 되었다.

코로나로 인하여 Wine Together를 고객과 진행하면서 또 다른 장점의 하나는 고객 자택 주소를 알게 된 것이고, 이로 인하여 고객들 자택으로 기념일 선물도 전달도 하였다. 물론 코로나 종식 이후에 대면 활동으로 대부분 돌아갈 수도 있겠지만, 우리가 쌓은 know-how는 그대로 유지가 될 것이며, 앞으로 다른 형태의 사회적 위기가 오더라도 비슷하게 고객 밀착 영업은 지속할 수 있을 것으로 생각한다.

4) ESS 사업의 미래와 과제

처음 일 년간 사업을 운영하면서 결과적으로 느끼게 된 것은, 전력망은 사업과 전략이라는 것이다. 주택용의 경우는 영업이며, 영업의 주된 업무는 매출과 재고/채권 관리인데, 전력망의 경우 여기에 더하여 어떤 고객과 어떤 사업을 할 것인지 먼저 전략을 결정하여야 한다.

소형전지에서 20여 년간 경험해온 바에 의하면 초기에는 당사가 packer 같은 중간 고객에게 납품하였지만, 시간이 지나면서 OEM과 직접 거래를 하게 되었으며, 초창기에는 중간 고객은 성장을 해오다가 지금은 중국 packer 이외는 거의 소멸해가고 있으며, OEM 고객의 경우도 많은 회사가 시대의 흐름에 따라가지 못하여 사라지고 말았다. 나는 전력망에서도 동일한 trend가 될 것으로 예상하였으며, 이러한 변화가 시작되고 있음을 느끼고 있다. 당사의 V사 X.XGWh 수주를 출발로 EDF 등 utility나 developer 회사와 직접적인 거래나 계약을 진행해오고 있는 것이며, 시간이 갈수록 NEC가 이미 사업을 접어가고 있듯이 많은 SI(System Integrator)나 EPC(Engineering Procurement Company) 등이 사라질 것으로 본다. Global 사업을 위해서는 무엇보다도 시장과 큰 frame을 읽는 눈이 필요하다고 본다.

이에 지난해 신입 사원들을 주축으로 하여 Developer 개척 TFT를 만들어 시장 개척을 시작했다. TG사 개척 성공 사례를 확대하고자 다른 developer 개척을 추진하였으며, 신입의 경우 internet searching 경험이나 know-how가 많을 것으로 기대하여 처음에 주력 member로 선정을 하였던 것이다. 그런데 산업에 대한 insight가 아직은 없는 터라 실제 고객과 pipeline의 구별과 파악에 어려움이 있었고, 이에 선임과 고참 사원들을 추가하여 leading 하게 하였으며, 자료 search및 정리를 위하여 part timer도 추가하였다. 하지만 internet search만으로는 한계가 있어서 결국 미국과 유럽의 market 정보 회사를 계약하여 활용하여 ESS developer를 전체적으로 정리하고 contact을 시작하였고, 추가로 PV & Wind developer까지 확대하였다. 현재 이 활동은 지속하면서 전방위 활동을 강화하기 위하여 해외 장기 출장으로 현지에서 직접 developer와 연락을 하도록 적극 장려를 하고 있으며, 이러한 고객 접점의 확대를 utility까지 확대하여 궁극적으로 pipeline 정보를 최전선에서 신속하게 파악하려고 하고 있다.

전력망 사업의 가장 큰 특색은 cash flow가 다르다고 나는 강조한다. 소형이든 자동차용 전지이든 당사는 제품을 판매하고 한번 대금을 받는 것이며, 당사의 고객도 최종 제품을 생산하여 최종 고객에 판매하고 한번 대금을 받는다. 물론 자동차의 경우 capital이 있어서 다른 경우가 있지만, 기본적으로 제조업의 기능 안에서 이루어진다고 본다. 하지만 전력망의 경우 당사가 전지를 공급하고 Developer가 ESS를 설치하여 utility에 매달 전기료를 받으며, 작게는 10년 길게는 25년 매출을 일으키고 있으며, 이러한 cash flow로 인하여 나는 전력망 사업은 제조업이 아닌 energy service 회사로 변모시킬 수 있다고 보며, 이렇게 만드는 것이 궁극적으로 맞는다고 생각한다.

이를 위하여 첫 번째 단계로 profit sharing business model을 만들어 가고 있다. 당사가 battery를 asset으로 투자를 하거나 아니면 deferred payment나 지분을 받는 형식으로 만들어, 궁극적으로 바로 판매를 할 경우 X%의 수익이 발생하나, 이러한 profit sharing business model로 두 자리 수익률을 만들어야 한다고 생각한다.

이와의 연장선에서 battery maker뿐만이 아닌 EPC/SI의 turn key 제공으로 당사 bankability로 one stop & one contact로 고객이 사업을 할 수 있도록 해야 한다고 생각한다. Giga project가 늘어나면서 SI가 battery 구매 대행을 통한 cash flow를 유지하기가 어렵게 되어 가고 있다. 1GWh의 경우 battery 구매 금액이 2천억이라 SI가 handling 하기가 어려우며, 10GWh의 경우 system cost에서 4조의 asset이 10~20년 roll over를 하며, 매년 시장이 급성장하면서 매년 roll over 하는 금액이 6조, 10조로 급성장을 하므로 Developer도 혼자서 감당하기 힘든 부분이 생기고 있다. 이에 Developer가 capital 회사와 연계하여 사업을 추진하기 시작한다. 또한, SI의 경우 FL사 처럼 Cube를 만들어서 battery 제조 부문으로 사업의 영역을 확장하려고 하지만, 전지업체가 EPC/SI로 사업 영역 확대는 상대적으로 용이하지만, EPC/SI가 battery maker로 영역 확장은 매우 어려운 부분이 될 것이다.

ESS는 battery eco system의 중심으로 생각하며, 이로 인하여 여러 파생적인 사업이 생길 것으로 본다. 현재 recycle에 대해 시장에서 왕성하게 논의하고 있지만, 당사의 recycle pilot으로 볼 때 사업적인 타당성은 매주 낮게 보인다. 하지만 EV Charger의 확대는 매우 현실적인 미래로 보인다. 전기차가 늘어나면서 충전기의 수요는 지속 늘어날 것이나, 각 개인 주택에서의 충전기는 개인 수요임으로 꾸준하겠으나 급속 충전기를 사용하면서 실제 충전기 사업을 하는 것은, 연료보다 상대적으로 낮은 수입과 충전에 시간이 많이 소요되면서 공간 활용 면에서 충전기 사업성은 낮아 보인다. 하지만 micro grid와 연계하여 local에서 ESS로 수요를 충족시키면서 충전 사업을 하는 경우 사업 타당성이 충분하다고 보며, 이는 주유소처럼 장치 산업이 될 것이므로, EV charger에서 한 발 더 나가 EV Charger Energy business를 하는 것이 미래에 유망하다고 본다.

Battery chemistry 면에서 그동안 NMC가 소형이나 EV에서 주류가 되어 왔으나, ESS의 경우 LFP의 낮은 원가와 열적 안정성으로 인하여 LFP & NMC의 두 가지 solution이 필요하다고 본다. 물론 NMC의 경우 energy density와 SOC(Status of Charge) accuracy 면에서 유리한 경향이 있으므로, 이에 대한 수요 또한 꾸준할 것으로 생각한다. 당사를 포함한 한국의 전지 maker가 LFP에 대한 경험이 없으므로, ESS site에 중국 LPF를 outsourcing 하여 사용을 함으로써, field에서의 경험을 쌓아서 향후에 LFP가 본격적으로 생산이 되고 field에서 설치가 될 때 시행착오를 줄일 것으로 본다.

ESS 사업은 급성장을 하고 있어서 타 전지 사업과의 균형을 위해서도 이른 시간에 5조의 매출을 달성하여야 한다고 생각한다. 그 정도이면 규모 면에서 안정적으로 사업을 운영할수 있으며, 독자적인 투자나 resource 사전 준비도 가능할 것으로 생각하며, 향후 3년 이내에 5조 매출을 달성하도록 사업의 전방에서 개척을 해나가려 한다.

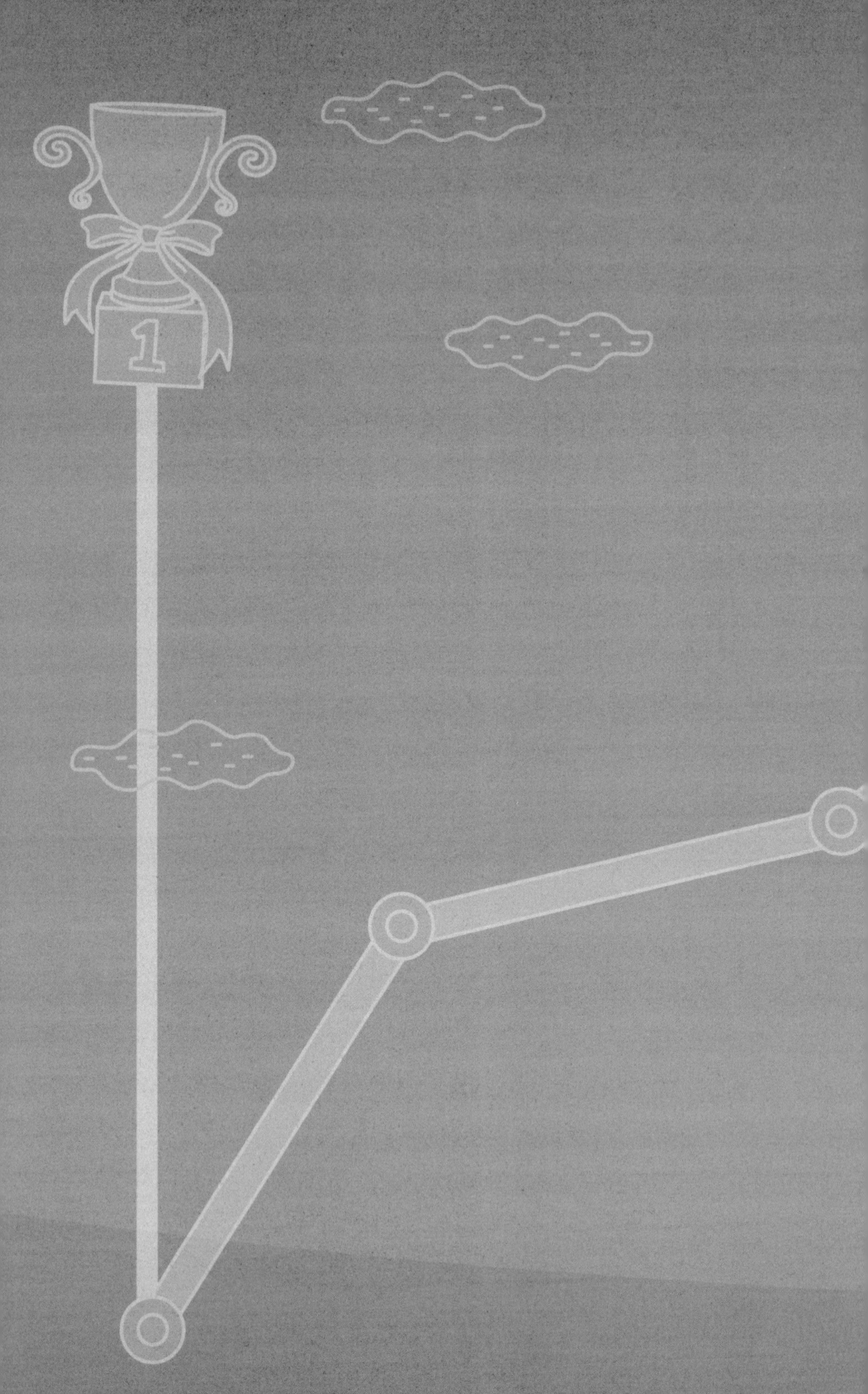

5부

대기업에서 성공의 길

대기업에서 성공의 길

지금까지 나열한 성과는 굵직한 것이며 작은 것들은 나열하지도 않았는데, 위의 성과가 작은 것인가? 그렇지는 않다고 본다. N사에서 직접 공장 생산 line을 X.X조 투자한 것은 적은 금액도 아니며, H사 소송 XXX억 해결도 적은 금액이 아니다.

위의 것은 내가 직접 전부 한 것들인데, 왜 인정을 받지 못했을까? 지금 와서 생각을 해보니 나의 KPI가 아닌 것은 나의 성과로 인정이 되지 않은 것 같다. 먼저 품질 영역의 성과를 생각해보자. N사나 H사의 recall을 협상하여 종결한 것은, 회사 입장에서는 골치 아픈 사건을 해결한 것이지만 성과로 보이지는 않는다. 회사에서는 일어나서는 안 되는 일이 일어나서 해결된 것뿐이지 이것으로 인해서 부가가치가 창출된 것은 아니라는 의미이다. 또한, A사 recall 방지의 경우 XXX억의 손실을 막아준 것이지만,

어차피 일어난 것도 아니니 아무도 그것을 경제적인 가치로 환산하여 성과라고 말하지 않는다는 것이다. 또한, 이러한 품질문제는 전부 품질 부문의 KPI 이므로, 성과는 전부 품질로 귀속되는 것이다. 소송 건도 마찬가지이다. 담합 소송을 해결하여 XXX억을 절감하였지만, 이것은 법무팀의 KPI로 성과가 귀속되어버리는 것이다.

그렇다면 사업적인 성과는 왜 인정을 받지 못한 것일까? 거기에는 두 가지 문제가 있었던 것 같다. N사 2D 수주와 고객 직접 투자 유치는 우리 그룹의 best practice가 되었고, 그 결과는 사업부 성과로 연결이 되었지만, 결국은 그 성과는 사업부장의 승진으로 조직의 장이 가져간 것이다. 사업부장과 나는 동일한 상무 직급이었고, 회사에서는 한 사업부에서 하나의 성과로 동일 직급의 두 사람을 같이 전무로 승진시켜주지는 않는 것이다. 그리고 나와 동반 출장을 가서 N사 CPO와 협상하는 나의 활약상을 잘 지켜본 본부장은 안타깝게도 그다음 해에 퇴직하였다. 그나마 사장님께서 본인이 지금까지 회사 생활을 하면서 N사와 사업을 오랫동안 해왔는데, 그렇게 통쾌하게 느낀 적은 처음이었다고 다른 직원들과 식사를 하면서 그 자리에 없는 나를 그렇게 많이 칭찬을 해주었다고 들었는데, 이것만이 나에게 위안이 되고 있을 뿐이다. 그리고 그 이후에 T사 원통형을 수주하고 승인을 받아 계약까지 마무리하고 ESS 사업부로 이동하였고, 그 T사 사업이 소형전지의 성과를 견인하게 되었는데, 이 또한 내가 떠난 바로 다음 해에 일어난 일이라 소형전지 사업부장을 다시 부사장으로 승진하게 만든 원동력이 된 것이며, 이어서 그 뒤의 사업부장도 전무로 승진시키게 만들었지만, 그것을 나의 성과라고 본부장이 인지도 못하고 있으며 또한 내가 ESS 사업부에 있으므로 사업부가 다른 나와는 관계가 없어져 버린 성과가 된 것이다. 결국은 열심히 밥상만 차려주고 만 것이다. 그렇다면 어떻게 하여야 직장에서 승진하고 성공을 할 것인가?

1) 현명한 선택

갈림길마다 두 가지의 길이 있다고 하면 잘 선택할 확률은 50%가 될 것이며, 매번 갈림길마다 잘 선택한다고 하면 갈림길이 계속될 때마다 50%씩 계속 곱해간다면, 인생을 살면서 확률로 보면 전부 잘 선택하여 성공할 가능성은 거의 0에 가깝다고 본다. 그렇다면 어떻게 현명한 선택할 것인가?

하지만 우리는 다행인지 불행인지 이러한 고민을 별로 하지도 않지만, 실제로 할 필요가 없을 때가 대부분이다. 가장 기본인 인생의 생로병사에서, 먼저 태어나는 것에서부터 누구도 자의적인 선택이 없이 이 세상을 나온 것이다. 그리고 자리가 사람을 만든다고, 평균적인 사람이면 그 자리에 두면 대부분 그만한 일을 한다. 물론 조금 더 잘하고 못하고의 차이는 있겠지만, 때로는 운에 의해 좌우되기 때문에 운7기3이라고 흔히들 말하는데, 실제로 맞는 말이기도 하다. 그런데 인생은 복잡하여 때로는 그 운도 실력일 때가 있으며, 그리고 그 실력도 운일 때가 있는 것이다. 이는 미리 준비하여 운을 자기편으로 만들어 가는 경우도 어쩌다가 한 번씩 발생하고, 하나 가지고 있는 실력이 시기에 맞아 성과로 연결되는 경우도 있기 때문이다.

어쩌면 우리는 매일 매일 갈림길을 지나간다. 대부분 인식하지 못하고 습관적으로 지날 때가 많다. 그리고 그렇게 우연히 배우자를 대개 만나게 되며, 그때는 맞는다고 생각을 하였는데 시간이 지나고 보면 아닌 것 같다는 생각을 많이 하게 된다. 그런데 자기도 본인의 마음에 항상 딱 드는 것도 아닐 텐데, 평생을 같이 지내는 반려자가 어떻게 항상 본인과 맞을 수가 있을까? 그렇게 생각하는 것 자체가 잘못된 출발점인 것이다.

50대 후반에 들도록 살아보니 정말 열심히 산 것은 틀림이 없는데, 그래도 뭔가 더 할 수 있는 구석이 있었다는 것을, 그리고 내가 부족한 것이 많았고 지금도 그렇다는 것을 깨닫게 된다. 그리고 내가 그 당시 잘 결정하고 선택했던 것들이 나중에 와서 보면 잘하지 못한 것 같다는 것을 느끼는 경우도 많다. 그래서 늦었지만, 이혼하는 예도 많은 것 같다, 이런저런 사유로 인하여.

군에서 복무하고 있을 때 가장 인상적인 기억은, 부대에 있을 때는 그렇게 집에 가고 싶었는데, 휴가로 집에 가서 며칠을 지내면 어머니의 잔소리가 싫어지기 시작하고, 이에 부대 복귀를 아쉬움 없이 하곤 했던 것이다. 그리고 결혼을 하여 비슷한 경험하게 된다. 가족을 위해 열심히 일한다고 하면서, 정작 가족과 같이 지낼 때 아내의 잔소리가 그리고 자녀의 말썽이 귀찮게 여겨지거나 싫증 나게 느껴지고, 그리고 시간이 지나면서 의무적인 대응을 하는 경우가 많아졌다는 것이다. 그러면서 나 자신도 상실하는 것 같다.

의료 사고로 내가 2주간 병원에 입원하고도 느끼지 못했는데, 아내가 종양으로 2주간 입원하고, 그리고 회사에서도 배신감을 느끼고 난 이후에야 비로소 보이는 것이 있다. 내가 스스로 한계를 만들면서 나만의 틀에 갇혀서 살고 있었다는 것을. 내가 매번 갈림길에서 현명한 선택을 하려고 예언하는 점을 보듯이 해야 하는 것이 아니라, 지구가 태양의 궤도를 돌아가듯이 나의 습관으로 매일 쳇바퀴 돌듯이 돌아가므로, 습관을 바꾸어 궤도를 변경해야 변화가 오며, 남을 탓해야 하는 것이 아니라 나를 탓해야 하는 것이다. 내가 바꿀 수 있는 것은 오로지 본인 하나뿐이며, 그 이외는 아내의 잔소리나 약점까지도 받아들여야 한다는 것을, 책에서 교훈으로 읽어서 배우는 것이 아니라 이제야 몸으로 느끼게 된다. 다행히 나는 몇 가지 좋은 습관을 지니고 있는데, 그중 하나가 미래의 준비다.

미래의 준비

팔자 탓인지 여러 독특한 사례가 한 번으로 끝나는 것은 아닌가 보다. 2011. 5. 23. 월요일. 또 한 번 내 인생에서 획을 긋는 사건이 일어났다. 건강검진에서 대장 내시경을 하다가 장 천공 사고가 발생하였다. 확률적으로 만분의 일보다 작다고 하더니 나에게 일어난 것이다. 두 번째 대장 내시경이었고, 2년 전에 했기 때문에 굳이 그해에 반드시 해야 할 것은 아니었으나, 미래 준비를 하자고 생각하고 그러려면 건강을 미리 챙기고 필요한 점검하자는 차원에서 2년 만에 진행하였다. 밤새 속을 비우는 것이 큰일이기는 하였지만 한번 해본 일이라 일요일 밤에 속을 비웠고, 월요일 아침에 건강검진 센터에 갔다.

모든 항목이 끝나고 마지막에 위내시경과 대장 내시경만 남았고, 보통 두 가지 내시경을 한 번에 수면으로 진행하기에 절차에 따라 침대에 누워 마취에 들어갔다. 그런데 마취 중에도 아랫배가 아프다는 것을 느끼고, 무의식중에 그만 아프게 해달라고 말하였다. 그러다가 가끔 의식이 잠깐 어렴풋이 들어오는 듯하고, 내가 의료 침대에 누운 채로 실려 가는 느낌이 들더니 갑자기 어디로 이동하는 듯하였다. 그리고는 마취에서 깨어나 보니 내가 응급실에 누워 있었다. 대장 내시경 중에 사고가 발생하였다고 들었고, 그리고 응급조치를 건강검진센터에서 하였는데 어떻게 될지를 몰라 보라매병원 응급실로 데려왔다는 것이고, 상황을 조금 두고 지켜보자고 하였다. 아침에 건강검진을 보통 8시에 시작하고, 10시 정도에 수면 내시경을 시작한 것 같은데 깨어나 보니 11시경이 된 것으로 기억이 난다.

가족은 Chicago에 있어서 그 전날 건강검진 들어간다고 전화로 말을 해두었는데, 이제 깨어보니 어떻게 될지 모르는 상황이어서 여동생에게 전화하여 상황을 대충 말해주고는 전화기를 꺼버렸다. 그리고 병원에서도 민감한 사안이어서 조심해 하는 것 같았고, 절차상 병문안을 오면 받겠냐고 물어 보기에, 일단 상황이 분명해질 때까지 외부 사람을 안 받겠다고 하였더니 외부 인원은 다 차단이 되었다. 나중에 보니 가족도 전부 차단이 되었던 것이다.

아침 11시경에 응급실에서 깨어나 조금 있다 병실로 옮겨졌고, 계속 상태를 지켜보는데 통증이 갈수록 심해졌다. 그래서 저녁 8시경 CT를 촬영하였는데, 복부에 출혈이 발생하여 계속 피가 내부에 쌓이는 것이 보여서, 그날 바로 수술을 하여야 한다고 했다. 갑자기 발생한 수술이라 누가 할지 몰라 불안감이 있는 가운데 기다렸는데, 밤 12시경 다행히 교수님이 오셨다는 말을 듣고 수술실로 들어가고, 그리고는 마취에 들어가 의식을 잃었다. 새벽 3시경에 여동생이 부르는 소리에 눈을 떴는데, 수술은 잘 되었다고 했는데 온몸에 한기가 들면서 견딜 수가 없었다. 그래서 이불을 더 가져다 온몸에 감고 히터도 켜고 하여 겨우 몸을 따뜻하게 하였는데, 몸을 조금도 움직일 수가 없었다.

나중에 알고 보니 일반적인 경우는 복강경 수술로 배에 작은 구멍을 만들어 최소한의 부위로 수술을 한다고 하는데, 의료 사고가 발생하였고 더군다나 건강검진 센터에서 임시 조치를 하였다고 하는데 내부에서 어떤 상태로 있는지 알 수가 없어서 배를 완전히 개복한 것이었다. 내 배를 한가운데로 한 뼘 이상을 그대로 완전히 절개한 것이었고, 그러다 보니 전혀 힘을 쓸 수가 없었다. 수술하고 나면 매일 체중을 재는데, 그다음 날은 아예 전혀 움직일 수가 없어서 나를 보자기로 싸서 통째로 들어 올려서 체중을 쟀다.

2주간 입원을 하였는데, 여러 가지 사건을 겪었다. 개복 수술 후에는 배 안의 가스가 밖으로 나와야 한다고 하고, 그리고 빨리 나오면 회복이 빠르다고 하여서 병원 내에서 걷기 운동을 시작하였다. 평생을 운동을 해왔는데도 평소에 사용하지 않은 부위를 사용해서인지, 병원 복도를 종일 걸어 다녔는데 이삼일을 걸어 다니다가 보니 나중에는 발가락에 물집이 잡혔다. 하루는 회복을 빠르게 하려고 병원에서 그렇게 했는지 포도당 주입이 평소보다 빠르더니, 밤새 한 시간 간격으로 화장실에서 소변을 쏟아내고, 나중에는 잠을 자다 말다 계속 화장실을 가게 되어 도저히 견딜 수가 없어서 포도당 주사를 빼달라고 하였다. 그렇게 해서 다음날 체중을 재니 하룻밤 사이에 체중이 4kg 이상이 빠졌고, 얼굴이 피골이 상접 하게 되더니 병문안 온 사람들이 보고 깜짝 놀라게 되었다.

2주 지나고 주말에 집으로 퇴근을 할 때만 해도 겨우 걸어 다니는 정도였고, 주위 사람들은 회복하려면 일 년은 걸릴 것이라고 말하였다. 하지만 나는 개인적으로 3개월의 목표를 세우고, 퇴원한 다음 날부터 바로 fitness center로 가서 운동을 시작하였다. 처음에는 무리해서 움직일 수가 없어서 걷기를 시작하였고 회사는 택시를 타고 출근하였다. 그리하여 한 달이 지나니 가볍게 뛸 수가 있었고, 두 달이 지나서 거의 운동 속도를 회복하였고, 3개월이 지나서 거의 예전의 운동 강도로 돌아왔다.

이러한 건강검진 사고가 왜 나에게 생겼는지 한참 짚어보기도 하였고, 회사 복귀를 하여 CHO와 면담을 하면서도 이러한 사고마저도 사업에 긍정적으로 활용하겠다고 언급을 하였지만, 어떤 생각으로 그러한 말을 했는지 지금은 생각도 나지 않는다. 물론 가족에게도 고통을 많이 주었고, Chicago에 있던 아내는 나와 연락이 두절이 되고 아무와도 연락이 안 되어, 나의 상태도 확인하지 못해 패닉 상태에 빠져서 운전하다가 그 자리에 멈추어 울게 되었고, 경찰관이 다가와서 이상하다고 여기고 마약을 했는지 확인까지 하는 사건이 생기기도 하였다. 이 사건이 내 인생의 변곡점을 만들었다 사라져 버렸지만, 어쩌면 미래를 준비하려다 실패한 경험이 하나 더 생긴 것은 아닌가 싶다.

나만의 독특한 특성 중 하나가 이렇게 미래를 준비하는 것이었는데, 미래 준비를 위하여 공부하거나 건강을 미리 챙기는 것 이외도, 세상의 변화나 향후 시대에 대해서도 미리 읽으려고 한다. 2002년도에 나는 개인적으로 향후 시대에 대해 두 가지를 예측하고 이에 대한 대응이나 준비를 하고자 하였다. 첫째는 남북 관계의 급격한 변화였고, 두 번째는 일본의 부흥이었다. 남북 관계의 급격한 변화를 예측한 것은, 전 세계가 지속적으로 개방이 되고 있는데 북한만 혼자 폐쇄적으로 남아 있기는 어려울 것이라고 보았기 때문이며, 급격한 남북 관계의 변화가 오면 휴전선 부근의 부동산이 오르지 않을까 생각을 하였다.

그래서 주재원에서 복귀하여 몇천만 원의 현금이 생기자 가격이 저렴한 땅을 보러 가끔 주말에 다니기 시작하였고, 가격이 낮으면서 넓은 땅을 사려고 했기 때문에 이미 경기도 북부라고 하더라도 가격이 상당히 상승하여 돈에 맞는 땅을 찾기가 쉽지 않았다. 일 년 정도 돌아다니다가 마지막에 화천에 산 두 개를 구매하였는데, 선택한 이유는 낮은 가격에 넓은 면적이었고 그리고 양옆으로 계곡처럼 물이 흘러 내리기 때문이었다. 그런데 아쉽게도 부동산으로서 자산 가치는 아직 발휘하지 못하고, 돈을 낭비했다고 지금도 아내에게 탓하는 핀잔을 듣는다.

일본이 부흥할 것으로 생각한 것은, 일본이 원래 소재 경쟁력이 있는데 금융 문제로 인하여 곤란에 처한 것으로 이해를 하였고, 궁극적으로 이러한 문제를 극복하고 제조 경쟁력을 토대로 다시 성장할 것으로 기대하였고, 이 기회를 활용하고자 일본어 공부를 다시 시작하자고 계획을 세웠다. 결과적으로 두 가지 예측이 현실이 되었고 나도 계획대로 하였지만, 화천의 부동산은 팔리지 않은 맹지의 산으로 부동산 가치를 발휘하지 못하고 있으며, 일본어는 하다가 더 이상 진전이 없어 제대로 하지 못하고 끝나고 말았으니, 예측은 맞았으되 나에게 맞는 기회를 만드는 것에는 실패하고 말았다.

2019년 3월에 미국과 북한의 싱가포르 협상 실패를 보면서 또 하나의 5년 후 미래 예측을 내 나름대로 하였고, 이에 맞추어 준비하고 있다. 15년 전에 남북 관계의 급격한 변화를 예측하였고 실제로 이러한 변화를 목격하였지만, 이면을 조금 더 자세히 들여다보면 근본적인 변화가 아닌 표면적인 변화가 발생한 것 같다. 그런데 세상은 계속 변화가 진화되고 있는 것이며, 장기 집권의 대표적인 사례인 쿠바에서도 변화가 있고, 그리고 영원할 것 같았던 우리나라의 제3공화국도 하룻밤 사이 종말이 오는 것을 목격하였다. 그리하여 서로 상이한 목적으로 가지고 만난 미국과 북한의 정상회담 결과는 당연한 귀결이지만, 장기적으로 보면 다른 거대한 변화를 잉태하는 사건이 되지 않을까 생각한다. 그리하여 이번에 5년 후의 커다란 변화를 예측하고, 이러한 예측을 바탕으로 하는 미래 준비는 나에게 나름대로 경제적 이득을 가져다주기를 기대하지만, 세상일을 어찌 알겠는가?

이 책을 쓰는 것도 나의 경험을 활용하여 미래를 준비하고자 하는 목적도 있다. 내가 가지고 있는 강점들을 최대한 활용을 하여 나에게 맞는 미래를 만들어 가려고 한다. 10여 년 전에 누군가에서 골프를 평생 칠 게 아니면 배우지 말라고 들은 적이 있으며, 나의 미래에 내가 골프를 은퇴하고도 칠 수 있을지에 대한 확신이 없어서 열심히 하지 않기로 하였고, 또한 필요하면 그때 가서 해도 늦지 않을 것으로 생각했다. 무엇이든지 젊어서 하는 것이 효율적이어서 최근에야 골프를 더 열심히 노력해보지만 잘 늘지가 않는다. 은퇴하여 계속 치면서 잘 치지 못한다고 하여도 별로 걱정은 없다. 사람들과 어울릴 정도의 핸디캡과 경제적 여유만 있으면 되지 내가 프로가 될 생각이나 능력이 없기 때문이다. 내가 프로인 분야에서 나의 강점으로 지속적으로 생존해야 하는 것이다.

2) 대기업 회사원과 채용

역사책이나 영화를 보면 전쟁터에서 싸우는 장수들은 몸에 많은 상처가 남아 있으며, 이들은 수많은 전쟁을 몸으로 겪으면서 살아남은 사람들이다. 어쩌면 이들은 처음부터 유능해서 살아남은 것이 아니라, 몇 번의 행운으로 화살이 빗나가 어깨를 스치거나 칼이 튕겨 나가 뺨에 상처를 주는 사건들을 겪어온 것이며, 이러한 과정에서 실력이 동시에 늘어나면서 결과적으로 살아남아 강한 자가 되었으며 온몸에 그 전쟁의 흔적들을 안고 산다. 그리고 그러한 사람들은 평화로운 시대에 살았다면 그 이름이 전혀 알려지지 않을 사람들이다. 어쩌면 전쟁이라는 위기가 영웅을 탄생시키는 것이다.

지금의 시대는 어떠할까? 물론 지금도 지구 곳곳에 전쟁하는 곳도 있지만, 예전 역사 속의 전쟁터 같지만은 않을 것이다. 하지만 기업의 활동은 새로운 전쟁터이다. 크고 작은 무수한 싸움이 매일 일어나며, 그리고 그 전쟁은 시간이 갈수록 오히려 더 격렬해지고 있다. 고대 시대의 전쟁은 활과 칼이라는 무기로 싸웠지만, 시간이 갈수록 기술의 발달로 무기가 더 파괴적이고 정교한 것으로 발전을 하였으며, 이에 따라 싸우는 방법도 많이 바뀌어 갔다. 기업이 당면한 경쟁도 기술과 시대의 발전에 따라 오히려 경쟁은 더 치열해지고 복잡해지는 양상을 띠고 있으며, 그러한 현장에서 30여 년을 일해오면서 나 역시 온몸에 상처를 가득히 안은 채 살아오고 있는 것 같다. 경쟁사와의 경쟁에서 이기기 위해, 내부 경쟁에서 살아남기 위하여 수많은 일과 사건을 겪어오고 있으며, 산업 현장에서 이러한 일들을 몸으로 겪으면서 상처가 하나둘씩 늘어나게 된 것 같다.

내가 힘들 때 마음을 다잡기 위해 매일 되새기는 말이 있다. "오늘이 우리 회사에서 마지막 날일 수도 있다. 내일이 이 세상에서 마지막 날일 수도 있다." 오늘이든 내일이든 어디에서든 마지막 날이 된다고 하여도, 내가 지금 하루하루를 최선을 다해서 살아가는 모습은 달라질 것이 없을 것이다. 그리고 지난 32년 회사 생활을 한 것과 유사하게 앞으로 30년을 더 일하고 싶으며, 그러한 차원에서 나와 비슷한 길을 생각하는 사람들을 위하여 지침적인 차원에서 정리해 본다. 조금 더 정리하자면, 내가 나의 길을 가기 전에 이러한 책을 읽었다면, 내가 회사 생활을 더 잘하였을 것 같다는 글을 적어 나가고 있다.

대학교를 졸업하고 회사에 취직하려는 졸업생들은 전부 중소기업이 아닌 대기업을 취업하고자 한다고 말해도 과언은 아닐 것이고, 내가 보더라도 중소기업이 아니라 대기업에서 시작하는 것이 우리나라 환경에서는 맞는다고 본다. 이는 career나 연봉의 문제라기보다는 본인에게 평생 습관으로 배이게 될 업무방식이나 scale에 차이를 가져오기 때문이다. 나는 업무를 진행하면서 협력사 중소기업 직원이나 임원 또는 대표들을 만나거나 같이 일할 기회가 종종 있었으며, 또한 해외 고객도 동일하게 중소기업과도 그리고 대기업과도 일을 해오고 있다. 그런데 안타깝게도 한국의 중소기업에서 일하는 환경이 본인의 역량을 충분히 펼칠 수 있는 자율환경이 아닌 시킨 대로 시킨 일만 해나가는 경우가 많은 것을 보게 되고, 그리고 10여 년이 지나고 나면 그 습관이 이미 몸에 배어서 같이 소통하거나 일을 해보면 여러 면에서 차이가 난다는 것을 자연스럽게 느끼게 된다. 물론 자기 역량을 최대한 활용하여 일하는 중소기업도 있겠지만, 그래도 경영진 측에 끼인다면 그렇게 일하는 경우가 있지만, 특히 신입이나 사원의 경우에는 그러한 환경과는 대부분 매우 거리가 있으므로, 사회에 첫발을 디디는 졸업생들에게 회사에 취직한다면 한국에서는 대기업을 택하라고 말할 수밖에 없다.

예전에는 인사에서 사원들을 채용하여 현업에 투입하지만, 요즘은 현업에서 면접으로 경력뿐만 아니라 신입을 채용 결정한 지가 오래되었다. 지금은 신입 공채도 없어지는 경향이지만, 어쨌든 채용 공고를 내고 나면 먼저 인사에서 screen을 하고, 그리고 올라온 사람들을 대상으로 현업 팀장들이 일차 면접을 하여 최종 대상을 선정하고, 그리고 현업 임원이 2차 면접을 하여 채용 결정을 하면 종결이 되고, 그 이후에는 신체검사나 적성검사이므로 별로 문제 될 사항은 아니다. 이러다 보니 나도 지난 10여 년 이상 면접에 참여하여 일차 면접이나 최종 면접을 진행하였고, 최근에는 정말 취직난을 내 눈으로 실감할 수밖에 없다. 이미 학점과 영어 어학 능력이 높고, 그리고 인턴이나 파트타임 경험도 있고, 많은 지원자가 해외 어학연수 경험도 가지고 있기에, 채용 결정을 하는 나로서는 어려울 때가 있다.

하지만 마지막까지 최종 선택을 놓고 고심한 경험은 거의 없다. 다행히 지금까지 영업 및 산업 현장에서 그리고 국내에서 해외에서 수많은 사람을 만나고 대화하고 사업을 진행하면서 사람에 대해 나름대로 직감이 차츰 생긴 것 같으며, 지금까지 내가 선택한 사람들에 관해서 결정이 대부분 맞았던 것 같다. 우리 회사로 이동하여 초기 경력 채용 시 상사와 내가 의견이 엇갈렸는데 결과적으로 상사가 선택한 직원을 채용하였고, 그리고 그 직원은 일여 년 만에 그만두면서 나중에 상사가 나의 선택이 맞았다고 언급한 적이 있다. 또한, 몇 년 전에 ESS 영업 경력 채용 시에도 팀장에게 적격이 아닌 것 같다고 feedback을 주었으나 팀장이 괜찮을 것 같다고 본인팀으로 하겠다고 하여 그대로 두었는데, 결과적으로 그 팀장도 나의 안목을 인정했다. 그리고 10여 년 전에 N 사 영업팀장을 할 때 석유화학에서 국내 영업직군에 적성이 안 맞아 이동을 희망하는 사원을 내가 받아들였는데 역시 탁월하게 업무를 잘하였으니, 이러한 나의 판단과 실제 역량이 동일한 사례가 많았고, 내가 채용하여 실패한 경험은 다행히도 거의 기억이 나지 않는다.

지금은 내가 면접할 시점에 올라온 대상들은 대부분 서울의 명문대에 그리고 영어 어학은 기본적으로 준비되어 있으므로 면접으로 판단을 할 때가 많이 있는데, 지금은 면접할 때 말이나 자기표현도 대부분 그렇게 잘할 수가 없다고 말할 정도로 잘한다. 하지만 조그마한 차이들이 표시가 난다. 영어도 advance low와 intermediate high 정도의 차이나, GPA에서도 4.0 이상이나 3.8 또는 3.9 정도의 차이, 그리고 말을 할 때 기본적인 자신감의 표출이나 외워서 하는 느낌의 영혼 없는 목소리 같은 차이들이 보이며, 대학생들은 취직에 그렇게 목메면서 현재 자신들이 하는 공부가 채용 의사 결정에 어떤 영향을 미치는지 알지 못하는 것 같다. 영문과의 학생들의 영어 성적이 intermediate high인 경우와 다른 학과생의 영어 점수가 intermediate high일 경우는 다르며, 영문과이면 적어도 영어에서 최고가 되어야 하므로 advanced low가 아니면 자기 분야에서 최선을 다했다고 여겨지지 않는다.

인류의 역사가 있듯이 회사의 역사도 있고 또 자연스럽게 모든 사람의 역사가 있다. 어제까지 한일로 오늘의 내가 있는 것인데, 오늘을 바꾸지 않고 다른 내일을 희망한다. 나이가 들 때까지는 본인들이 지나온 길이 역사이며 이 기록이 지속적으로 연장되면서 인생의 길을 걸어간다는 것을 잘 깨닫지 못하는 것 같다. 이력서에 비슷한 경력이 기록이 되어 있을 때, 어떤 면접관이 성실하지 않은 사람을 채용하려고 할까. 그리고 누구라도 성적이 더 나은 졸업생이 학교생활에 충실하였다고 생각을 하게 된다. 그런데 이것을 나중에 깨닫게 되었을 때는 GPA를 바꿀 수가 없으며 평생 본인을 따라다니게 될 텐데, 첫 직장을 선택할 때는 훨씬 중요한 역할을 하게 된다. 그렇다면 GPA가 열위일 때 어떻게 하는 것이 채용의 가능성을 높일까? 나는 본인의 장점으로 차별화를 하라고 권하고 싶다.

나는 이런 면에서 독특한 경험이 있다. 20여년 이전에 우리 회사에 경력 지원을 할 때 지원서를 영문으로 작성을 하였다. 양식이 영문에 맞지 않게 되어 있었는데, 상관하지 않고 각 항목에 내가 쓰고자 하는 것을 질문과 관계없이 전체를 영문 지원서로 채워서 제출하였고, 아마도 이렇게 제출한 사람은 한 명도 없었을 것으로 생각한다. 그 당시는 영어 면접이 있었던 것도 아니었으니 영어 어학을 test 하려면 면접관이 직접 영어로 물어봐야 했겠지만, 적어도 나에게는 영어로 질문을 하지는 않았고 영어 실력에 대해서는 질문도 하지 않았으니, 이런 면에서는 차별화가 되었다고 본다. 그리고 입사하여 10여 년이 지난 이후에 CEO가 주재하는 팀장들 발표에서도 영어로 발표하였다. 영어로 하라고 언급된 적도 없고 내가 해도 되냐고 물어보지도 않았는데, 그 당시는 미국 주재원에서 귀임한 지 얼마 되지 않아서 유사한 제목으로 여러 팀장이 발표하면 식상할 것 같아서 내 멋대로 영어로 발표를 한 것인데, 이는 우리 회사에서도 두고두고 회자가 될 정도의 사건으로 확실한 내 brand의 차별화를 이룩한 것이다.

대기업 면접에 유능한 많은 경쟁자가 있으며, 역량이 있는 것과 이를 표현하는 것은 또 다른 차원이다. 많은 특히 남자 지원자들이 표현을 잘하지 못하여 상대적으로 낮게 평가받는 경우를 많이 보게 된다. 어차피 한번 보는 것이라면 대담하게 자신의 강점을 표출하기를 권한다. 이제 갓 졸업하는 학생이 전지에 지원하면서 전지에 대해서 알면 얼마나 많이 알 수 있을까? 때로는 모르면 모른다고 솔직하게 답변하면서 본인이 아는 것을, 그리고 본인이 잘하는 것을 강조하고 보여주는 것이 필요하다.

● 첫 직장과 직업의 선택

통상적으로 대기업에서 업무 직군은, 사업부에서 영업, 마케팅 또는 상품기획, 개발, 생산, 품질, 기획, 그리고 흔히 지원 직군으로 인사, 자금, 회계, 법무, 경영관리, 총무, 구매, 등등이 있다. 전자공학도로서 학창 시절에는 기술원이나 연구소의 직장을 꿈꾸어 왔는데, 군대를 카투사로 지원을 하면서 인생의 획이 완전히 바뀌게 되었다. 지방에서 대학을 다니다가 외국인과 직접 생활을 하면서 많은 새로운 경험을 하게 되었으며, 이로 인하여 세계는 넓고 할 일은 많다는 것을 공감하게 되었고, 이로 인하여 D전자 입사 시 해외 영업을 지원하게 되었다. 그리고 11년의 가전제품 해외 영업을 한 이후에, engineering sales로 전문 영역을 가지고 싶은 생각에 우리 회사에서 전지 사업을 시작할 시점에 경력 사원으로 이직을 하였으며, 그때부터 지속 20년 이상 이차전지 영업을 해오고 있다.

그때는 잘 인지하지 못하였지만, 회사에서 첫발을 디딘 순간 인생의 대부분이 결정되어 버린다. 전자공학 졸업생 친구 대부분은 연구소나 공장을 선택하여 들어갔고, 그 친구들은 평생을 그 분야에서 일하다가 퇴직을 하였다. 다행히 나는 인생의 전환기가 있어서 조금은 더 오랫동안 회사 생활을 하고 있다고 생각한다. D전자의 해외 영업으로 첫발을 디뎌서 우리 회사의 해외 영업으로 이동은 순조로웠다고 보아야 하는데, 우리 회사의 요구 수준이 더 높다고 여겨지는데 내가 중간에 미국 MBA를 다녀오면서 또 하나의 장점이 추가된 것이다.

D전자가 big deal로 성장 기로에서 탈락이 되고 결국에는 10여 년 뒤에 매각이 되고 유명무실하게 되었으며, 그 와중에 수많은 동료가 D전자를 나와서 다른 회사로 이동을 하게 된 것을 보아왔다. 그리고 이때의 이동은 다분히 본인들이 하는 업무의 연장선에 있었다. D전자에 세탁기 영업하는 친구는 우리 전자 계열의 세탁기 상품기획으로, 그리고 세탁기 개발하는 친구는 역시 세탁기 개발로, 그리고 해외 영업하는 친구는 중소기업 해외

영업이나 외국인 회사의 국내 지점으로 이동하였지만, D전자에 있다가 증권가로 간다든지 은행으로 간다든지 하는 경우를 보지는 못한 것이다. 따라서 본인이 선택한 처음 직장과 직군이 본인의 평생 career에 나침반이 됨을 인지하여야 한다.

물론 신입으로 대기업에 입사한 이후에 career 전환의 기회가 늘어나고 있다. 하지만 이는 대리나 과장 때까지의 이야기이고, 팀장이 된 이후에는 본인에게 선택권이 주어지지 않으며, 그때까지의 career path에 의해 나가기 때문에 별로 선택의 여지가 없다. 그렇다고 입사하여 5년 10년의 기간에 여기저기 부서를 여러 번 옮겨 다닐 수도 없으며, 이렇게 이동한다면 오히려 본인의 전공이 없어져서 이도 저도 아닌 모양이 된다. 그리하여 사원들 육성 면담 시 향후 30년 후에 어떻게 되어 있을 것 같으냐고 질문하면 전부 다 무슨 뚱딴지같은 소리냐 하는 표정이며, 10년 후에 어떤 모습을 하고 있을 것 같냐는 질문에도 별다른 생각을 해본 적이 없는 반응들이다.

대학교 진학 시 전공을 선택하면 그것이 평생을 따라 다니듯이, 회사에 다니면서도 2~3년 안에 본인의 향후 30년 청사진을 미리 만들어 보라고 권하고 싶다. 물론 그렇게 다 되지 않을 가능성도 크겠지만, 인식하고 사는 것과 아무런 생각 없이 그냥 최선을 다해서 산다는 것에는 나중에 많은 차이가 발생한다. 사람들은 알지 못하지만, 누구나 최선을 다해서 살고 있다고 생각한다. 하지만 본인의 미래 30년 계획을 한다면 내가 어느 방향으로 가야 하는지 그리고 어떤 공부를 추가로 해야 하는지, 그리고 어느 직무로 이동하는 것이 나은지 미리 계획을 세우고 대비를 할 수 있으며, 또한 동료보다 더 나은 위치에 있게 될 것이다.

3) 나만의 강점

무엇보다도 Global 사업 경험과 성공 체험이다. 미국과 유럽을 주축으로, 전 세계를 무대로 사업을 30여 년간 해오고 있으며, N사, H사, D사를 포함함 전 세계 global 기업뿐만 아니라 중소기업과도 사업을 해오고 있으며, 지금까지 지속해서 사업을 키워오고 있다. 30여 년의 지속적 사업에서 사라져간 기업도 있지만 내가 해온 사업은 시장에서 중심적 지위를 차지하고 성장하고 있다.

시장개척 능력과 경험이다. 가전에서 전자레인지와 냉장고로 그리스 시장을 진입을 필두로 러시아에 전자레인지를 처음 수출하기도 하였다. 이차전지는 모든 사업이 시장개척이었다. 1999년 10월 경력으로 입사하였을 때 미국 시장에 고객이 하나도 없었고 따라서 매출도 하나도 없는 상태에서 시작하였다. 처음에 전지와 관계된 회사에 당사를 소개하는 200여 개 업체에 e-mail을 송부 하였는데 하나도 답변을 받은 것이 없는 가운데 시작을 하였고, 그 이후에 IT 모든 고객에 진입하였다.

Global 협상력과 사업 능력이다. Global 기업일수록 구매력을 근거로 갑질이나 횡포를 하는 경우가 많다. 그런 것에 굴하지 않고 당사가 약한 위치에 있더라도 끈기 있게 협상하여 당사가 원하는 바를 성취하여왔다. N사는 세계적 기업으로 구매력도 강하지만 엄청나게 detail에 강하고 세밀한 부분까지 챙긴다. 그 기업을 상대로 2D 전지 직접 투자 유치 계약을 체결하였으며, 정말 벼랑 끝까지 가는 것을 몇 번이나 느끼면서 중간에 떨어지면 깨지는 협상을 끝까지 끌고 가면서 종결한 것이다. 전동공구 수익성 전환 시에도 고객의 반감이나 저항이 컸음에도 불구하고, 그것을 무마하면서 고객과의 관계를 유지하면서 계약 합의를 한 것이다.

배짱과 굴하지 않는 용기이다. N사 2D 전지 일차 협상 시 N사 CPO와 담판을 지었으며, 오죽하면 그 사람이 내가 비행기 타고 오면서 무엇을 잘못 먹었느냐고 물을 정도로 강하게 밀어붙였다. N사 1차 recall 첫 회의 시 당사는 내가 대표로 협상하고 상대방은 2~30여 명의 대부분 높은 직급의 백인이 전부 나와서 나만 바라보고 있었다. 그때 내가 처음 한 말은, 'I do not understand why God gives me this hard time,'이라고 했더니 전부 웃으면서 미팅을 시작하였다. D사 Global Supplier Day에 가면 창업자 Michael이 나온다. 그러면 나는 스스럼없이 다가가서 말을 걸고 대화를 나누었다. 높은 사람들에 대해 두려움이 없고, 또한 대화로서 배울 수 있는 것으로 생각해서 가까이 다가간다.

Detail에 강한 추진력과 실행력이다. 한번 마음먹은 바는 어지

간해서는 포기하지 않는다. N사 2D 협상 시 내가 당사 협상단 대표이지만, 계약서 문구는 콤마 하나도 놓치지 않고 읽으면서 협상하고 수정해갔다. 정말 콤마는 법무팀이나 실무진도 놓치는 부분이 있었지만, 나는 실무자보다도 더 많이 계약서를 수십 번 수백 번 읽으면서 협상을 진두지휘하였다. 큰 사업일수록 detail에서 key point를 놓치지 않아야 한다. 그리하여 실행에 강하다. 쓰러지는 한이 있더라도 실행한다. 내가 계획한 정기 20km 달리기를 지키기 위해 감기가 그렇게 심하게 걸렸어도 했었고, 그리고 20Km 달리기를 한 이후에 병원에 가기도 했지만, 죽지 않은 바에는 내가 약속한 것은 실행하려고 한다.

영어 어학과 소통 능력이다. 나는 가끔 이야기한다. 우리가 global business를 하고 있지만, N사를 상대로 맞짱 떠서 이길 수 있는 역량을 가진 사람은 손가락으로 꼽을 것이라고. 이를 위해서는 물론 영어도 잘해야 한다. 나도 미국 대학에서 MBA를 하였고 그래도 영어는 조금 하지만, 나보다도 영어를 잘하는 사람은 매우 많다. 하지만 그 영어 실력으로 고객과 협상하고 leading을 할 수 있는 배짱 있는 사람은 그렇게 많지 않다.

Engineering 이해도가 높다. 전자공학을 전공하였지만 한 번도 실무를 한 적이 없다. 그래도 전지 업무에 대해 누구보다도 이해도가 깊다. 그리하여 소형전지에서 ESS 전지로 이동하여서 전혀 새로운 제품을 하는데도 고객 미팅뿐만 아니라 내부적으로 leading 해가는데 애로사항이 별로 없다. 전지 사업 초기에 고객 미팅 시 당사 engineer의 어학 역량이 부족하여 개발과 품질에 대해서도 내가 고객 향 발표도 전부 하였고, 고객과 협상에서도 leading을 하였다. 제품이나 공정에 대한 이해가 있어 특허나 독점권에 대한 고객 협상을 쉽게 할 수가 있었으며, spec 협상으로 제품 개발을 leading 할 수가 있었다.

사업에 대한 남다른 감각과 운이다. 사업 초기 고객과 매출이 전무후무하던 시절에 당사 진입이 쉽도록 packer를 통하여 industry에 진입하고, 그리고 M사에 진입하여 품질과 제품에 대해 회사가 배울 수 있도록 하였고, N사의 Engineering Director와 신뢰를 구축하여 이를 바탕으로 처음으로 pack 사업에 진입하고 이를 바탕으로 물량이 가장 큰 H사까지 확대하는 등, 당사 역량에 맞게 순차적으로 사업을 전개하였다. 또한, 시기적절하게 EV로 확대하면서 T사에 진입함으로써 도약의 기틀을 만들었고, ESS 사업으로 이동하자마자 바로 Giga project를 key man과의 신뢰를 짧은 시간에 구축함으로써 수주 계약을 하였다. 사업의 전개와 적절한 시기에 고객사 핵심 인물의 도움을 받은 것은 사업에 감도 있었지만, 운도 많이 따라주었다고 생각한다.

평생 의리를 지킨다. N사 초기 진입 시 BMU에 대해 X업체라는 중소업체를 발굴하여 협력사로 시작을 하였으며, 동 회사에 내가 언급하기를, 나와 사업을 하면서 돈을 버는지 알 수 없지만, 사업은 지속하도록 해주겠다고 하였으며, N사의 방침도 있기는 하였지만, 조달 이원화를 하지 않고 지속해서 사용하였다. 그리고 전지 초창기 OEM 진입 시 M사 출신인 Sathya와 같이 시장개척을 하였으며, 이 당시 Sathya는 고객 contact window를 찾아내고 나는 program management로 서로 발을 맞추어 전부 진입에 성공하였으며, 이 친구와는 20여 년이 넘도록 같이 서로가 도와주며 교분을 이어가고 있다. H사의 3번 recall 시 도움을 주었던 W와는 계속 당사 consulting으로 활용하는 등 서로 도와주고 있으며, 이 친구 역시 20년 동안 같이 이 industry에서 도움을 주고 있다. V사의 1.5GWh 수주를 결정적으로 도와준 EVP S는 V사를 떠나 Blackrock으로 이직하였지만 지속 교분을 하고 있으며, 부부의 한국 방문 시 모두 care를 해주면서 사업과는 무관하게 같이 co-work을 하였으며, 지금은 ESS 사업에서 partner로 사업을 같이 진행하고 있다. 한번 신뢰로 맺은 인연은 평생을 지켜가면서 친구로서 사업의 동반자로서 지내오고 있다.

꾸준한 자기 관리와 계발을 한다. 50대 후반이지만 강점에 집중하여 영어공부를 지속 해오고 있으며, 2년 전에는 회사 LAP test를 봐서 등급을 4.5에서 5.0으로 올렸다. 그다음이 6.0이고 그것은 native speaker 수준이며, 나의 개인 강사는 내가 그 수준은 되고 평가를 한 사람과 대화한 것이므로 평가자를 추가하면 대화 주제가 달라졌을 것이므로 6.0이 되었을 것이라고 이야기 하였지만, 공부는 하지만 LAP test 점수는 필요하지 않아 test는 더는 보지 않을 생각이다. 체력 관리는 매일 하고 있으며, 2019년에 손가락 팔굽혀펴기는 8만개 목표를 달성했다. 그리고 꾸준히 독서를 한다. 배움을 즐기고 찾아서 공부한다. 그룹 임원은 매년 EnDP 교육을 참가하는데, 2년 전에 우리 회사는 자사 workshop으로 대체가 되면서 교육을 참가할 필요가 없어졌다. 그렇지만 외부 강사 과정이 많고 새로운 것이 많으므로 나는 개별 신청하여 교육을 받았는데, 그해에 우리 회사에서 EnDP를 받은 사람은 아마도 나 한사람이었던 것 같다. 그리고 출장을 가지 않는 한 여의포럼에 참가하여 강의를 듣는다.

그런데 위의 강점들은 대기업의 사업 속에서 빛을 발휘하는 것이며, 나만의 역량으로 혼자 할 수 있는 것은 많지 않다. 예를 들어 N사 2D 수주하고 고객 투자로 계약을 한 것은 사업적으로도 대단하고 많은 사람이 내가 한 것으로 기억을 하고 있지만, 전체 조직의 역량을 집중하여 내가 lead 하여 한 것이지 혼자 한 것은 아니다. 더군다나 내가 2D 전지 설계를 한 것도 아니고 공장 증설을 한 것도 아니니, 나 혼자만의 역량으로 인지시키려면 내가 앞에서 정치적으로 행동을 해야 했었다. 내 작품이라고 떠들고 다녀야 내 꼬리표가 붙을 텐데, 그러지 못했으니 사업의 성과로 녹아 들어가 버리고 나는 겸손한 사람으로 잘리지 않고 회사에 다니게 되는 것이다.

나는 가끔 이야기한다. 약점을 극복하는 가장 좋은 방법의 하나는 약점을 인정하는 것이라고. 나는 약점이 매우 많은 사람이다. 먼저 생활이 매우 무미건조한 사람이고 즐길 줄을 모른다. 오로지 하는 것이라고는 일하고 공부하고 자기계발 하는 것뿐이다. 지금도 주말 내내 회사에 나와서 다람쥐 쳇바퀴 도는 그러한 pattern을 질리지 않고 계속하고 있다.

신세대들을 이해하려고 노력하지도 않는다. 노래에 전혀 소질도 없지만, 아이돌 노래를 배우거나 심지어는 별로 들으려고 하지도 않는다. 아이돌 노래 부른다고 신세대를 이해한다고 생각하지도 않고, 괜히 알지도 못하면서 어설프게 아는 체하려고도 하지 않는다. 그냥 있는 그대로 사실을 근거로 그대로 받아들이고 오로지 업무 성과와 능력 기준으로 판단하고 추진하기 때문에 절실하게 필요하다고 생각하지도 않는다.

시간이 오래 걸린다고 골프도 열심히 하지 않는다. 겨우 회사 행사에 일 년에 한두 번 참석할 뿐이다. 윗사람에게 잘 보이려고 하지도 않는다. 그래도 지금은 많이 바뀌기는 하였다. 코드를 일부러 맞추려고 하지는 않지만, 미리 의견을 교환하여 업무에 대해서는 alignment를 한다. 그렇다고 잘 보이려는 정치적인 형태의 행위는 지금도 전혀 하지도 않고 아예 포기하였다.

영어 이외는 잘하는 외국어가 없다. 일본어와 중국어를 배운다고 몇 년 허송세월하다가 포기하였다. 일본어는 조금 알아듣기는 하고 술자리에서 몇 문장을 하기는 하지만 의사소통이 잘 되는 정도도 아니고, 중국어는 그보다도 못하여 몇 마디 말하는 정도이고 그마저도 상대방이 알아듣기가 쉽지 않은 듯하다.

사람의 마음을 헤아리고 감정적으로 풍부하게 상대에 동감을 하면서 풀어나가야 하는데, 업무 이외에는 말도 많지 않으며 감정적으로 분위기를 조성하는 것도 못 한다. 경영은 다른 사람들을 활용하여 사업을 하여야 하므로 사람의 마음을 얻어야 하나, 판단이나 조직의 기반은 사업을 중심으로 이루어져야 한다고 생각한다. 즉 어떤 사업에 집중하여야 하므로 어떤 역량이 있는 사람을 임명하여야 한다고 생각하는데, 실제는 사람을 살리기 위해 자리를 만드는 경우가 허다하다. 이것이 현실인데 나는 너무 사업 중심적으로 생각을 하는 감정이 무딘 사람인 것이다.

이러한 강점과 약점을 가지고 내가 영업 부분의 업무가 아닌 것을 잘 수행했던 성과를 나열해 본다.

a. 2004년경 N사 첫 번째 recall의 고객 협상과 recall 이후에 재승인을 받아 다시 일등 vendor가 됨.
b. 2005년경 N사 두 번째 recall 고객 협상 및 종결
c. 2004 – 2008년경 H사 recall 3번 협상하여 당사 brand와 recall range의 방어, 특히 3번째 recall의 경우 내 담당 업무가 아니었는데도 신임 사업부장이 부임하자마자 발생하여 지원을 요청받았음.
d. 2015년경 A사 recall 방지
e. 2008년 N사의 지원을 받아 당사 대면적 폴리머 라인 투자 및 사업 시작. 동 건의 성공으로 당사가 폴리머 전지 사업을 적극적으로 진행하는 계기가 되었으며, 동 건을 당시 사업부

장으로 부임한 분이 매우 갈구하던 사업으로 이 부분을 높이 사서 내가 임원 승진하는 것에 관해서 지원 사격하였다는 후문은 들은 적이 있음.

f. 2017년 N사의 2D line X.X조 직접 투자 유치함. 당시 초기 N사 CPO 협상에 본부장이 참석하였으며, 본인의 N사 사업 경험을 하면서 제일 통쾌한 순간이었다고 나를 칭찬하였다는 말을 후문으로 들었음. 또한, 이것은 우리 그룹에서 best practice가 되어 Display에서도 이러한 성공 사례를 만들라고 지주사로부터 재촉을 받았다는 이야기를 들었음.

g. 2017년 H사의 담합 보상 소송에 대해 $XXXmil 청구를 $XXmil으로 막으면서 종결함.

h. 2017년 D사의 담합 보상 소송에 대한 $XXmil 청구를 한 자릿수에 가까운 $XXmil으로 막으면서 종결함.

I. 2018년 F사의 담합 보상 소송에 대해 $XXmil 청구를 금전적 보상 없이 종결함.

상기는 주요 사항을 생각나는 대로 적었으며, 물론 Arizona 화재 issue 같은 현장 대응은 이런 축에 들어가지도 않기에 포함하지 않았다. 또한, H사의 4번째 recall의 경우 내가 지원은 하였지만, 주도적으로 하지를 않았기에 역시 포함하지 않았다.

그렇다면 사업적인 면에서의 성과는 어떤 것이 있을까?

a. 2000년 H사와 M사 진입

b. 2002년 N사 원통형 진입으로 당사가 처음 multi cell pack 사업을 시작할 수 있게 되었음.
c. 2004년 D사 진입
d. N사 Phone 진입 및 폴리머 사업 전개
e. N사 Pad & notebook 파우치 전지 수주 및 진입
f. N사 Apod 단독 공급 수주 및 초소형 원통형 고객사 line 직접 투자 유치
g. 만성 적자인 전동공구 사업의 흑자 전환 및 확대
h. N사 2D 단독 수주
I. T사 원통형 수주 및 계약 체결
j. ESS의 단일 site V사 X.XGWh 수주 및 계약하고, FL사 XGWh 수주함.

물론 여기에는 H사나 D사의 장기공급 계약 및 전동공구 업체의 장기공급 계약 같은 일상적인 영업 성과는 포함하지도 않았다. 또한, 매출 및 사업을 지속적으로 성장시켜서 1조, 2조, 3조 이상으로 성장을 하는 데 주도적인 역할을 하였다. 그렇다면 성과와 승진과는 상관이 없는 것인가?

소형전지에서 19년을 보내면서 N사, H사, D사, 등 대부분의 IT 거대 기업뿐만 아니라, 전동공구, EV 등 수많은 산업의 고객들을 개척하고 일을 해오면서 익숙해졌는데, 이년 이전에 ESS 전지로 이동하게 된 것은 또 다른 큰 challenge였는데, 이 또한 지

금에 와서 보면 긍정적으로 도움이 되지 않을까 생각을 한다. 그래도 변화는 정말 받아들이기가 힘들다. D전자에서 우리 회사로 1999년도에 이직하여 적응하느라 무척 고생하였다. 기업의 문화가 전혀 다르고 업무처리 방식도 다를 뿐만 아니라 아는 사람도 한 명도 없었기 때문이며, 또한 전지라는 업무도 처음 해보는 것이었기 때문이다.

그때 비하면 다른 사업부로 이동하기가 쉽기는 하지만, 조직문화가 다르게 느껴지는 것은 한가지인 것 같다. 또한, ESS 사업이 태동기이기 때문에 업무 표준이나 절차가 제대로 정립이 되지 않아서 내부적인 비효율과 문제가 많이 있었다. 물론 지금도 남아 있기는 하지만, 지난 이년 간 적응을 하면서 내부적인 소통에 많은 진전을 만들어 내고 있다. 소형전지 사업을 개척하면서 그 누구도 하지 못했던 성과를 창출해 냈지만, 시간이 지나면서 사업이 고착화가 되어가자 다른 사람들도 비슷하게 되어 가는 것을 보았고, 궁극적으로 떠나려고 마음을 먹게 되었던 것은, 내 업무가 두 개 담당으로 분리가 되면서 남아 있더라도 내 업무가 줄어들기 때문이었다.

나이가 들면서 업무가 줄어들면 매우 위험하다는 신호이며, 이는 내가 언제든지 대체가 될 가능성이 크기 때문이다. 하지만 ESS 사업부에서는 반대로 변화가 왔다, 일 년이 지나면서 두 명이 하던 전력망 시장을 통합하여 내가 혼자 담당하게 되었기 때문이다. 그리고 지금은 물고기를 잡아주는 것뿐만 아니라 물고기를 잡는 방법을 가르쳐서 조직 문화를 정립하려고 하므로 당분간은 나를 쉽게 대체하기는 힘들지 않을까 생각한다. 물론 나 한 명을 빼고 두 사람을 넣는다면 가능한 이야기이겠지만, 어쨌든 대체가 힘든 사람이 되는 것이 직장에서 오래 살아남는 방법의 하나라고 생각하고, 순간의 편안함을 택하느냐 아니면 고생을 하더라도 오래 살아남는 사람이 되겠냐고 묻는다면, 지금은 물론 오래 일하기를 희망 한다.

그리고 시간이 더 지나서 이제 다시 내가 맡은 업무를 분리하여 두 사람이 맡게 되었는데, 이제는 그대로 수용하듯이 두었다. 물론 달리할 방법이 없기도 하겠지만, 50대 중반이 지난 지금에는 업무로 승부를 볼 때가 지났다는 것을 느끼기 때문이다. 지금까지는 업무의 양이 역량과 위치를 말해주었겠지만, 50대 후반이라면 모든 역량과 경험은 이미 몸에 배어 있는 것이며, 어쩌면 지금까지 운명에 순종하여 온 시절이라면 이제는 운명을 개척할 수 있는 나이가 된 것이 아닌가 싶다. 항상 공부는 부모를 위해 하는 것이 아니라 본인을 위해 하는데 자식들은 부모를 위해 하는 것처럼 불평과 반항을 하듯이, 비슷하게 직장인들도 회사를 위해 희생한다고 생각하는데 실제는 회사를 위해 일하는 것이 아니라 본인을 위해 일하는 것이라고 설파를 해왔다. 그렇다면 나도 이제는 진정으로 나를 위해 일하고 생활하고 인생의 의미를 깨닫고 만들어 갈 시가가 된 것이 아닌가 생각한다. 나의 몸에 배여있던 노예근성을 벗어 던질 때가 지난 것 같다.

강점에 집중하기

전자공학 졸업 이후에 D전자에 입사할 때 다른 모든 동창은 전공을 찾아서 연구소나 공장으로 들어갔지만, 나는 해외 영업을 지원하며 본사로 들어갔다. 이를 시작으로 지방의 학생이 본격적인 서울 생활을 시작하였다. 물론 그전에 형제자매가 있어서 서울 나들이를 몇 번 한 적이 있지만, 방학 때도 서울에서 학원 한번 다녀본 적이 없어서 실제 서울 생활은 사회생활과 더불어 시작이 되었다. 그리고 대기업 본사의 해외 영업을 선택함으로 나의 진로는 다른 친구들과는 달리 완전히 바뀌게 된 것이다. 물론 몇 년 하다가 다시 engineering job으로 돌아갔다면 전공을 살리는 방향으로 회복이 되었겠지만, 흔히들 인생은 무한한 가능성이 있다고 하지만 그것은 갈림길이 많이 있다는 것뿐이지 그 길들을 다 갈 수도 없고 오직 한길만 갈 수가 있으며, 한번 들어선 길을 뒤돌아 나와서 다시 다른 길을 가는 것은 시간이 갈수록 점점 멀어져서 나중에는 다시 그 갈림길로 돌아갈 수가 없는 것이다. 이리하여 engineer도 아니고 그렇다고 인문계 공부를 한 적도 없이, 그때는 보이지 않았지만, 운이 좋게 sales engineer라는 길을 자동으로 접어들게 된 것이고, 이는 나의 전자공학 전공을 해외 영업에서 강점으로 살리기 위해서 취한 선택의 길이었다.

새로운 해외 영업 분야의 선택으로 무역 영어와 무역실무를 자습하면서 회사 업무를 시작하였고, 신용장부터 시작하여 모든 단어가 생소한 것이었으며, 그 당시는 e-mail이 없는 시절로 텔

렉스를 사용하여 해외 고객과 소통하여서 이러한 단어도 공부해 갔으며, 해외 전화비가 비싸서 해외 고객과 전화 통화를 하려면 상사의 결재를 받아야 하는 시절이어서 해외 고객과 통화는 기회도 별로 많지 않은 시기였다. 다행인 것은 대학교에, 이어서 회사 생활 시작할 때에도 지속해서 공부하여야 하는 상황이었고, 그리고 이것은 공부하는 습관으로서 나의 몸에 평생 밴, 지금 와서 보면 어쩌면 지금의 나를 만들어온 좋은 습관이지 않나 하는 생각이 든다.

물론 우리 회사로 이동하여서 전지라는 것이 새로운 분야여서 업무 관련하여 공부를 다시 하였고, 그러한 습관으로 지금도 배움은 지속해오고 있다. 전지 업무를 시작한 이후에 전지에 대해서 연구소 인원에게서 3개월간 매주 개인 강습을 받는 방식으로 공부하는 것을 시작으로, 휴대전화기용 전지 사업에 도움이 될까 하여 GSM이니 CDMA니 하는 통신 기술에 대해서도 책자를 구해다 읽기도 하였고, 당사가 자동차용 전지 사업을 시작하자 내 업무도 아니었는데 EV/HEV에 대한 서적이니 전지에 대한 서적을 Amazon에서 구매하여 읽기도 하였고, 또 smart grid에 대해서도 지금은 잘 기억도 나지 않지만 구매하여 보고 내 책꽂이에 두고 있다. 또한, 지금도 업무를 하면서 매우 많은 서류가 오가는데, 기술이나 품질에 대한 자료를 자세하게 일일이 못 본다고 하여도 어떤 내용인지 scanning 하듯이 전부 file을 보고 지나간다. 이렇게 하여 조금이라도 감이 있으면 업무에 도움이 되는 것뿐만 아니라, 다른 누구보다도 전체적인 이해력이 좋아서 상황 판단을 빨리하는 편이며, 이러한 역량으로 업무를 leading해 가므로 유관 부서들도 별 불만이 없이 따라오는 것 같다.

그런데 어학은 시간이 오래 걸릴 뿐만 아니라 제대로 사용할 정도의 수준이 되어야 하며, 필요한 언어도 많다. 영어는 필수에 중국어와 일본어, 그리고 다른 국가의 언어가 도움이 되는 경우가 많다. 개인적으로 영어는 평생 공부를 해오고 있었는데, 2013년 중국 지역을 맡게 되면서 회사에서 어학 교육비가 지원되어 중국어 개인 강습을 받기 시작하였다. 2년간 외우면서 열심히 공부했는데 교재는 진도가 나가는데 잘 외워지지도 않고 자꾸 잊어버리고 하여, 이럴 바에는 그래도 조금 하는 일본어를 하자고 하면서 마침 일본 지역도 맡게 되어 일본어 공부로 바꾸었다. 물론 일본어는 중국어보다 조금 더 원활하였지만, 이 역시 진척이 많지 않은 것처럼 느껴졌다. 새로 외운 것은 쉽게 잊어버리고 오히려 대학교 때 외웠던 단어는 지금까지 기억이 나는 것이었다. 일본어에 조금 더 익숙해졌지만, 아무리 한다고 해도 상담할 수준까지 되기는 쉽지 않을 것 같아서 2년 하다가 다시 중국어로 바꾸었다. 이번에는 중국어를 마스터하기 보다 중국 문화와 중국인의 습성을 이해하자는 취지로 했는데, 2년 정도 지나자 진척도 떨어지고 흥미가 별로 생기지 않았다.

그러다가 곰곰이 생각해보니, 내가 아무리 일본어/중국어를 한다고 해도 다른 사람과 같은 정도로 능숙한 수준도 될 것 같지도 않지만, 고객과 상담할 정도의 수준도 될 것 같지가 않았다. 그래서 생각을 다시 하였다, 내가 잘하는 것에 집중하자고. 그러면서 개인 강습을 영어로 바꾸어 이년 넘게 해오고 있는데, 만족도가 아주 높다. 회사 업무에도 도움이 되지만, 다양한 주제에 대해서 격의 없이 논의하다 보니, 인생에 대한 새로운 시야도 생기게 되어 도움이 많이 되고 있다. 그래서 강점에 집중하여야 한다고 강조하기도 하지만, 더불어서 직원들에게 본인에게 도움이 되도록 일을 하라고 한다.

재미도 없고 본인의 역량이나 career에 도움이 되지 않는다면, 사람이 잠깐은 희생을 할수 있지만 어떻게 몇 년간을 희생할 수 있느냐고 하면서, 본인에게 재미있고 도움이 되도록 일을 하라고 한다. 그리고 나도 항상 그런 각도에서 생각한다. 나도 시간이 많이 지나서 32년의 사회생활을 하였는데, 지금 나에게 재미나 의미가 없는 일이라면 내가 언제까지 할 수 있겠냐고. 그래서 내가 좋아하고 잘하고 재미있어하는 일에 집중하자고.

실력 배양

미국에서 학생들 간에는 공부만 하고 다른 것은 별로 못해 인기가 없는 친구를 nerd라고 놀려먹는다. 그리고 나중에 사회에서는 본인들이 놀리던 그 nerd 아래서 일을 해야 하는 것을 깨닫게 된다. 나도 그렇지만 학생들 대부분은 그리고 사람들은 자신의 발자국이 나중에 어떤 것을 가져오는지, 어제까지 내가 한 일이 오늘에 선택이나 결과를 가져오는 것을 인식하지 못하고 나중에야 후회하거나 느끼게 되나, 시간은 이미 지나가 버린 것이고 지나간 시간은 절대로 돌아오지 않는다. 그리고 내가 수많은 갈림길을 지나오면서 남긴 자국이 다음 갈림길에서 나를 어느 한쪽으로 밀어 넣는다는 것도.

내가 대학교에서 GPA가 학과에서 1등인 것이 D전자 장학금을 받는 길을 만들어 준 것이며, 물론 이것이 운도 작용한 것은 그것이 D전자에서 처음 시행하는 장학금이었고, 그 뒤에 몇 년이나 진행되었는지 모르나 어쨌든 오랜 기간 지속하지는 못했을 것이다. 그 당시는 학점이 좋으면 학교 장학금으로 수업료 면제를 받을 수가 있어서 이를 위하여 어쨌든 좋은 학점을 받기 위해 노력을 하였는데, 이것이 나의 발자국으로 남아서 그 뒤에 갈림길에서 나를 D전자로 밀어 넣었었다.

신입 사원 면접을 하다 보면 지원자는 알지 못하겠지만 4.0을 넘은 지원자와 안되는 지원자는 어떤 차이를 가져오는지, 영어 점수에서 intermediate high와 advanced low가 어떤 결과를 가져오는지 모르고 쌓아 왔겠지만, 본인들이 우리 회사를 지원할 때는 그 차이로 인하여 당락이 결정될 때가 많이 있는 것이며, 그리고 학교 다닐 때 얼마나 더 공부했는지의 습관의 차이로 인하여 나중에 결과가 달라지는 것이다. 그리고 그것을 깨닫고 일 년간 다시 공부한다고 하여도 동일한 advanced low라면 이제 갓 졸업하는 지원자에게 우선권을 주므로, 본인이 처한 상황에서 정말 정말로 최선의 노력으로 자신의 자국을 남겨야 한다. 물론 대학을 선택할 때도 동일하다. 채용 시 당연히 출신 대학을 보게 되는데, 대학교 진학 시 미래에 대해 얼마나 많은 고려를 하고 대학이나 전공을 선택할지가 의문이다.

Boys be ambitious, 라고 야망을 품으라고, 꿈을 크게 가지라고 말을 하는데, 그리고 꿈을 포기하지 말라고 말하는데, 그 꿈이 무엇인지? 얼마나 구체적인지? 그러나 그것보다는 얼마나 열정적으로 꿈을 꾸는지? 나는 가끔 스피노자의 말을 인용한다, 내일 세계의 종말이 올지라도 오늘 사과나무 한그루를 심겠다는, 그리고 나도 유사한 인생관을 가지고 있으니. 내가 고등학교 때 가지고 있었던 서울대 진학의 꿈은 그저 꿈이었다. 꿈의 달성을 위한 구체적인 계획이나 실행도 없는 그저 막연한 희망 사항이었다. 그래서 지금은 아들에게 이야기 한다, 막연한 꿈을 꾸지 말고 구체적인 목표를 정하라고. 그리하여 그 목표를 향해 나아가면서 형성되는 습관이 결국은 인생을 만들어 간다.

대학교 복학한 이후에 어학에 집중하겠다고 일문학과와 영문학과의 수업까지 청강하면서 일어와 영어공부를 하였지만, 결과적으로 일어는 소용이 없었다. 일어가 쓸모가 없다는 것이 아니라, 회사에서도 별도로 그렇게 일어를 몇 년간 더 공부했음에도 불구하고 내가 일어를 가지고 사업이나 소통을 원활히 할 수 있는 실력이 모자라서, 결국은 사용하지 않다 보니 이제는 나에게 무용지물이 된 것이다. 그렇다면 나는 일어를 배운다고 얼마나 많은 시간을 허비했는가? 세상에는 고수가 많이 있으며 내가 가진 실력으로 승부를 볼 수 있을 때 그것이 나의 강점이고 실력이 되는 것이다. 취미로 한 것이 아니라면 내가 업무로 활용하여 승부를 볼 수 있는 실력이 아니라면 강점이 아니다.

나는 Oscar Wilde가 한 말을 적어놓고 수십 년째 보고 있다, It is personalities, not principles, that move the age. 그리고 personalities는 몸에 밴 모든 것이다. 영어든, 체력이든, 신뢰이든, integrity든, 자기가 이것으로 승부를 보는 본인만의 칼이고 무기인 것이다.

체력의 기본기

유년 시절에는 운동을 싫어하였는데 군대에서 본격적으로 운동을 시작하여 헬스와 마라톤을 하였고, 운동이 생활의 일부가 아니라 삶의 필수가 된 것은 잦은 해외 출장으로 기인이 되었다. 현재 순수 항공 마일리지가 대한항공은 이백오십만, 아시아나는 백만 마일이 넘었는데, 이는 제휴사나 신용카드 마일리지를 제외한 숫자이다. 다른 항공사도 많이 탑승하였으므로 항공 마일리지만도 사백만이 넘어가는데, 이 중 반 이상은 일반석으로 쌓아 올린 기록이며, 미주 유럽의 장거리 노선을 수도 없이 왕복하였다. 장거리 출장에서 가장 먼저 부딪히는 것이 시차이며, 도착하자마자 샤워하고 나면 바로 업무에 들어가는데, 당일에야 그래도 체력으로 버티겠지만 다음 날 아침에 현지 시각으로 적응

되지 않으면 업무를 효율적으로 보기 어렵다. 그래서 만들어진 습관이 아침에 일어나서 fitness center에서 한 시간 정도 운동을 하고 나서 샤워하고 식사하면 바로 현지 시각에 적응이 되었다. 그리고 다른 문제는 국제선 일반석에서 수많은 시간을 잠을 자면서 대륙을 횡단했으므로, 편하지 않은 취침 자세로 인하여 허리에 통증이 생겼다.

초기에는 보통 아침에 러닝머신에서 6~7km를 뛰고 가볍게 근력 운동을 하는 패턴에서, 운동 강도를 높이기 위해서 줄넘기를 하였는데 30분 하면 5,000개를 뛰고, 주말에 한 시간 하면 10,000개를 뛰었다. 그런데 시간에 지나면서 몸이 건강해지는 것이 아니라 오히려 허리의 통증이 심해지게 되었고, 급기야는 7~8년 전 어느 날 미국 출장 가는 당일 아침에 허리 통증으로 움직일 수 없는 상태까지 이르렀다. 출장을 취소할 수는 없어서 비행기에서도 의자를 잡고 걸어 다니면서 이동하였고, 이때서야 내가 하는 운동이 나에게 맞지 않는다는 것을 알게 되어 허리를 강화하는 운동에 관심을 두게 되었다. 그리하여 운동할 때 대부분 시긴을 히체 단련에 집중하고, 상체는 하나만 하게 되었다.

턱걸이 운동이 상체에 조금 도움이 되는 것 같았으나, 몇십 개 하고 나면 더는 하기가 어려웠다. 그러던 차에 팔굽혀펴기 이야기를 들으니 나도 한번 해볼까 하는 생각이 들었다. 그런데 남들과 같이 그냥 하면 너무 평범하지 않을까 하는 생각이 들었고, 예전에 TV에서 운동을 잘하는 사람이 두 손가락으로 팔굽혀펴기를 한 것을 본 기억이 떠올랐다. 그래서 내가 두 손가락으로 할 수는 없지만 손가락 10개를 펴서 하는 것은 어떨까 하는 나만의 차별화된 생각을 하게 되었는데, 이는 남들과 똑같은 것을 그리 달가워하지 않는 내 성격에서 기인한 것도 있는 것 같다. 그래서 인터넷에 손가락 팔굽혀펴기를 찾아보았는데 별로 나온 정보도 없었지만, 일단 시작하기로 하여서 지금 3년이 넘게 해오고 있다.

나만의 이야기

86100. 내 일정표의 '2019.12.31에 적혀있는 기록이다. 2019년 내가 연간으로 손가락 팔굽혀펴기를 공식적으로 86,100개를 했다는 이야기다. 공식적이라고 언급한 것은 매일 아침 손가락 팔굽혀펴기를 300개씩 하는데, 실제로는 대부분 320개를 하거나, 숫자를 세는 것이 헷갈릴 때 더하는 경우가 있지만, 기록은 300개로 하기 때문이다. 그리고 2020년에 들어와서는 매일 하는 숫자를 200개로 줄였고, 물론 실제로는 230개 정도를 하는데 기록은 200개로 하였고, 연말이 되면서 기록하는 것은 그만두었다. 처음에는 남에게 보여주고자 하는 것도 있었고, 그리고 목표를 연간 6만 개니, 8만 개니 하고 연초에 세웠기 때문에 진척도를 보기 위함이었는데, 지금은 생활 일부가 되어서 나만의 이야기가 되었고 또한 다른 사람들에게 보여주기 위해서 사는 것도 아니니 굳이 그럴 필요가 없는 것으로 생각이 들었기 때문이다.

손가락 팔굽혀펴기를 시작한 것은 3년이 넘었다. 친구들과 저녁을 먹다가 자연스럽게 운동 이야기가 나오고, 변호사인 친구가 본인은 매일 팔굽혀펴기를 하는데 건강에 도움이 된다고 하였다. 나도 운동이라면 매일 해온 지는 20여 년이 넘었으므로 여러 가지 운동을 꾸준히 해오고 있었으며, 허리 통증으로 인하여 운동 습관을 바꾸어 하체 운동에 집중하면서 상체운동은 하나만 해오고 있었으며, 그 당시에는 상체운동으로는 턱걸이를 해오고 있었다. 그래서 친구의 말을 듣고 팔굽혀펴기하는 계획을 세웠는데, 나의 습관 중에 다른 사람보다는 조금 더 무엇인가를 하려는 성향이 있어서 이왕 하려면 조금 더 강도가 센 것을 하자는 생각에, 예전에 두 손가락으로 팔굽혀펴기하는 것을 TV에서 본 기억이 나서 내 체력에 맞게 5개 손가락을 펴서 시작하게 되었다.

지금도 손가락 팔굽혀펴기를 계속하는 것은, 코아 근력을 키우는 데 도움이 되어 허리 통증 완화 시켜주는데, 무엇보다도 나만의 트레이드 마크가 된 것 같다는 생각이 든다. 지난 3년간 주변 사람들에게 손가락 팔굽혀펴기 이야기를 많이 하였는데, 실제로 한다는 사람은 거의 보지 못했다. 나에게 리더십 코칭하는 코치에게 이야기한 적이 있는데, 이분은 50여 개를 해보았는데 더 하기는 힘들었다고 말하면서, 이것을 하니 타이핑을 치는데 손가락 아픈 곳이 없어지더라고 했는데, 지금도 하시는지 모르겠다. 그리고 내가 다니는 fitness center에서 한 분이 가끔 따라 한 것을 본 적이 있는데, 이 이외는 한다거나 하는 분을 주위에서 보거나 들은 적이 거의 없다.

하지만 손가락 팔굽혀펴기를 하는 것은 나에게도 항상 쉬운 것만은 아닌 것 같다. 아침마다 시작한 지 반년이 지나자 손가락 끝에 굳은살이 박이기 시작하더니, 조금 더 하자 굳은살이 손가락 끝에서 약간 갈라지더니 눌리면 아프고 피가 나왔다. 엄청 많이 아픈 수준은 아니지만 그래도 손가락 끝이 찢어지면서 피가 나오고 아픈 것이, 사람의 손끝에는 통증을 느끼는 감각이 더 있는 것이 아닌가 싶었다. 그러면 건조해서 그러나 싶어서 핸드크림도 바르면서 조금 더 세심하게 관리하면 몇 주가 지나면 아물어서 지나가고, 그리고 굳은살은 가끔 손톱 깎을 때 같이 잘라주곤 했었다. 그런데 이렇게 나은 손끝 상처가 한 번으로 끝나는 것이 아니었다. 지난 3년이 넘어가는 시간 동안에 몇 차례 생겼다가 없어졌다가를 반복하였고, 어떤 때는 한군데만 생기는 것이 아니라 여러 손가락에서 생겨서 상처 연고를 바르면서 관리를 하기도 했는데, 그래도 이것은 참을만하였는데 시작한 지 일년이 지난 즈음에는 왼쪽 엄지손가락의 뼈가 아프기 시작하였다.

그때는 고민하였다, 이것을 계속해야 할까 아니면 그만둘까를. 며칠간 하면서 생각하다가, 이 정도로 죽을 것 같지는 않아서 신경 쓰지 말고 계속하기로 마음먹었다. 그리고는 암벽등반을 하는 카이로 선생님에게 말을 하니, 손가락 압력기로 운동하면 도움이 될 것이라고 하였다. 그 말을 듣는 날 바로 여의도백화점에 있는 문구센터로 가서 손가락 압력기를 사서 사무실에 두면서 시간 날 때마다 운동하였는데, 몇 개월 사용하고 있는데 이 압력 운동기구가 부러지면서 고장이 났다. 그래서 구매하였던 문구점에 가서 하나를 새로 구매하면서 사장님에게 지난번에 구매했던 것이 부러졌다고 말씀드리니, 제품 하자인 것 같다고 가져오면 교환해 주겠다고 하셨다. 그리하여서 하나를 더 가지게 된 바람에, 지금은 하나는 사무실에 하나는 자가용에 두면서, 사무실에서는 신문 볼 때나 회의할 때, 그리고 운전하면서는 자동차에 있는 것 사용하면서 수시로 손가락 압력 운동을 해오고 있으며, 이 덕분으로 생각되지는 않지만 그래도 손가락뼈가 아픈 것은 몇 주가 지나서 없어지더니, 손가락 끝 찢김과는 다르게 뼈아픈 것은 다행히 다시 오지는 않았다.

일년 전부터는 플랭크를 새로 시작하고 턱걸이도 다시 시작하였다. 손가락 팔굽혀펴기를 한 다음에 마지막으로 플랭크를 1~2분 하는 것으로 상체운동을 보강하고, 허벅지 운동을 하면서 턱걸이도 추가하였다. 이렇게 시작한 주에 갑자기 어금니 부근의 턱 근육이 경직되더니 음식물을 씹을 수가 없을 정도로 통증이 심해서 식사를 할 수 없을 정도가 되었다. 갑자기 발생한 고통에 매우 당황하였지만, 카이로에서 근육을 풀면서 이야기를 해보니, 오랫동안 하지 않은 턱걸이를 갑자기 무리하게 하면서 목 근육과 어금니 턱 근육을 강하게 압박하여 근육 통증이 발생한 것이었다. 예전에도 아침에 턱걸이 20여 개를 매일 했는데, 몇 년을 하지 않았다고는 해도 아침에 몇 개 한 것 가지고 이렇게 근육이 압박을 받아서 통증을 주게 될지는 몰랐다. 듣자니 운동선수들도 몇 달만 운동을 쉬어도 바로 100% 운동 수준으로 강도를 높여서 하지 않고, 몸을 풀어주면서 몇 주간에 걸쳐서 몸을 회복한다고 하니, 내가 하는 것이 프로 선수의 운동은 아니어도 몸이 예전처럼 탄력 있게 바로 회복이 되는 것이 아닌 나이에 이른 것을 실감하게 되었다. 그리하여 플랭크와 턱걸이 강도를 반 이하로 낮추고 단계적으로 강도를 늘리는 방향으로 하여, 지금은 생활화가 되고 있다.

4) 성과 있는 조직

지금은 어느 회사이든 성과를 기준으로 인사 평가와 조직 발령을 내는 것을 표방하므로 그렇게 이해하기 쉽지만, 실제 내면에는 훨씬 복잡한 matrix가 존재한다. 아직도 학벌이나 학연의 영향력이 존재하며, 성과가 승진을 만들어 주지는 않지만, 부진이 퇴출의 명분을 만들어 주기도 하며, 그리고 운이 훨씬 더 중요하게 작용하기도 한다.

무엇보다도 조직에서 성장하기 위해서는 대세나 주류인 사업에 몸을 담는 것이 좋다고 본다. 많은 사람이 아무도 없는 데서 홈런을 치면 두각을 나타낼 것으로 착각을 하지만, 잘되는 사업에 들어가서 숟가락 하나 얹는 게 훨씬 쉽다. 지금 대세로 보이는 전지 사업도 신사업으로 시작하여 여기까지 오는 데 20년이 걸렸으며, 그 중간에 만일에 선대 회장님의 개인적인 신념이 없었다면 예전에 접었을 사업이었다. 유리 사업과 수처리 사업 등 많은 신사업을 시작하였지만, 제대로 자리를 잡은 것은, 전지 이외에는 거의 없다고 본다. 그런데 어느 개인이 10년 20년 기다리면서 조직에서의 성장을 기다릴 수가 있겠는가?

우리나라의 대기업은 연말이면 어김없이 인사이동을 한다. 누군가는 신임 임원으로 올라가고 어느 기존 임원은 탈락하여 나간다. 이는 사업이 잘되든 안되든 상관이 없이 일어나는 한국 만의 연례행사이다. 사업이 잘되는 조직에서도 누군가는 떨어져 나가고, 사업이 안되는 조직에서도 누군가는 임원 승진을 한다. 그래서 많은 부분이 운이 작용하기도 하는데, 운은 본인이 만들기 어려우므로 현재 본인의 위치가 그러한 운을 받을 수 있는지 없는지는 먼저 본인이 냉철하게 평가를 하여야 한다. 순진하게 어려운 사업을 이렇게 만들어 주면 누군가는 인정할 것이라는 생각을 하지 말고, 본인이 그 사업과 같이 죽을 각오를 하던지 아니라면 살아날 자리를 차지하고 있는 것이 낫다.

우리 회사에서의 신임 임원 선임은 사업부장이 각 사업부에서 추천하지만, 최종 선정은 본부장의 권한으로 여겨진다. 지주사와의 협의로 임원 전체 숫자를 어느 정도 정하여 놓고 있으며, 이에 퇴임 임원 숫자를 고려하여 신임 임원 T/O가 발생하는 것이며, 본부에서 상정하면 신임 인원의 경우 대부분 그대로 선발이 된다. 나의 경우 임원 승진은 도와주신 분들도 있지만, 어찌 보면 운도 많이 작용한 것으로 알고 있다. 내가 본부장의 눈에 든 것도 아니었으며, 그것도 큰 사유 중 하나가 내가 표정이 어둡다는 것이다. 그 당시 본부장께서는 기를 중요시하게 여겨서 식당도 벽으로 막히거나 지하로 되어 있는 데는 가지 않으셨고, 회의할 때도 햇빛이 들어오는 창문이 있는 밝은 데를 선호하고, 이리하여 protocol에서 많은 guideline을 소유하고 계신 분이었다. 따라서 나의 어두운 표정이 사업에 부정적인 이미지로 인식된 것으로 보였다. 또한, 내가 윗사람에게 appeal을 잘하는 말주변도 없었고, 그렇다고 잘 보이기 위해 전혀 노력도 하지 않는 사람이었다.

첫 번째 운은 그 당시 본부장께서 좋아하던 자동차 상품기획 담당이 다른 이유로 중도에 하차하였다. 그리고 퇴임 임원으로 인하여 T/O가 하나 더 생겼다. 이에 소형 사업부장께서 나를 사업부 후보로 강력히 추천하고, 또한 자동차 사업부장께서 내가 N사 파우치 투자 유지로 당사 파우치 사업의 기틀을 만들었다고 적극적인 지원을 함에 따라, 다른 유사한 후보가 없는지라 내가 선임된 것으로 이해를 한다. 그때 그러한 변화가 발생하지 않았다면 힘들었지 않았을까 생각한다.

해마다 사업부에서는 신임 임원 후보를 몇 명 추천한다. 사업이 잘되면 승진자가 늘어나고 사업이 안 되어도 누군가는 한 명은 되는 것이다. 물론 조직이 큰 자동차 사업부의 경우는 숫자가 늘어나는 것이고, ESS 사업부의 경우는 조직이 작아서 많아야 한 명이고 향후에 사업이 더 커진다면 그때는 숫자가 늘어날 것으로 본다. 따라서 내가 속한 조직에서 신임 임원 후보군으로 몇 번째인가를 보아야 한다. 그런데 그보다는 먼저 우리 회사에서 내가 성과가 있는 주류 사업인지 아니면 비주류 사업인지를 파악해야 한다. 스텝 부분도 동일할 것으로 본다. 내가 하는 업무에 임원 자리가 있는 것인지 아니면 없는 것인지를 보아야 하고, 그리고 위에 임원이 있다면 그 임원을 비켜서 올라갈 수 있는지 보아야 할 것이다.

사업은 일부 사람이 주력으로 이끌고 나갈 수가 있으며 그 성과는 그 조직에 앞서 있는 사람들이 가지게 되어 있다. 또는 예전의 유산으로 사업이 잘될 수도 있으며, 이 또한 현재 그 자리에 남아 있는 사람들이 성과를 먹고 성장하게 된다. 물론 사업부장이 잘 이끌고 지원을 하였던 것도 있지만, N사 2D 사업 창출은 내 작품이라는 것을 거기에 관여했던 사람들은 전부 인정을 한다. 하지만 회사는 상사와 부하 임원을 동시에 승진을 시키지 않는 것이다. 물론 나도 알고 있는 사실이고 먼저 상사가 승진되면 다음에 나에게 기회가 올 것으로 생각했는데, 내가 타이밍을 맞추지 못했다.

소형 사업부는 주력이었고 ESS 사업은 상대적으로 신규 사업으로 사업의 재정비가 필요하였다. 예전에 경력으로 처음 입사하고 일이 년 이후에 ERP를 처음으로 도입하게 되면서 부서마다 인원을 차출하여 ERP 팀을 구성하였고, 그때 대상은 기존 인원들이 가려고 하지 않았기 때문에 경력으로 같이 입사한 K차장과 내가 대상이 되었다. 그때 나는 이동하지 않겠다고 하였는데, 이는 내가 그 당시 주류와 비주류를 구분했던 것이 아니라 그저 영업직군을 지속하겠다는 희망으로 가지 않겠다고 강하게 언급하였고, K차장은 어느 부서나 일하면 급여는 동일하게 받는 것이 아닌가 하는 생각으로 이동했던 것 같은데, 몇 년이 지난 이후에 나는 K차장을 더는 보지 못하였다. 그렇게 해서 유지한 직군이었는데, 나는 회사에서 ESS 사업으로 이동하라고 해서 주류 사업이니 비주류 사업이니 하는 개념도 없이 이동했던 것이니, 주류 사업에 남아 있었던 사람들이 결국은 남은 과일을 전부 먹게 되었다.

그래서 대기업에서 오랫동안 성장하고 싶은 사람들에게 강력히 권고하는 것이다. 주류인 사업에 지속해서 몸을 담고 있으라고. 휴대전화기 사업 담당으로 있을 때의 기억인데, 그 당시 Nokia는 사라져가는 기업이어서 그 account에서 영업하는 유능한 직원을 새로 부상하는 N사 담당자로 이동하려고 했는데, 그 친구가 본인은 Nokia를 그대로 하겠다고 고집을 해서 그대로 두었다. 물론 그 친구는 Nokia account를 등에 업고 유럽 주재원 부임을 꿈꾸고 있었는데, 그 뒤로 진행은 내가 예상한 대로 Nokia는 매각되어 사라지고 그 친구는 결국 다른 부문으로 이동하게 되었고, 그 당시 N사 업무를 한 직원이 결국 미국 주재원으로 나가게 되었다. 따지고 보면 Nokia를 맡았던 친구도 앞만 보고 주류인 사업에 관해서 판단하지 못했었다.

주류인 사업에 있더라도 조직장들이 이미 자리를 차지하고 있는 것이며, 내 상사가 자리를 비켜주어야 내가 올라가게 된다. 그리고 그것은 대부분 조직 이동이나 상사의 승진 또는 순환배치 등으로 변화가 발생한다. 내가 나중에 깨닫게 된 것은 나의 상사가 성과를 만들어 주는 것에 대해서 고맙게 생각은 하나, 나를 성장시키기 위해 나와 똑같은 고민을 하지 않는다는 것이다. 왜냐하면, 본인의 앞길을 먼저 생각하고, 부하 직원을 위해 행동하는 것이 아니라 본인을 위해 행동하기 때문이다. 따라서 윗사람을 너무 믿지 말라고 말하고 싶다. 조직에서 성장을 시켜주는 것은 윗사람은 맞지만, 바로 윗사람이 아닐 수가 있으며 또한 조직 변화에 의한 운일 수도 있다. 따라서 윗사람을 믿고 나중에 배신감을 느끼기보다는, 아예 자신을 믿고 본인이 퇴직하여 도와줄 수 있는 부하 직원들에게 신뢰를 더 쌓는 것이 중요하다고 본다.

5) 자기 PR과 background

본인을 승진시키는 것은 상사이므로 상사와의 관계를 잘 만들고 유지하는 것이 매우 중요하다. 물론 직속 상사와의 마찰을 일으키지만, 실력이 있고 그 위의 상사가 인정하여 다른 부문으로 이동하여 생존하고 성장하는 예도 가끔 있기는 하지만, 그러한 마찰이 잦아지면 결국은 생존하기가 힘들어진다. 어느 사장님이 말씀하신 것처럼, "내가 당신을 승진시켜 줄 수는 없지만, 승진이 안 되게 만들 수 있다", 라는 말이 실제 많이 있다. 왜냐하면, 상사들은 부하 직원들의 평가나 reference를 여러 channel을 통해서 듣거나 확인하므로, 주위에서 부정적인 평가가 많아지면 본인에게 그만큼 불리하다.

상사에게 잘 PR이 되는 것은 중요한데, 이는 업무를 통해 자연스럽게 보이는 부분도 있고, 또한 잦은 소통으로 본인 사람이며 어떤 업무를 하고 있는지를 노출하는 것도 중요하다. 하지만 나는 나를 드러내는 다른 방식으로 진행하여 도움이 되지 않았던 것 같다.

이왕 팔굽혀펴기하려거든 다른 사람들이 하지 않는 손가락 팔굽혀펴기를 하는 것 같은 행동은 몸에 배 습관화가 되었는지 다른 곳에서도 가끔 돌출되었고, 결국은 이러한 돌출이 내 개인의 승진에는 별로 도움이 되지는 않았던 것 같다. 2008년 7월에, 5년 3개월의 미국 주재원 생활을 하고 귀임을 하였는데, 그 당시 회사 CEO인 K부회장께서 전사적으로 독서 열풍을 만들어 가고 있었다. 그분은 그룹에서 내가 존경하는 경영자의 한 분이신데, 자기 관리가 투철하고 신앙심이 매우 높은 분이신 것 같다. 그분이 우리 회사의 영업 이익을 조 단위로 끌어 올리셨는데, challenge 한 목표를 세워 매우 강하게 실천을 drive 하여 달성을 하신 분이다. 그분이 주창하신 먼저, 자주, 빨리는 실행에 더딘 그 시절이 꼭 맞는 기업 행동 지침으로 기억을 하며, 목표는 반드시 달성하여야 한다는 철저한 실행 정신을 본받을 만하다. 그분은 Golf를 치실 때도 절대 무리하게 장거리를 보내려고 하지 않고, 조금 짧은 거리라도 정확한 방향으로 따박따박 그린에 공을 올려서 벗어남이 없이 완벽하게 게임을 한다고 들었다.

K부회장의 지시로 모든 팀장에게 책을 나누어주고, 일 년에 두 번씩 하는 팀장 workshop에서는 독후감을 발표하게 하였다. 2009년 팀장 선임이 되어 업무를 시작하였는데, 어느 날 인사팀으로부터 전화를 받았다. 상반기 팀장 workshop을 하는데, 나에게 독후감 발표를 해달라는 요청을 했다. 보통 이런 전화를 받으면 사람들 대부분은 피해가려고 거절하는 명분을 찾을 텐데, 나는 이러한 요청을 받으면 대뜸 하겠다고 한다. 이때도 나한테 요청한 것을 보면 할만한 사람이 많지 않나보다 하고 먼저 하겠다고 대답을 하였는데, 받은 책은 한 권이었으므로 몇 사람이 발표하는지 궁금해서 물어보았더니, 나를 포함하여 두 사람이라고 했다. 가만히 생각해보니 똑같은 책을 가지고 두 사람이나 발표하면 듣는 사람이 지루하지 않을까, 하는 생각이 들었다. 그러다가 미국 주재원에서 돌아온 지 얼마 되지 않으므로, 영어로 하면 어떨까 하는 생각이 들었다.

그때 오산 연수원 강당에 모여서 workshop을 진행하는데, 한 150여 명의 팀장이 앉아 있었던 것 같다. 이러한 work shop은 통상적으로 지루하기가 쉬운데, 더군다나 독후감 발표라고 하면 식상하기가 쉬웠을 것이고, 지금에는 이런 발표를 하는 program도 없었다. 그 당시 앞의 세션은 물론 전부 우리나라 말로 진행되고 있었던 것이며, 독후감 발표라고 해보아야 책도 우리나라 말로 된 책을 나누어 주었다. 그런데 내가 발표한다고 하면서 갑자기 영어로 이야기를 시작하니, 앉아 있는 모든 사람의 표정이 당황스럽고 충격적인 모습이 역력하였다. 내가 먼저 영어로 발표를 하고 다음 팀장이 한국어로 다른 각도에서 독후감을 발표하였고, 발표는 무사히 잘 끝났는데 영어 발표는 누가 요청한 것도 아니었고, 이러한 것을 지금까지 팀장들이 경험해 보지 못했으므로, 나중에 두고두고 회자가 되는 사건에 되었다. 하지만 이러한 것을 상사가 높이 평가해 주는 것은 아닌 것 같다.

그렇다면 어떻게 해야 성과에 대해 인정을 받을 것인가? 이름하여 꼬리표가 있고 그것을 본부장이나 CEO 등 인사권자가 인지하고 있어야 한다. 예전에 Nokia 진입 시 담당하던 영업팀장이 임원으로 진입을 하였다. 그 당시 CEO가 Nokia 진입을 drive 하고 있었고, 자연히 그 성과가 인지되었다. CEO나 본부장 등 인사권자가 가장 중요시하는 업무에서의 성과는 바로 승진과 연결이 되는 경우가 매우 많이 있다. 따라서 이러한 것은 정말로 주류사업이며, 물론 본인들의 노력도 중요하지만, 실제 성과는 수많은 사람의 합작품으로 만들어진다. 하지만 그때 누가 그 성과를 누리게 되느냐가 중요한데, 보통은 그 인사권자에게 그 사업에 대해 정기적으로 또는 주로 보고를 하면서 사업에 주도적인 역할을 하는 사람이 차지하며, 이때 그 사람이 리더인지 아니면 그 상사가 있어서 그 성과를 가져가게 될 가능성이 있는지 처음부터 잘 판단을 하여야 한다.

Nokia 진입으로 임원이 된 C상무는 본부장과는 매우 가까운 관계로 소위 말하는 측근으로 듣고 있다. 본부장이 자동차 사업부장을 오랫동안 했었고 또한 자동차 사업에 대해 매우 애착도 강하며, C상무가 소형 사업부에 이어서 자동차 사업부에서도 사업부장으로 모시면서 코드를 잘 맞추어 왔었다. 그리하여 상무 9년을 지내더니 결국은 전무가 되면서 자동차 전지 사업부장이 되었다. 본부장이 그 당시 자동차사업부장에서 본부장으로 승진을 하면서, C전무로 승진을 시키면서 자동차사업부장으로 끌어 준 것이다. 상사에게 잘 맞추고 잘 보이므로 윗자리로 이끌어 준 것이다. 즉 윗사람의 마음에 들면 그렇게 성장을 할 수가 있다. 물론 실력이 없는데도 할 수 있는 것은 아니다. 어느 정도 실력과 성과를 갖추어 주어야 한다. 그리고 성과가 받쳐 주지 않게 되자 C전무는 다른 보직으로 이동할 수밖에 없었다.

자동차에서 W사 project를 수주하였던 S상무는 전무로 승진을 하였는데, 본인이 하였던 일을 열심히 본부장에게 appeal을 하는 등 은근히 remind를 지속해서 하였다고 들었다. 물론 수주 규모도 제일 크기도 하였고 사업의 의미도 있었지만, 이를 적절하게 포장하여 appeal을 하지 않는다면 단순한 영업 상무에서 부문 전무로 승진하기가 쉽지가 않다. 실제로 그 project는 상당한 적자여서 사업부가 수익성 보전을 위해 매우 힘든 시기를 겪어가고 있는데, 수주한 것을 인정받아 승진하면 되었지 영업적자는 몇 년 뒤에 발생하는 일이므로 이미 승진과는 관계가 없는 일이 된 것이다. 결국은 의미를 어디에 두느냐에 있다고 보면 될 것 같다. 그리고 전무로 승진하면서 해외공장 법인장을 맡게 되었는데, 그 공장은 초기 준공 이후에 안정화가 되지 않아서 수년간 그룹의 문제가 되어 왔는데, 그 S전무는 다행히도 일 년 만에 잘 빠져나와 중추적인 역할을 측근으로서 또 맡게 된 것이다.

그런데 현재 CEO의 소형사업부장 시절 같이 일한 나는 왜 그렇게 되지 못한 것일까? 인제 와서 생각해보면 나는 업무 중심으로 상사를 대해와서 그런 것 같다. 업무는 잘하고, 마무리하면 오래는 다니겠지만, 윗사람이 이끌어 주지는 않는 것 같다. 그 C전무도 내가 오랫동안 모셨던 사람이다. 그분이 소형전지에서 마케팅담당을 하던 시절에 나는 N사 팀장으로 성과를 만들었다. 나와 같이 일하던 시절에는 업무에 대해서는 내가 전권을 가지고 진행하였고 성과만 가져다주면 되었다. 그런데 그분이 자동차사업부장이 되었을 때 나를 마케팅담당으로 부하 직원으로 두고 같이 일하는 것을 꺼린다고 들었으며, 이에 이동이 발생하지 않았다.

나의 능력은 인정하는데 같이 일하고 싶지는 않다는 느낌을 주었다고 한다. 인제 와서 생각하면 내가 윗사람의 코드에 맞추어 윗사람이 돋보이게 하는 형식의 업무를 한 것이 아니라, 업무를 내가 알아서 하고 성과만 가져다주는 모양이었는데, 그렇게 해서는 마음에 들지 않았던 것 같다. 직장생활을 오래 하면서 느끼게 된 것은 말을 참 잘해야 한다는 것이다. 윗사람의 질문을 잘 경청하여 의도를 파악하고 그에 맞는 답을 하는 것이지, 괜히 나의 주장을 펼치면서 반대를 할 필요가 없어 보인다는 말이다. 나는 업무와 성과가 중요하다고 생각하여 여기에 focus를 맞추었고, 사업 감각은 누구보다도 뛰어나서 시장과 고객대응을 잘한다고 생각한다. 그래서 CEO가 그렇게 반대를 하는데도 T사 business는 당사에 중요하므로 꼭 해야 한다고 하면서 내 고집대로 진행했는데, 결과적으로 성사하여 사업에는 성과가 크게 발생하였으나, 그것으로 인하여 CEO에게 인정받은 것은 하나도 없는 것이다.

신임 임원 교육 시 어느 부사장님의 말씀을 소그룹회의에서 들은 적이 있는데, 그렇게 오랫동안 회사를 잘 다니는 비결을 묻자 그분이 그렇게 대답했던 것을 기억한다 : 본인은 윗사람이 잘못된 이야기 하더라도 절대 그 자리서 No를 한 적이 없다고. 맞지 않아도 가만히 듣고 있으며, 끝나고 나면 개인적으로 사무실로 찾아가서 상황을 설명한다고 하였다. 이 정도는 기본적으로 해야 하는데, 전체 회의 시 내 주장을 했으니 성과가 난들 곱게 볼리가 만무하다. 그 당시에 회의에서는 알았습니다, 하고 끝내고, 회의 이후에 별도로 찾아가서 이러한 이유로 지속 추진하는 것이 좋을 것 같다고 허가를 받았어야 했다. 그리고 다음에 성과는 CEO께서 추진하여 만들어진 것으로 포장하고 이야기를 해야 했었고, 성과가 나온 이후에는 그때 CEO께서 승인해 주고 지원해 주어서 잘 진행이 되었고, 지금 사업의 성과가 어떻게 나고 있는지 remind를 했어야 했다. 그리고 그 사업의 성장성을 믿는다면 다른 사업부로 이동할 것이 아니라, 그 자리를 지키고 있어야 했다.

6) 소신과의 갈등

M사에서 탈락한 이후에 이 사건에 대해서 그 이후로도 가끔 되새기게 되었다. 고객에게 공급과 계약에 대해서 합의하였는데 당사가 일방적으로 파기한 것이며, 그 당시에 다행히 별도로 위약금이나 다른 손해배상금 관련한 계약서를 체결하지 않고 e-mail과 구두로 합의하고 PO로 종결을 하여서, 동 합의의 파기로 인하여 당사에 다른 손해가 발생하지는 않았다. 하지만 이것으로 인하여 당사는 M사에서 퇴출이 되었으며, 4년 뒤에 나는 주재원 임기가 만료되었음에도 귀임하지 못하고 M사 재진입을 위하여 Chicago로 이사를 하면서 임기를 연장하여야 했고, 그때 그 결정을 내렸던 임원은 그 일이 발생한 3년 후에 퇴임하였던 터라 이에 대한 짐은 고스란히 내가 짊어져야 했다. 물론 그 당시 나는 M사와의 합의는 지켜져야 한다고 줄기차게 주장을 했으나 받아들여지지 않았는데, 나중에 그 짐을 내가 받아 지면서 다시 곰곰이 생각하게 된 것은, 내가 직장에서 목을 걸고서라도 반대하면서 내 주장을 관철시켰어야 맞는 것이 아닌가 하는 것이다. 하지

만 나중에 다시 생각해보아도 내가 사표를 쓰면서 주장했더라도 내 요구가 맞는다고 받아들여졌을까, 생각하면서 확신이 없다. 이렇게 하여 직속 상사와의 갈등은 어떻게 풀어야 하는지 숙제가 남아 있게 되었고, 지금도 많은 직장인의 숙제라고 생각한다.

사업에서 신용이 기본이며, 고객의 신뢰를 잃고 나면 다시 얻기가 매우 힘들다. 또한, 어쩔 수 없는 상황이었다면 모르지만, 이미 합의하여 수주한 PO에 대해서 decommit를 한다는 것은 사업을 그만하자는 의미일 뿐만 아니라, 고객으로부터 법적 소송을 당할 수 있는 사안으로 당사뿐만 아니라 많은 회사가 이러한 잘못을 자주 만들어오고 있다. 이 사건을 계기로 상사에게 강하게 반발을 하여 이러한 일이 발생하지 않도록 만들어야 하지 않았나 나중에 가끔 자문하였지만, 상사가 받아 들었을까 하는 의문이 들고, 또한 그 시절로 다시 돌아간다고 하여도 상사를 설득하여 이러한 일이 발생하지 않게 만들 수 있을지 지금도 확신이 들지 않는다.

M사 사업을 하면서 겪었던 일인데 워낙 나에게도 영향이 커서 그 이후에도 가끔 스스로 반문하는 질문이다. 직장생활에서 가장 중요한 관계가 바로 위의 직속 상사와 관계이며, 이 관계가 어떻게 하느냐에 따라 당신의 운명이 결정된다. 상사가 올바른 판단을 하는 것도 중요하지만, 그것보다 훨씬 중요한 것은 당신의 상사가 당신이 하는 일을 적극적으로 지원하도록 하는 것이다.

● 직장 상사와의 원만한 갈등 해결

성격이 무난하고 어떠한 스트레스도 잘 참아내는 내 성격에도 직장 상사와의 갈등으로 사표를 제출하려고 한 적이 있었다. 10여 년 전에 소형전지 미주팀장으로 근무하면서 12월에 출장을 갔는데, 담당 임원이 찾아서 없으니 내가 말을 하지 않고 출장을 갔다고 불같이 화를 냈다. 한두 마디로 질책을 하고 끝났다면 되었을 텐데 한참을 지속하니, 나도 참을 수가 없어서 화를 내고 회사 그만두겠다고 하면서 전화를 끊었다. 그리고 출장에서 돌아왔는데 담당 임원도 더는 언급을 하지 않아서 그대로 다니게 되었는데, 만일 그때 그분이 왜 사표 쓰지 않느냐고 한마디 했다면 아마도 바로 그만두었을 것 같다. 그 상사와 평소에 관계는 원만하였고 그분 또한 실무에 별로 관여를 하지 않고, 업무에 대해서는 내게 자율권을 대부분 주었기 때문에 성과만 만들어 드리면 되는 호흡이 잘 맞는 관계였다. 단지 그분이 다혈질적인 부분이 있어서 사람들을 힘들게 할 때도 있었지만, 내가 무난하게 중간 역할을 하였고 그때의 전화 통화는 다시 언급되지 않고 넘어갔다.

그 상사분을 몇 년을 모시고 지냈는데, 그 이후에 내 팀원과 그 상사 간에 마찰이 일어났다. 금요일 오전에 H과장이 출근하여 사무실로 부르더니 질책을 한 것이고, 그 과장도 성격이 상당히 있는 편이라 견디지 못하고 화를 내면서 그만 다닌다고 사무실을 나가버린 것이었다. 내가 들었을 때는 H과장은 이미 사무실을 나가고 없었으며, 전화기도 끄고 연락 두절이 되었다. 그래서 그날 오후에 시간이 지나면 문자를 보겠거니 하고서 술집에서 기다린다고 하면서 문자를 보내고, 혼자 술집에 가서 기다렸다. 몇 시간을 기다리다가 결국 오지 않아서 집으로 돌아왔는데, 토요일 오후에 나에게 문자가 왔다. 이제 문자를 보았다고 하여서, 마포로 오라고 해서 저녁부터 술을 같이 마시기 시작하여 다음날 새벽 5시에 끝내고, 그 친구를 달래서 보냈다. 그리고 나는 토요일 같이 밤새우면서 술을 마시고 나서, 일요일 새벽 6시에 술자리에서 바로 테니스를 하러 갔던 기억이 있다. 회사 테니스 인포멀 모임이 매주 일요일에 있었고, 충실하게 테니스를 치던 시절이라 그렇게라도 해서 나갔는데, 술 취한 상태에서 경기하는 것이라 공이 제멋대로 갔던 기억이 난다. 다행히 그렇게 그 친구를 달래서 월요일부터 다시 출근하였고, 담당 임원과의 중간에서 내가 팀원들을 챙겨서 꾸려나가니 그 이후에 그 친구와 임원 간의 갈등이 다시 표출되지는 않았다. 중간 관리자가 역할을 잘 한다면 부하와 상사 사이에서의 갈등은 해결할 수가 있는 것 같다.

하지만 여전히 직장 퇴직의 가장 큰 이유가 상사와의 갈등이다. 조직은 의사 결정권자의 결정에 따라서 업무를 시행하므로 윗사람의 뜻에 어긋나게 정책을 시행할 수도 없을 뿐만 아니라, 본인이 설령 맞는다고 증명을 하여서 결정을 바꾼다고 하여도 감정적인 앙금이 남게 되어 결국 본인이 피해를 보게 된다. 상사와의 갈등 대부분은 서로 뜻이 맞지 않는 바이며, 부하 직원의 판단으로는 상사가 회사의 이익에 반하거나 비효율적인 방향으로 업무를 진행하는 것이다. 이때 대부분의 부하 직원은 상사의 몰상식이나 잘못들을 부각하고, 본인이 맞는다고 생각하는 방향으로 어떻게 해서든지 추진하려고 한다.

조직에서 오래 살아남으려고 보면, 의사 결정은 상사가 하고 책임은 내가 진다고 생각할 때 편해지는 것 같다. 물론 요즘 세태와는 맞지 않을 것 같기는 하다. 하지만 인간의 감정은 아무리 많은 시간이 흐른다 해도 쉽게 바뀌지 않을 것 같다. 수천 년 지난 지금의 세월에도 중국에서 공자 배우기를 다시 하는 세상이니, 인간의 본성과 본질 그리고 감정과 이성에 대한 성숙도는 지식과 기술이 아무리 발달을 해도 태초의 시대에 그대로 머물러 있는 것처럼 보인다. 따라서 윗사람이 틀렸다고 생각이 된다고 할지라도 그 자리서 반박은 절대 하지 않는 것이, win-win이라고 생각한다. 틀린 것을 그대로 실행하라는 것이 아니라, 윗사람을 다른 방법으로 자존심과 긍지를 유지하면서, 본인이 깨닫고 의사 결정을 제대로 하거나 바꾸도록 하는 것이 효율적이고 또한 부하 직원도 살아남는 방법이다.

그리고 원래 윗사람과는 불가근 불가원 하라는 말이 있다. 즉 너무 가까이도 너무 멀리도 하지 말라는 의미이다. 너무 가까이 하면 본인의 허물이 드러나기 쉬우며, 너무 멀리 있으면 잊히기 때문에 승진의 기회를 잡기 어렵다는 이야기이다. 하지만 이제는 가까이해야 하는 시대가 된 것이 아닌가 싶다. 시대와 환경 그리고 시장이 너무 많이 빠르게 변하기 때문에, 상사와는 진행하는 업무에 대해서 수시로 align 하는 것이 도움이 되는 것 같다. 또한, 이렇게 해야 본인이 하는 업무에 관해 중요도나 성과를 appeal 하거나 remind 하는 기회가 더 많이 생기고, 이렇게 해야 수많은 사람이 있는 조직에서 본인의 위치를 굳건히 하기 때문이다.

하지만 소신껏 업무를 하는 것은 필요하다고 생각한다. 2017년부터 이년 간 정도 원통형 shortage가 있었고, 이에 당사는 전동공구용 원통형 가격을 대폭 올리면서 흑자 사업으로 전환하기도 하였지만, 신시장 개척을 위해 T사 진입을 위해 지속 노력하였다. 잘 알려진 바와 같이 T사는 Giga factory를 건설하고 동 건물 내에 Panasonic이 전지를 투자하여 직접 공급하는 형태로 매우 밀착 관계가 유지되어 있었고, 당사는 그 이전에도 T사에 공급을 위해 지속 노력하였지만 별로 진척이 없었던 터였다. 당시 신시장 원통형 개척을 위해 지게차와 전력 구동 등 여러 가지를 추진하고 있었고, T사도 승인 지속 노력 중이었는데 본부장은 설령 T사에 진입한다고 하여도 Panasonic이나 다른 회사가 있어서 당사는 별로 share도 받지 못할 것이므로 resource 집중을 위해 포기하라고 요청하였다. 하지만 나는 T사에서 당사의 share가 작더라도 작은 물량도 아니며, 물량이 설령 적다고 하더라도 당사 원통형 EV 사업을 위해서는 T사에서 배울 것도 많으므로 해야 한다고 우기고, 결국은 초기 물량 수주하고 공급 계약까지 종결하였다. 그리하여 내가 떠난 일 년 이내에는 T사의 물량이 급증하여 line을 더 많이 배정하는 것도 부족하여 결국은 급하게 증설을 하여야 했고, 당사 원통형 사업의 핵심 고객이 되었다.

전지 사업에서는 상황이 급변하게 되는 것을 많이 보아왔으며, 사업을 이끌어가는 leader의 안목이 그래서 매우 중요하다고 보며, 이에 소신으로 업무를 추진해야 한다고 믿는다. 다만 전쟁터에서 용감하여도 죽어버린 병사는 필요가 없듯이, 소신껏 일하여도 회사에서 잘린다면 무슨 소용이 있겠는가? 어떻게 해서든 살아남아야 하며, 이를 위해서는 소신은 가지되 현명하게 상사와 풀어가는 지혜가 필요하다.

7) 자존심과 감사

고등학교 때 역사 선생님에게 들은 말이다, 쥐꼬리만 한 자존심 때문에 큰일을 그르치지 말라고. 그 이후에는 이 말을 금과옥조처럼 여기면서 자존심이 아니라 나의 실력을 바탕으로 자연스럽게 주변에서 인정을 받는 방향으로 실행을 해오고 있다고 믿었다. 그런데 나의 껍질을 깨고 보니, 자리가 올라갈수록 경험이 늘어갈수록 어느 순간에 고정 관념으로 내가 맞는다는, 내 기준으로 생각과 판단을 해오고 있다는 것을 인지하게 되었다.

우리 회사로 경력 입사를 하고 몇 년간 소위 말하는 텃세를 느끼면서 일을 했다. 굴러온 돌이 박힌 돌을 뺀다든지, 경력으로 들어와서 주재원으로 나가려 한다든지. 그러한 주변의 뒷담화에 대해서는 신경을 전혀 쓰지도 않았지만, 그것은 내가 둔감한 면이 있기도 하였기 때문이었다. 미국 주재원으로 있으면서 H사 구매관 Nick 접대 때문에 Hong Kong 출장을 갔다가 서울 본사에 들렀는데, 내가 전날 저녁에 입국하여서 다음 날 아침에 사무실에 출근하지 않자 경쟁사 면접을 보러 갔다는 소문이 갑자기 파다하게 돌았다고 오후에 출근하여 들었지만, 개의치 않았다.

내가 자존심을 시켜야 한다면 무엇 때문에 혹은 누구 때문에 지켜야 할까? 나는 소형전지에 있을 때도 직속 부하 팀장들이 나와 대립도 가끔 있었고, 나는 그것들이 전부 업무에 대한 것이기에 수용하였으며 그로 인하여 인사 평가에 영향을 주지는 않았다. 나의 개인적인 것이 아니라 업무에 대한 것이므로 자존심과는 관계가 없다고 생각했다. 그런데 이것을 아내에게도 동일하게 적용하여 문제가 된 것이다, 왜냐면 공감 능력이 없었기 때문이었다.

이촌동으로 이사 온 뒤에 어느 아줌마가 아내에게 humble 하다고 말하였다고 하면서, 아내가 어느 날 분개했다. 나는 humble은 영어 의미로 겸손하다는 것으로, 내가 존경했던 전 회장님을 일반적으로 우리가 존경의 의미로 humble 하신 분으로 표현을 했기 때문에 이해가 되지 않았는데, 그 아줌마는 이촌동에서 고급스러운 옷을 사 입지 않고 평상복을 입고 다니니 그렇게 표현했던 것인데, 인신공격적 언급을 한 것이었다. 자존심을 떠나서 인신공격은 용납할 수 없는 것이며, 나는 그 아줌마를 그래서 증오한다. 그 아줌마의 콧대를 꺾게 아내에게 좋은 옷을 여러 벌 사주었어야 했는데, 이것이 진정 맞는 자존심인지는 모르겠다.

자존심을 지킨다고 행복이 오는 것 같지는 않고, 행복은 감사하는 마음에서 오는 것 같다. 30여 년 전에 신혼 시절 부천에서 전셋집에서 살 때 퇴근하여 저녁에 5백 원 하는 집 앞의 우동을 아내와 같이 가끔 먹던 시절에 행복하다고 느꼈는데, 그것은 저녁을 먹고 추가로 무엇인가 맛있게 먹으면서 감사의 마음이 있었기 때문이 아닌가 싶다. 그런데 지금은 10만 원 하는 코스 요리를 먹으면서도 별로 행복하다는 생각이 들지 않는다. 그것은 아마도 주변의 사람들이 이렇게 비싼 요리를 자주 먹는 사람들이 많이 있기에, 가끔 먹는 그 비싼 요리에 감사의 마음이 마음속에서 우러나오지 않기 때문이 아닌가 싶다. 예전에는 우리가 오늘 더 많이 가진 것에 대해서 옛날에 더 없을 때를 비교하였는데, 지금은 우리가 누리고 있는 것과 주변 사람이 누리고 있는 것을 비교해 가면서, 끝이 없는 사다리 타기를 지속하기 때문에 감사의 마음을 잃어버린 것이 아닌가 싶다.

그러다 이번에 팀원의 연말 인사에 또다시 깨달음을 얻었다. 내가 경험이 많고 know-how가 많다 보니, 어떤 일이든 막힘이 없이 자유롭게 leading을 하면서, 팀원들에게도 배우고 생각하는 기회를 주기 위하여 질문하는 경우가 많은데, 새해 인사에서 직원 하나가 지난해에 나에게 배운 것이 많아 감사하게 생각하면서 내 앞에서 작아진다고 표현을 하였다. 이 말에 나는 그 친구에게 무엇을 배웠는가 하는 자문을 하게 되었다. 배우는 사람이나 조직이 성장하는 것이며, 언제 어디서든지 배울 수 있는 것이 있을 텐데, 내가 그 친구에게 배운 것이 기억에 전혀 없으니 배울 생각도 하지 않고 자만하게 살았던 것이 아닌가 하는 깨달음이었다.

법륜 스님이 말씀하신 것으로 기억한다. 인생 별 것 없다고, 그냥 살아가는 것이라고. 내가 힘들 때 수도 없이 들으면서 마음을 가다듬었던 설교 말씀 중의 하나였다. 혼연일체라는 말이 있듯이, 내가 하는 일, 내가 지나가는 발자국 하나하나가 나의 인생인 것이며, 이렇게 살아도 저렇게 살아도 후회를 할 수 있는 일이다. 지금의 나이에 이르니 마음에 있는 말을 제대로 할 수 있는 친구가 드문데, 죽어가면서 후회를 하는 것이 두려운 것이 아니라 사랑하는 사람에게 의미를 남기지 못한 것이 정말로 두려운 것이 아닐까 싶다.

글을 맺으며

철학은 어떻게 사느냐를 논하지만, 인생은 죽어가는 과정이라는 생각이 든다. 나의 선택으로 시작되지는 않았으나, 성장하면서 하나씩 나의 선택이 늘어나고, 그리고 내가 선택한 것들을 남겨두고 세상에서 사라지지만, 떠날 때 내가 선택한 부분이 어느 정도 남아 있다면 행복하거나 의미 있는 인생을 산 것이라는 생각이 든다.

가끔 선문답 형식으로 업의 본질이 무엇인지 질문을 한다. 나는 업은 유산과도 같다고 생각을 한다. 내가 원하는 형태로 물려받지는 않았지만, 나의 선택을 추가하여 유산을 늘리고, 그리고 이를 또한 후손에 물려주지만, 그 후손 역시 이 또한, 본인이 원하는 것이었는지는 미지수이다. 이 유산이 사업일 수도 있는 것이며, 사업 중에서도 제조업일 수도 있고, 제조업에서도 전지 사업일 수도 있다. 전지 사업을 물려받았는데, 사업의 틀을 바꾸어 전기 자동차 사업으로 탈바꿈할 수도 있는 것이며, 자신이 없거나 매각하는 것이 더 효율적이라고 하면 그렇게 하면 되는 것이다. 무엇을 물려줄지는 후손이 선택하는 것이 아니라, 받아서 운영하는 나의 세대가 선택하기 때문이다.

항상 선택은 내 주변에서 내가 가지고 있는 것 중에서 이루어진다. 내가 알고 있는 access가 가능한 대학을 선택하였고, 내가 공부하고 싶은 생각에 카투사에 지원하여 내가 인지하고 있는 군대 종류 중에서 선택한 것이지, 내가 외국인 신분이 아니어서 군대를 피할 수 있는 것이 아니었다. 내가 내 부모 아래 한국인으로 태어난 것이며, 그리고 한국인의 신분을 그대로 유지한 것은 나의 선택이 아니고 부모님의 선택이었던 것인데, 어떤 면에서는 부모님에게도 주어진 것이 아니었나 싶다. 그리고 지금의 우리 부부는 자식들에게 미국인의 신분을 만들어 주어서 다른 선택을 할 수 있도록 했다.

아는 것만큼 보인다고 했다. 그래서 시야를 넓게 가지고 open mind로 살라고 하는 것이다. 인식의 한계가 인생의 틀을 만드는 것이다. 애초에 내 생각은 부모님의 생활, 친구들의 의견, 나의 독서나 지식을 종합하여 형성되는 것이며, 부모님도 내가 선택한 것도 아니지만, 내가 들어간 학교에서 친구들이 이미 정해진 것이다. 하지만 아주 사소한 것에서부터 차이가 발생하기 시작한다. 내가 다니던 고등학교에는 한 반에 60여 명이 있었고 한 학년에 7개 반이 있었으니, 나와 같이 졸업한 친구들이 족히 400여 명이나 있었던 것인데, 그들의 종착역은 다 제각각이다. 시작은 매우 비슷해 보이지만, 끊임없이 다가오는 선택의 갈림길을 계속 가다 보면 어느새 모두 다 다른 길을 가는 것이다. 그중에서는 좋은 친구들을 사귀려는 애들도 있었고, 그 시절의 멋있음에 취하여 튀어가는 친구들도 있었는데, 한때의 뛰어남을 평생 유지하느냐 어떻게 하느냐에 따라 그리고 그것이 좋은 선택이었느냐에 따라 마지막 모습은 전부 달라진다.

회사에 들어와서도 마찬가지인 것 같다. 신입 사원으로는 모두 비슷한 모습이나, 일을 대하는 자세, 노력하는 태도, 지속적인 습관, 등의 차이로 30여 년이 지나면 모두 다른 길에 놓여 있게 된다. 학교생활도 힘들지만 회사 생활도 힘들기는 매한가지이다. 어디 생활인들 편하게 놀면서 쉬면서 지낼 수 있는 데는 없다. 우리는 가끔 부자 자녀들을 부러워하는데, 이상하게 그러한 사람 중에는 건전하지 못한 생활에 빠져서 인생을 허비하는 경우가 많지 않은가? 아이러니하게 보이지만, 인간은 편하게만 살 수 없게 신이 만든 것 같다. 평생을 살면서 이런저런 고민과 고생을 하면서, 그리고 여기저기 아프면서 생을 보내는 것이며, 더 아픈 사람 덜 아픈 사람이 있더라도, 내 손가락 끝에 굳은살이 생기고 갈라져서 느끼는 고통이 다른 사람의 팔이 부러져서 느끼는 고통보다도 더 아프게 느껴지는 것이다. 인간은 모두 다 자신의 틀 안에서 살게 만들어진 것 같다.

그러면서도 인생은 정말 생각하지도 않은 일들이 생기는 것 같다. 1999년 4월 19일 나의 가장 절친한 친구 김귀채가 세상과 이

별을 한 날이다. 광주 하남 공단 부근의 자동차 대로에서 밤에 운전하고 가는 중에, 화물차가 상대편 차선에서 넘어와서 세상을 떠난 것이다. 대학교 일학년에 만나서 나를 가장 이해하고 내가 마음속에 있는 말을 다 할 수 있었고, 그리고 많은 신세를 지기도 했는데, 내가 영영 갚지도 못하고 말았다. 이것으로 인하여 하늘을 원망하기도 많이 했으며, 내가 정말 이해하지 못하는 일의 하나였다. 왜 그 나이에 그렇게 빨리 데려가야 했는지. 20대의 고민을 그와 같이 많이 날려버리곤 했는데, 그다음에는 인생의 고민을 같이 날려줄 사람이 없었다. 왜 이러한 일이 발생을 하는 것일까? 흔히들 그렇게 말한다, 하늘은 이겨낼 수 있는 만큼의 고통을 준다고. 그런데 중년이 이르러 느끼게 되는 것은, 그 고통을 이겨내지 못한 사람들은 이미 세상을 떠났기 때문에 말을 할 수 없을 뿐이라고. 전쟁터에서 강해서 살아남은 것이 아니라, 어쩌다 보니 살아남았고 그래서 강한 것처럼 보인다.

요즘 젊은이는 먹고살 고민이 많다. 내가 보기에도 취직하기도 쉽지 않아 보인다. 그러나 젊은이만 그럴까? 어디 가나 자리는 한정되어 있고, 그 자리를 원하는 사람들은 많아서 살아남기가 쉽지 않다. 어떻게 살아야 할까? 그냥 열심히 살면 잘되는 것인가? 그런데 본인이 열심히 살지 않는다고 생각하는 사람이 얼마나 될까? 서양 속담에 There is no free lunch, 라는 말이 있다. 세상에 공짜는 없다는 이야기다. 열심히 한다고 성공이 보장되는 것이 아니다. 그러면 열심히 하지 않은 사람에게 더 기회가 있는 것인가? 우리 모두 답을 알고 있다. 천만의 말씀이라고. 우리가 가지고 있는 선택권 내에서 매일 최선을 다해 가야 한다는 것을.

어떤 leader가 되려고 하는가?

나는 리더 1/3 론을 펴는데, 이는 어느 조직이나 1/3은 필요한 사람, 1/3은 있으나 마나 하는 사람, 1/3은 필요 없는 사람들이며, 리더가 얼마나 뛰어나느냐에 따라 위의 1/3이 늘어나고, 리더가 무능하면 아래 1/3이 늘어난다고 생각한다. 이러한 구조는 내가 맡은 조직에서도 그렇다고 보며, 그리고 우리 그룹의 임원들 교육을 받으면서도 비슷하게 느낀다. 저러한 임원들이 어떻게 그룹에 있는지 자질이 의심스러운 사람들을 보게 되기 때문이다.

지금은 관리자라는 말보다는 리더라는 말을 더 사용하게 된다. 관리하려면 내가 전부 알고서 일을 시켜야 하는데, 현대의 환경은 회사 생활을 더 오랫동안 했다고 하더라도 반드시 그 사람이 모든 것을 더 많이 안다고 보기는 어렵기 때문이다. 앞으로는 이러한 상황에 더 처하게 될 것 같다. 4차 산업혁명으로 Digital Transformation이나 AI 등이 지속으로 언급이 되면서 업무에 적용이 될 것이므로, 예전에 본인이 익숙해진 업무 process에 구속받는다면 나중에 회사 성장에 방해가 될 수 있는 것이다.

나는 어떠한 리더가 되고 싶은가를 질문하였을 때, 나는 나와 함께하면서 조직과 같이 성장하고, 업무 역량이 향상되면서 본인의 발전에 도움이 되도록 하는 리더가 되려고 한다. 지금까지는 업무의 성과를 창출하는데 앞장서는 관리자였다고 하면, 지금부터는 전략적으로 먼저 선택을 하고 이에 책임을 지며, 앞서서 보고 미리 준비하여 사업의 성장을 가져오고, 직원들이 체계적으로 업무를 배울 수 있도록 시스템을 갖추며, 또한 다양한 업무와 경험으로 career를 향상할 수 있도록 guide하고 기회를 주려고 한다. 이렇게 사업의 성과에서 한발 더 나아가 조직의 vision을 만들어 실행해 가고, 인재를 양성하여 조직 문화를 구축하는 리더가 되고자 한다.

다 내려놓기

1988.12월 중순에 D전자에서 일을 시작하여서 10년 10개월 근무하다가 우리 회사로 이직하여 2021년 현재까지 근무하고 있으므로, 직장생활 33년이 지나고 있다. 30년의 세월이 짧은 시간은 아니라서 그동안 수많은 일을 겪어왔고, 정년을 앞두고 있을 나이지만 앞으로도 30년은 더 일하고 싶다는 희망으로 여전히 미래를 준비하고 있다.

D전자 근무 시 회사에서 인정을 받았으므로 D그룹에서 운영하는 MBA를 다녀오게 되었던 것이었고, D전자에서 지속으로 성장할 것으로 굳건하게 믿었었다. 그러나 IMF 시기를 겪으면서 회사는 엄청난 파동을 겪게 되었고, 그러한 진통이 지속하면서 많은 사람이 일을 손에서 놓게 되었기에, 일만은 어떻게 해서든지 해야겠다는 생각에 이직하였었다. 그리고 D전자 근무 시 전자레인지 수출을 진행하면서 영국 시장에서 일등의 위치를 구축하는 등 여러 가지 성과를 거두었지만, 퇴직하는 순간 모든 경험과 인맥은 모두 물거품처럼 사라지게 되었다. 물론 내가 전지라는 다른 업종에 종사한 부분도 있었고, 그 뒤에 예전 회사 동료를 간혹 만나게 된 예도 있었지만, 나의 존재감과는 전혀 다르게 그 회

사는 굴러가고 있었던 것이고, 세월이 지난 후에는 나를 기억하는 사람도 없고, 그리고 내가 했던 일들도 남아 있지도 않았다.

우리 회사가 전지 사업을 시작하여 생산 line을 갖추자마자 1999년 10월에 경력 사원으로 입사를 하였고, 처음에는 소형전지만 있었고 사업이 커나가면서 자동차 전지와 ESS 전지가 파생되었으며, 소형전지가 이차전지의 태동이었고 오랫동안 근간이어서 그 사업부에서 18년을 근무하고, 2018년 말에 인사이동에 따라 ESS 사업부로 이동하였다. 경력 1호로서 입사 시 미국 시장을 맡았고 그 당시 매출이 0인 상태에서 시장개척을 시작하였으며, 그 근간으로 지금은 X조 이상으로 성장을 하였다. 나도 과장 경력으로 입사를 하여, 늦었지만 사회생활 26년 만에 50세 되던 해에 겨우 임원으로 승진을 하여 마케팅담당을 해오고 있었으니, 다음 단계로 사업부장이 되기를 희망해오고 있었다. 내가 모시던 소형전지 사업부장은 본인이 사업을 잘 이끈 면도 있지만, 내가 온 힘을 기울여 성공시킨 N사 2D 전지의 성과를 기반으로 상무에서 전무로 승진을 하였고, 그 이후의 본인 성장을 위해 자동차 전지 사업부장으로 갈 것으로 보였으므로 2018년 말에 이동하고 내가 그 자리를 이어받기를 희망하였으나 일 년을 더 하는 것으로 결정 났었다. 내가 맡은 소형전지 마케팅은 업무가 2개로 나누어지면서 일이 줄어들 것으로 보였기에 나에게는 변화도 필요한 시기로 보였다. 이러한 때이라 ESS 사업부로의 이동을 자연스럽게 받아들이고 빨리 적응하였으나, 그렇다고 그 당시에 사업부장이나 본부장이 이동할 것이라고 알려주지도 않았고 나에게 어떤 보직을 원하는지 물어보지도 않았다. 물론 대기업의 인사란 대부분 사전 협의 없이 비밀리에 이루어진다고 알고 있었기에 그러려니 했는데, 후문으로 들은 바에 의하면 사전에 문의를 받거나 통지를 받는 사람도 있었다. 그렇다면 나는 어떤 대접을 받는 것인지, 생각해 볼 직하지 않은지?

나는 회사 생활 26년 만에 나이 50이 다되어서야 임원이 되었다. 회사 생활 20년 정도 지났을 때 팀장 workshop에서 CEO와 같은 table에서 식사하게 되었으며, 그 당시 한창 성과를 만들던 시절이었으므로 임원 승진에 대한 일말의 기대감에 차 있었던 때였다. 그때 CEO께서 "김 부장은 D전자 출신이지?" 하고 문의를 하였다. 다른 회사에서 경력으로 입사하였고, 우리 회사에서 업무 한 지 10여 년이 지난 때였으며, 우리 회사는 성과주의를 천명하고 있었으므로 CEO가 나의 출신까지 기억하고 계시므로 나를 임원 후보 대상으로 검토를 하고 계시는 것은 아닌가 하는 생각에 기대하게 되었다. 그런데 그 뒤로도 임원은 좀처럼 되지 않았고, 나중에는 CEO가 나의 경력을 물어본 것은 관심이 아니라 안될 구실을 물어본 것은 아닌지 하는 생각이 들었고, 결국은 그 CEO 재직 시에는 팀장으로 지내야 했다.

소형전지에 마지막으로 있으면서 온 힘을 다하여 일하였다. 3년 전 11월에 D사 Top meeting을 하면서 마지막에 그 당시 사업부장께서 상품기획 담당이 본인 후임으로 결정이 되었다고 청천벽력 같은 언급을 고객에게 하였다. 상품기획 담당 임원은 나보다 1~2년 먼저 하였는데 나이가 몇 년 어리고, 그리고 여러 부서를 옮겨 다니고 있어서 사업부장을 하게 된다고는 전혀 생각하지도 못했었고, 그 당시는 자동차 전지의 다른 상무가 사업부장이 된다는 소문이 파다하여서, 갑작스러운 변화를 받아들이기 정말 어려웠다. 하지만 나는 영업의 leader로 담당이 2명이었지만, 내가 사업 전체적인 부분을 책임을 지는 자세로 다른 담당과 co-work를 잘하며 lead 하여 영업 전체를 잘 관리하였고, 또한 사업부장도 본인이 영업을 잘 알지 못하므로 맡겨주는 형태로 진행되어 서로 존중하며 호흡을 잘 맞추어 왔었다.

그러나 나의 향후 진로를 위하여 변화를 무릅쓰고 ESS 사업부로 온 것은 나름대로 여기서 자리를 잡고 사업부장까지 하겠다는 포부를 하고 이동을 하였는데, 도중에 갑자기 임원 동기인 나이가 나보다 적은 분을 상사로 다시 모시게 될 줄은 몰랐었다. 하지만 내가 먼저 맞춰야 한다는 생각으로 마음을 가다듬고 내가 먼저 숙이고 들어가며 혼신으로 다시 한번 일을 하였던 것이고, ESS 사업의 신임 사업부장께서도 역시 본인은 개발을 챙기겠다고 영업을 맡기는 자세로 하여 상호 존중하며 호흡을 잘 맞추어 왔다.

2019년 2월 어느 일요일 오후 본부장과 통화를 하게 되었다. 국내 ESS 화재로 한참 문제가 된 시기였고 해외 site에 대해 내가 전체적으로 관리를 하고 있던 시기였는데, 당일 아침에 하와이에서 field issue가 발생하여 문자로 보고를 하였더니 전화를 하셨다. 다행히 battery로 인하여 발생한 화재로 보이지는 않았으므로 우려할만한 상황은 아니었으며, 통화 끝에 말씀하였다, "요즘 김 상무가 고민이 많다고 하던데, 조금만 기다려봐". 지주회사에서 기술을 아는 사람이 사업부장을 해야 한다고 해서 engineer인 나이 어린 상무를 사업부장으로 발령을 내겠으니 참고 열심히 하라는 이야기였다. 며칠 전에 이런 소문을 듣고 인사 담당 임원에게 따졌었다. 이렇게 하면 나보고 회사 그만두라고 하는 것이냐고 말했던 것인데, 이러한 이야기가 본부장에게 전달이 되었던가 보다. 그 소문을 듣고 인사 임원에게 전화한 이후에 며칠 동안 여러 가지 고민을 했었는데, 피할 수 없는 것이었나 보다. 이러할 때 다분히 생각이 드는 것은, 내가 왜 이렇게 열심히 회사 생활하였나 하는 것이다. 주말이고 밤낮이고 휴가도 없이 고생하면서 사업을 성장시켜 오고 있는데, 정작 중요한 때에는 회사에서 본인을 전혀 고려하지 않고 있다는 것에 배신감을 느끼게 된다.

33년 대기업 직장생활을 하면서 임원 7년째에 50대 후반이고, 이공계를 졸업하였지만, 평생 영업만 해왔으니 회사에서는 이공계로 쳐주지 않는다. 그 정도 회사 생활했고 그래도 상무이지만 임원을 했으니 다른 사람에 비해 평균적으로 괜찮은 편이니 불평이야 할 것 없지 않겠냐고 생각하는 사람이 있을지도 모르겠다. 하지만 둘째는 이제 고등학교 입학하니 앞으로 가야 할 길이 한참이나 남았는데, 신문 지상에서는 50대 CEO와 이공계의 진출, 젊은 세대 약진 등 대기업에서 가는 방향을 신명나게 써 내려가고 있으니, 그렇다면 일반 50대는 무능하고 사라져야 하는 구시대의 유물 같은 것인가? 제때 진급하지 못한 사람들은 하나둘 전부 사라져가고 있으니, 나도 시대의 흐름에 따라 사라져야만 하는 것인가?

우리는 항상 착각하면서 사는 것 같다. 내가 있어서 회사 업무가 잘 돌아가고 있는 것처럼. 물론 나는 내가 없어도 회사는 잘 돌아갈 것을 알고 있지만, 내가 회사에 공헌하는 바가 크므로 내가 있고 없음에 따라 결과가 달라질 것으로 믿고 있다. 그러나 이것은 객관적인 증빙이 없으며 다분히 감성적이며, 회사는 마지막에 가서는 나를 전혀 염두에 두지 않는 결정을 수시로 내리곤 한다. 그리고 내가 없다면 다소 불편한 부분이 있겠지만 상사가 매일 느낄 정도의 불편이 아니며, 그리고 누군가는 그 자리에서 시간이 지나면 다 잊혀 버린다. 그런데 정작 본인은 자신의 존재가치를 크게 보면서 이번에는 승진하게 되지 않을까, 이번에는 더 책임 있는 자리를 맡게 되지 않을까, 혼자만의 생각을 하면서 판단 착오를 한다. 요즘 대기업은 수시 인사를 하기도 하지만, 어쨌든 일 년에 한 번씩 임원 및 조직 변경을 한다. 그리고 한 자리에 3~4년 이상 있는 임원은 드물어서 그 사람을 믿고 있을 수만은 없다. 당신이 정말 특별한 재능을 가졌거나 오너와 인맥 있는 사람이라면 모르겠지만, 평범한 사람이라면 언제 그만두게 될지 모르는 것을 각오하고 살아야 한다.

나를 포함하여 사람들 대부분은 열심히 하면 잘될 것으로 생각한다. 그리고 회사는 내가 이렇게 열심히 하고 회사에 공헌하는 것에 관해 인정하고 있으리라 생각한다. 그런데 알고 보니 내가 생각하는 것이 틀린 것 같다. 내가 무엇을 잘못 알고 있는 것이며, 앞으로 회사에서 잘 나가고 싶은 여러분은 어떻게 살아야 할까? 그리하여 내가 창출한 성과에 대해서 회사에서 인정을 받지 못한다면, 나와 같이 이 시대에 대기업을 다니고 있는 당신에게 이 정도 성과면 인정을 받을만한지 물어보고 싶다. 그리고 나 자신을 돌아보며 왜 인정을 받지 못하는지 반성을 하고, 나의 후배들은 어떻게 하면 인정을 받고 회사에서 성장할 수 있는지 내 견해를 적어 나가고자 나의 경험을 써 내려갔다.

인류의 수많은 전쟁터에서 사람들이 피를 흘리며 죽어갔지만, 세월이 지난 후에는 그 전쟁터를 역사책에서 읽는다고 하여도 전해지는 몇 사람의 이야기뿐이며, 또한 그 전쟁터를 나중에 방문한다고 하여도 잡초만 무성할 뿐이리라. 나 역시 흘러가는 자국에 지나지 않을 것이므로, 정상에서는 모든 것이 아래로 보이겠지만, 누구나 얼마만큼이나 높은 정상에 올랐다고 하여도, 모두 다 결국에는 아래로 내려와 바람처럼 흩어져 사라지게 된다. 그래서 오늘이 회사에서 마지막 날이라고 하여도, 내일이 지구상에서 마지막 날이라고 하여도, 내가 지금 하는 일에 최선을 다해서 해가고 있으며, 마지막 날에는 모두 내려놓고 떠나는 것으로 생각한다.

맺는말

나는 지극히 평범한 사람이며 소위 잘난 것 없는 사람이다. 그리고 직장생활에 의지하여 가족의 생계를 책임지고 있으며, 물려받을 재산이 없으니 도움을 받을 것이 없는 사람이다. 그리고 노후에 내해서도 뾰족한 방법도 없이 오늘 하루를 살아가고 있으며, 언제 복권 한번 당첨되었으면 하는 생각을 하면서 가능성이 전혀 없다는 것에 희망을 잃고, 고단한 직장생활에서 살아남기 위해 이리저리 눈치를 보며 월급이 언제까지나 계속되기를 바라므로 그만둘 수도 없어 다니고 있는, 부족한 것투성이인 월급쟁이로 글을 시작한 것이다.

50대 후반에 이르러서 더 많은 것을 느낀다. 인생 40에 불혹이고 50에 지천명이며 60에 이순이라고 하였고, 이제는 인생에 대해서 그래도 알 만큼 아는 것이 아니냐는 생각이었는데, 돌아보니 모든 것이 뒤죽박죽인 것 같다. 회사 생활도 가정생활도 사회생활도 특별한 것도 없으며, 또한 남아 있는 특별한 희망도 없는 것 같다. 그러면서 하나둘씩 포기해가고 어쩌다 가지는 조그마한 기쁨에 인생에 의미를 두게 되기도 한 것 같다. 평범한 사람이지만 지금까지 내게는 한 발자국마다 나만의 색깔과 잉크가 묻어난 나의 길을 걸어왔으며, 앞으로 몇 년 남아 있는 직장생활을 유지하기 위해 마음을 잡아가며 출근을 하고, 그리고 그 이후에 대해서 무엇을 할지 아직 뚜렷한 생각이 없이 현재 나의 강점에 중점을 두어 남은 시간을 강점 강화를 위해 노력해오고 있다. 어찌 될지 알 수 없는 인생 고민한다고 달라질 것도 없을 것이며, 그냥 오늘 하루 정말 열심히 살고 매일 열심히 살다 보면 길이 생길 수도 있을 것이며, 설령 없다면 죽어서 세상을 떠나면 되지 않나 생각한다.

저세상으로 가면 천국과 지옥이 있는지 나는 알지 못한다. 하지만 내 생각과 경험으로는 이 세상이 천국과 지옥인 것 같다. 하는 일이 잘되고 마음이 편안하면 천국이요, 하는 일마다 어긋나고 마음이 불편하면 여기가 바로 지옥이리라. 나는 내 몸 안에서 암이 자라나고 있다고 생각한다. 이렇게 스트레스를 많이 받고 심리적 고통을 받으며 살고 있는데, 암이 자라고 있지 않다면 오히려 이상할 일이라고 생각한다. 지금까지 적은 것은 내가 경험한 일부만을 적은 것이요, 글로 적을 수도 말을 할 수도 없는 문제가 많이 있다. 내가 내 단점이나 문제를 드러내어 다른 사람들에게 비난을 받을 일도 또한 동정을 받을 일도 아니며, 내가 순전히 짊어져야 하는 인생에서의 내 업보요 태생이 그러한 것들이다. 그리고 땀 흘려 운동을 하면서 몸속 깊은 곳에서 땀이 흐르면서 암세포를 죽이고 있다고 생각하여 필사적으로 운동을 한다.

33년 영업 생활로 대한항공 이백오십만 마일 그리고 아시아나 백반 바일을 쌓고, 다른 항공사까지 합하면 사백만 마일이 넘을 것이다. 항공사 조종사 못지않게 비행기에 많이 탑승하였고, 대부분의 mileage는 일반석으로 미국과 유럽을 다니면서 얻은 것이라 이 과정에서 척추에 무리가 가서 이상이 생겼고, 지금은 완치한다는 것이 어렵다고 보고 있으며 더는 나빠지지 않게 하려고 노력하고 있다. 그나마 다행인 것은 치료와 운동을 하면서 산

책할 수준까지 걸을 수 있게 된 것이다. 아주 좋지 않을 때는 몇 십 미터도 걸어갈 수가 없었는데, 지금은 다행히 treadmill에서 운동할 수 있을 정도는 되었지만, 아직도 아침에 일어나면 허리가 아파서 운동으로 펴주지 않으면 다니기가 어렵다. 이렇게 해서 얻은 경험이기에 이것을 장점으로 활용하고 싶다.

평생 영업 분야, 특히 해외 영업에 종사해 오고 있으며, 사업 개척이나 고객과 관련된 많은 경험을 쌓아오고 있지만, 영업 이외의 업무에도 많이 관여함에 따라 다양한 경험을 해오고 있다. 또한, 이러한 경험이 나의 강점이 된다고 생각하며, 업무의 R&R에 구애를 받지 않고 내가 lead 하거나 contribution 할수 있는 업무라면 가리지 않고 맡아서 하는 습관이 들었다.

인생에서 많은 위기를 겪어오고 있으며, 그리고 지금도 위기의 그림자가 오고 있다. 예전에는 고독함을 달래려고 때로는 술도 마시고 했지만, 지금은 고독과 친해지려고 그리고 자연스러워지려고 하고 있다. 어설프게 달래려고 한대도 달래 질 것도 아니고, 몸속의 암처럼 내 인생에 붙어 있는 고독이라는 친구를 그냥 그대로 두고 보는 것이다.

나는 직원들에게 이야기 해오곤 한다. 회사를 위해서가 아니고 자신을 위해서 일을 하라고. 회사를 위해서 한순간은 희생할 수 있지만, 평생 희생을 할 수는 없는 것이라고. 그리고 일을 재미있게 하라고. 그랬더니 직원이 이야기하더라, 일을 재미있어하는 사람이 어디에 있느냐고. 그래서 이야기 해주었다, 세상에 공부가 재미있어하는 사람이 몇이 있겠느냐, 하지만 백 명 중의 한 명 공부를 재미있어하는 사람이 나중에 정말로 성적이 좋고 공부로 성공하지 않겠느냐고. 나머지 99명은 어쩔 수 없어서 공부하는, 그냥 그런 사람들이라고. 그리고 회사의 일도 마찬가지라고. 사람들 대부분은 재미없어하는데, 정말 재미있어하는 미친 사람들이 성과를 만들어 가지 않겠느냐고. 재미는 없고 어쩔 수 없이 하는 일을 어떻게 평생 하려고 생각하느냐고.

나는 내가 하는 일이 재미있다. 일을 좋아하기도 하고. 하지만 휴일에 회사에 일하러 나오는 것은 심리적인 부담이 되었다. 일이 싫은 것이 아니라 휴일에 사무실에 나오는 것 자체가 왠지 마음의 부담이 되었다. 하지만 30년이 지난 지금에야 사무실에 있으나 집에 있으나 마음이 마찬가지인 평온한 마음이 되었다. 가족이 미국으로 돌아간 뒤에 지난여름부터는 주말에도 거의 사무실에 있다. 1/3은 일을 하고, 1/3은 공부를 하고, 나머지 1/3은 미래 설계를 위해 노력한다. 그리고 집에 있어도 같으므로 집에 있으나 사무실에 있으나 마찬가지가 되어, 30년이 지난 지금에서야 사무실에 일요일에 앉아 있는 것에 마음의 부담이 없는 경지에 이른 것이다.

그리고 나는 앞으로 30년을 더 일하려고 생각한다. 예전에는 복권에 당첨되면 은퇴한다고 생각했는데, 지금은 복권에 당첨이 되더라도 계속 일하려고 생각한다. 나는 미쳤다고 생각하지만, 일에 미친 것 아니고, 그렇다고 죽은 다음에 내가 한 일이 특별히 이름이 남겨서 후손이 영광을 받는다고 생각하기 때문은 아니다. 인생은 긴데, 일하지 않고 다른 수단으로 생의 의미를 두기가 어렵다고 보기 때문이다. 그래서 앞으로 30년을 일하고 싶은 생각에 지금 다니는 회사를 그만두게 되면 다른 일을 찾아서 해야 하므로, 미래 준비를 하면서 살아가는 것이다.

그리하여 지금 이 글을 써나가고 있으며, 고독함과 친구가 되면서, 생의 위기를 맞이하고 있다. 그리고 이 위기는 항상 새로운 출발을 가져올 것이다.